中华优秀传统文化的思想政治教育功能研究

——— 高安安　于净源　吴璐曦　傅莉容　著

西南财经大学出版社
Southwestern University of Finance & Economics Press
中国 · 成都

图书在版编目(CIP)数据

中华优秀传统文化的思想政治教育功能研究/高安安等著.—成都:西南财经大学出版社,2024.4
ISBN 978-7-5504-6045-4

Ⅰ.①中… Ⅱ.①高… Ⅲ.①中华文化—关系—思想政治教育—研究—中国 Ⅳ.①D64

中国国家版本馆 CIP 数据核字(2024)第 014094 号

中华优秀传统文化的思想政治教育功能研究

ZHONGHUA YOUXIU CHUANTONG WENHUA DE SIXIANG ZHENGZHI JIAOYU GONGNENG YANJIU

高安安　于净源　吴璐曦　傅莉容　著

策划编辑:邓克虎
责任编辑:邓克虎
责任校对:肖　翀
封面设计:何东琳设计工作室　张姗姗
责任印制:朱曼丽

出版发行	西南财经大学出版社(四川省成都市光华村街 55 号)
网　　址	http://cbs. swufe. edu. cn
电子邮件	bookcj@ swufe. edu. cn
邮政编码	610074
电　　话	028-87353785
照　　排	四川胜翔数码印务设计有限公司
印　　刷	郫县犀浦印刷厂
成品尺寸	170mm×240mm
印　　张	13. 75
字　　数	226 千字
版　　次	2024 年 4 月第 1 版
印　　次	2024 年 4 月第 1 次印刷
书　　号	ISBN 978-7-5504-6045-4
定　　价	88. 00 元

前　言

党的二十大报告指出："中华优秀传统文化源远流长、博大精深，是中华文明的智慧结晶，其中蕴含的天下为公、民为邦本、为政以德、革故鼎新、任人唯贤、天人合一、自强不息、厚德载物、讲信修睦、亲仁善邻等，是中国人民在长期生产生活中积累的宇宙观、天下观、社会观、道德观的重要体现，同科学社会主义价值观主张具有高度契合性。"① 中华优秀传统文化是中华民族也是全人类的精神财富和思想瑰宝，具有跨越时空、历久弥新的价值魅力，中华优秀传统文化中蕴含的民本之道、为政之道、发展之道、用人之道、修身之道、处世之道等思想更是为新时代培育和践行社会主义核心价值观提供了精神滋养。思想政治教育作为新时代培育和践行社会主义核心价值观的主渠道，在一定程度上实现了中华优秀传统文化与价值观教育的融合。要使思想政治教育在立德树人中发挥关键作用，就需要充分挖掘中华优秀传统文化的思想政治教育功能，借鉴和吸收中华优秀传统文化的教育资源，实现现代思想政治教育与传统文化智慧的深层融合。这既是历史传统的延续，也是社会现实的需求，不仅能够丰富新时代的思想政治教育内容，更有利于推动社会主义精神文明建设，促进国家文化繁荣与发展。

本书主要以中华优秀传统文化的思想政治教育功能为研究对象，按照"是什么""为什么""怎么做"的逻辑顺序展开论述。第一，在"是什么"的问题上分四步进行论述。首先，对中华优秀传统文化、思想政治教育的内涵与外延进行系统的理论阐述。其次，从经典文献出发，探寻马克思主义经典作家、中国共产党人对传统文化功能的论述。再次，从历史维

① 习近平. 高举中国特色社会主义伟大旗帜 为全面建设社会主义现代化国家而团结奋斗：在中国共产党第二十次全国代表大会上的报告［M］. 北京：人民出版社，2022：18.

度出发，梳理中华优秀传统文化在各个时期发挥的思想政治教育作用，并得出启示。最后，按照思想政治教育的学科逻辑梳理中华优秀传统文化的思想政治教育功能，为后续问题的解决奠定理论基础。第二，着重探讨发挥中华优秀传统文化的思想政治教育功能为什么必要、为什么可行的问题。第三，通过整合分析，立足于实际，在正确原则的指导下，从不同方面提出解决路径，解决“怎么做”这一问题。

从具体章节上看，第一章主要阐释“中华优秀传统文化的思想政治教育功能研究”这一课题的研究缘起、研究综述、研究意义、研究思路与方法、研究难点与创新，并系统论述此项研究的必要性与可行性。第二章主要对“中华优秀传统文化思想政治教育功能”的基本概念做出阐释，例如“文化”“中华优秀传统文化”“思想政治教育功能”等概念，只有厘清其相关组成部分的基本情况，才能形成对“中华优秀传统文化思想政治教育功能”的基本认识。第三章主要从经典文献出发，探寻马克思主义经典作家、中国共产党人对传统文化功能的论述。马克思、恩格斯等人对人类社会历史发展规律进行了科学辨证的阐释，并在与前人对话的基础上，形成了马克思主义的文化学说，这为我们挖掘、辨析中华优秀传统文化的思想政治教育功能提供了重要的理论遵循。第四章主要从历史维度出发，梳理整合中华优秀传统文化的发展脉络，力求在此过程中找寻中华优秀传统文化的思想政治教育内容，从而以内容为主线、以中华优秀传统文化表现出来的特性和能力为依据，探讨其思想政治教育功能。第五章主要立足于新时代背景，侧重于从宏观层面的中国人民、中华民族，微观层面的个人、家庭等方面探讨中华优秀传统文化在当下的思想政治教育功能，在尊重和肯定中华优秀传统文化的基础上探讨思想政治教育功能。第六章主要探讨发挥中华优秀传统文化思想政治教育功能为什么必要、为什么可行，进一步阐释思想政治教育与中华优秀传统文化在环境、目标、内容、方法等方面具有诸多相通之处，二者融合、交叉具有高度必要性与可行性。第七章主要探讨中华优秀传统文化思想政治教育功能发挥的目标定位和主要原则。在目标定位与主要原则的指导下为中华优秀传统文化思想政治教育功能的发挥描绘基本蓝图。第八章主要探讨中华优秀传统文化思想政治教育功能发挥的路径与保障，从社会、学校、家庭与个人等不同场域发力，为中华优秀传统文化思想政治教育功能的发挥提供制度保障。第九章对全书进行了总结。

随着时代的变革，以人工智能、量子信息、移动通信、物联网、区块链为代表的新一代信息技术加速突破应用，成为推动社会生产方式变革、创造人类文明生活新空间的重要力量，彻底改变了文化生存方式与传播方式。因此，中华优秀传统文化思想政治教育功能的发挥不在一时一地，而需要面对信息技术冲击之下思想政治教育亟须内容精准化、渠道高效化、方式灵活化的挑战，不断挖掘出符合思想政治教育内涵、具备思想政治教育特色的功能，这是一项长期性工程。只要我们坚持因事而化、因时而进、因势而新，就一定能开辟文化传播互动渠道，催生构建文化新生机、新生态，为中华优秀传统文化传承创新注入新动力、提供新动能。

本书由四川大学马克思主义学院的博士生高安安、于净源、吴璐曦、傅莉容共同撰写，具体分工为：高安安撰写第一章、第六章、第九章，吴璐曦撰写第二章、第三章，于净源撰写第四章、第五章，傅莉容撰写第七章、第八章。本书在编写过程中，参考了国内外专家、学者的研究论著，谨致以诚挚的谢意。限于作者水平，本书难免有不足之处，恳请同行学者和读者朋友们批评指正！

作者

2024 年 1 月

目　录

第一章　绪论

第一节　研究缘起

文化是一个国家、一个民族的灵魂。文化兴则国运兴，文化强则民族强。中华传统文化是中华文明演化而汇集成的一种反映民族特质和风貌的民族文化，是民族历史上各种思想文化、观念形态的总体表征，是指居住在中国地域内的中华民族及其祖先所创造的、为中华民族世世代代所继承发展的、具有鲜明民族特色的、历史悠久、博大精深、传统优良的文化。中华优秀传统文化作为中华传统文化独特的精神标识和精神食粮，不仅是提振当代中国人精神力量的不竭动力，更是滋养新时代思想政治教育的源头活水，不仅能助力思想政治教育完成立德树人根本任务，更能保证主流文化供给、活跃主流文化内容，巩固壮大主流思想，实现价值引领力、文化凝聚力和精神推动力的同频共振。

我国进入新时代以来，伴随着经济全球化和文化全球化趋势的增强，东西方思想文化愈益猛烈地相互交织、相互激荡，不同思想文化的交流与碰撞、价值理念的冲突与融合在当今时代愈加激烈。以人工智能、量子信息、移动通信、物联网、区块链为代表的新一代信息技术加速突破应用，成为推动社会生产方式变革、创造人类文明生活新空间的重要力量，彻底改变了文化生存方式与传播方式。近年来，青少年所处文化场域更是逐渐出现圈层化趋势，呈现出“壁垒”和“部落化”现象。青年文化场域圈层存在唯我独尊、排斥异见、审美固化、党同伐异等问题，一定程度上沦为文化资本争夺的场域。从微观上来说，不利于独立人格的养成，不利于正确审美的形成；从宏观上来说，不利于社会主义核心价值观的培育，不利于多元一体的中华文化建设，不利于人民精神力量的广泛凝聚。而青少年作为思想政治教育的主要教育对象，跟随青年文化场域构建思想政治教育的场域就迫在眉睫。因此，作为一个兼具理论性与实践性的问题，如何发挥中华优秀传统文化的思想政治教育功能，使得青少年普遍建立文化认同与文化自信依然受到广泛关注，对于提高新时代思想政治教育育人实效具有突出价值和重要作用。

一、缘自党和国家对中华优秀传统文化融入思想政治教育工作的重视

进入 21 世纪以来，党和国家高度重视中华优秀传统文化的传承与发扬，特别对传统文化走进校园育人做了一系列部署。2004 年 8 月 26 日，中共中央、国务院发布“16 号文件”，明确要求在大学生中深入进行弘扬和培育民族精神教育，坚持继承优良传统与改进创新相结合，深入开展中华民族优良传统和中国革命传统教育，开展各民族平等团结教育，培养团结统一、爱好和平、勤劳勇敢、自强不息的精神，树立民族自尊心、自信心和自豪感。把民族精神教育与以改革创新为核心的时代精神教育结合起来，引导大学生在中国特色社会主义事业的伟大实践中、在时代和社会的发展进步中汲取营养，培养爱国情怀、改革精神和创新能力，始终保持艰苦奋斗的作风和昂扬向上的精神状态。2013 年 11 月，党的十八届三中全会在深化教育领域综合改革中提出，要在学校育人实践中始终坚持立德树人，在教育领域深化和完善中华优秀传统文化教育。为进一步落实完善中华优秀传统文化教育的要求，2014 年 3 月 26 日，教育部印发《完善中华优秀传统文化教育指导纲要》，从立德树人的角度出发，将中华优秀传统文化教育与社会主义核心价值观联系起来；深刻指出加强中华优秀传统文化教育，是培育和践行社会主义核心价值观，落实立德树人根本任务的重要基础；加强中华优秀传统文化教育，对于引导青少年学生增强民族文化自信和价值观自信，自觉践行社会主义核心价值观具有重要作用。在 2016 年 12 月全国学校思想政治工作会议上，习近平总书记深刻指出，为了做好学校思想政治工作，提升思想政治教育亲和力和针对性，广大教师要以德立身、以德立学、以德施教，要更加注重以文化人、以文育人。2017 年 1 月，国家发布的《关于实施中华优秀传统文化传承发展工程的意见》明确了传承中华优秀传统文化的重要意义，指出中华优秀传统文化积淀着中华民族最深沉的精神追求，代表着中华民族独特的精神标识，是中华民族生生不息、发展壮大的丰厚滋养；将国民教育视作传承与发展中华优秀传统

文化的重点任务，围绕立德树人的任务取向，把中华优秀传统文化全方位融入思想道德教育、文化知识教育、艺术体育教育、社会实践教育各环节，贯彻于启蒙教育、基础教育、职业教育、高等教育、继续教育各领域；并从时间和空间上提出，要把中华优秀传统文化全过程、全方位地融入思想道德教育各个阶段。2017 年 2 月，中央又强调要积极推动中华优秀传统文化融入学校的教育教学。党的十九大也强调，社会主义强国建设需要深入开掘中华优秀传统文化蕴含的丰富精神资源。为了更好地贯彻党的十九大精神，2017 年 12 月教育部党组印发的《学校思想政治工作质量提升工程实施纲要》指出，全国学校要注重“以文化人”“以文育人”，针对培养时代新人的历史重任，积极深入开展中华优秀传统文化教育。在 2018 年 9 月全国教育大会上，习近平总书记强调，要坚持以文化人，把立德树人融入思想道德教育、文化知识教育、社会实践教育各环节，贯穿高等教育各领域。2019 年 3 月，习近平总书记在学校思想政治理论课教师座谈会上强调，“中华民族几千年来形成了博大精深的优秀传统文化，我们党带领人民在革命、建设、改革过程中锻造的革命文化和社会主义先进文化，为思政课建设提供了深厚力量”①。党的二十大报告对传承中华优秀传统文化提出更高要求。中华优秀传统文化是中华民族最为深厚的文化软实力。中国传统文化博大精深，学习和掌握其中的各种思想精华，对树立正确的世界观、人生观、价值观很有益处。青少年时期是世界观、人生观、价值观塑造的关键期，引导青少年学习领会中华优秀传统文化的精神内涵和价值品格，意义重大。这一系列重要会议和文件都指向了要通过借助中华优秀传统文化精神资源来切实加强和改进大学生思想政治教育，也就提出了中华优秀传统文化融入大学生思想政治教育的新课题和新要求。当前“培养时代新人”的民族复兴期待与“立德树人”“以文化人”的思想政治教育要求，迫切需要我们从文化育人、以德育人的维度开展大学生思想政治教育的深度反思，探究中华优秀传统文化如何系统性融入大学生思想政治教育，并有效地增强思想政治教育的人文性和实效性。

二、缘自对中华优秀传统文化在当代中国价值的思考

习近平总书记指出：“世界上一些有识之士认为，包括儒家思想在内

① 习近平. 习近平谈治国理政：第 3 卷［M］. 北京：北京外文出版社，2020：329.

的中华优秀传统文化中蕴藏着解决当代人类面临的难题的重要启示。”① 中华优秀传统文化蕴含着丰富的人文精神、教化思想、道德理念，既可以为人们认识和改造世界提供有益启迪，也可以为治国理政提供有益启示。深刻认识中华优秀传统文化的时代价值，是加强中华优秀传统文化教育的前提与基础。

中华优秀传统文化是维系中华民族团结奋进的精神纽带。世界上任何一个伟大民族的背后都有一种优秀的民族文化作为支撑。没有一种优秀的民族文化，一个民族就没有灵魂，就没有凝聚力、创造力和生命力。中华优秀传统文化的基本内容主要包括儒、道、佛三大家思想中的精华，儒家思想构成了中华优秀传统文化的基本精神和主体框架。五千年中华民族文明史，创造了丰富多彩、气势恢宏、博大精深的传统文化，凝结着中华民族以爱国主义为核心的团结统一、爱好和平、勤劳勇敢、自强不息、厚德载物的伟大民族精神。中华优秀传统文化融合形成了中华民族独特的向心力、凝聚力、共同的理想信念，熔铸塑造了中华民族的民族精神、思想观念、价值追求，引领、融通、聚合，形成了中华民族强大的文化引导力和精神原动力。

中华优秀传统文化是实现中国梦的精神力量之源。中国梦集中体现了近代以来中国人民的理想和夙愿。正如习近平总书记指出的：“实现中华民族伟大复兴，就是中华民族近代以来最伟大的梦想。这个梦想，凝聚了几代中国人的夙愿，体现了中华民族和中国人民的整体利益，是每一个中华儿女的共同期盼。”②

中国梦的基本内涵是实现国家富强、民族振兴、人民幸福，其基本精神的背后，蕴藏着绵延已久的家国天下情怀，折射着内心深处的命运共同体意识，凝聚着振兴中华的文化血脉。中国梦建基于对世情、国情和党情的准确把握，对中国人民共同理想、根本利益的深刻体察，体现了国家梦、民族梦和人民梦在理论和实践上的高度统一。实现中国梦，是物质文明和精神文明比翼双飞的发展过程，需要文化旗帜引领，需要文化精神激励，需要文化软实力支撑，更需要文化的认同和凝聚。

中华优秀传统文化是建设社会主义核心价值观的重要源泉。党的十八

① 习近平．在纪念孔子诞辰2565周年国际学术研讨会暨国际儒学联合会第五届会员大会开幕会上的讲话［M］．北京：人民出版社，2014：6.

② 习近平．习近平谈治国理政：第1卷［M］．北京：北京外文出版社，2018：36.

大报告指出：“倡导富强、民主、文明、和谐，倡导自由、平等、公正、法治，倡导爱国、敬业、诚信、友善，积极培育和践行社会主义核心价值观。”这一表达分别从国家、社会、公民三个层面阐述了社会主义核心价值观的内涵，是在汲取中华优秀传统文化丰富营养基础上的发展和完善，是中华优秀传统文化在当代的传承和发扬。培育和弘扬社会主义核心价值观，必须立足于中华优秀传统文化。用中华优秀传统文化滋养社会主义核心价值观，必须坚定自觉地以习近平新时代中国特色社会主义思想为指导，坚持辩证唯物主义和历史唯物主义，秉持实践标准和客观、科学、礼敬的态度，把握好“守”和“变”的关系，实现传统文化创造性转化和创新性发展，做到古为今用，守正开新，取其精华，去其糟粕，不复古泥古，不简单否定，不断赋予优秀传统文化新的时代内涵和现代表达方式，实现传统与现代、继承与超越、民族性与时代性的有机统一。这是党中央立足国内国际两个大局，站在历史、现实和未来的时空交汇点上高瞻远瞩，对核心价值观教育做出的战略设计、历史定位和未来发展的方向性指引，是今后培育和弘扬社会主义核心价值观的战略出发点和落脚点。

三、缘自对当代青少年所处文化环境的反思

随着信息技术的快速发展和全球化的加速，青少年接触到的文化形式和内容变得越来越多样化和丰富化，跨文化交流和融合也使得青少年对于自身文化的认同和理解面临更多的挑战。在对外开放、多元文化、经济全球化的冲击下，青少年的知识、情趣、志向已不再限于本土，他们没有民族的与世界的两个断然分明的界限。一直以来，西方敌对势力通过各种途径和手段对我国青少年进行思想文化渗透的政治目的没有改变，并呈现出新的特点：意识形态的渗透越来越多地以文化产品、文化服务、文化交流的形式出现，形式更加隐蔽；更多地借助互联网、现代通信系统、广播电视等现代电子媒体加强渗透，渠道更加多样。一些青少年不能正确对待现实和历史，甚至不同程度地存在对国家认同的弱化。20 世纪 80 年代以来，以美国为首的西方国家开始利用其文化产品（电影、电视娱乐节目、流行音乐、广告等）和大众消费品（可口可乐、麦当劳、肯德基、星巴克、迪士尼等）的输出，潜移默化地推广其生活方式、思维方式、价值理念乃至政治制度等。这些文化产品在潜移默化地改变着青少年的消费观，引发了一些青少年的物欲症和攀比心理，使得拜金主义、享乐主义在民众中有所

蔓延，也在某种程度上冲击着中国自身的传统文化与价值观念。当部分青少年将别国的文化当作追崇、模仿的对象时，便在不知不觉之中将自己的民族文化逼迫到了弱势的地位，还有一部分青少年越来越热衷于过西方节日、看外国大片，从而认同西方的思想、生活方式。由此可见，青少年所处的环境、看问题的视角与方式、社会关系与利益关系等都发生了深刻变化，这强烈冲击着传统的国家观念、民族认同和文化认同。

面对博大隽永的中华优秀传统文化，部分青少年却无动于衷。他们过度地坚持和深陷于所谓的青少年主流文化之中，不重视对中华文化的修习，更有甚者将中华文化抹上本不应有的色彩。杀马特文化、叹老文化、小清新文化、佛系文化、萌文化、二次元文化、主播文化、粉丝文化、极简文化、朋克养生文化、恶搞文化、拍客文化、网购文化、表情包文化、流行语文化、涂鸦文化等多种亚文化样态，成为当今青少年文化的重要场域。亚文化是社会文化的一个重要组成部分，随着社会时代的变迁以及自身的发展而变化，具体表现为社会性、变迁性、自发性、发展不平衡等特征。与主流文化不同，自成一格的青年亚文化团体更喜欢标新立异、张扬自我，甚至故意挑战主流、正统文化形式和规范。亚文化由于其与主流文化的差异，特别是在社会转型期，会有意无意地表现出对主流文化的挑战，因此往往会引发两种文化之间的紧张对抗、对峙，以至于主流文化会通过法律、行政、教育、家庭、社会组织等体系对其进行抑制、管控、排斥，使社会和家庭长期存在种种文化冲突。亚文化影响着青少年的价值观和心理健康，导致青少年人生观、价值观的冲突与失范，造成其在社会生活中价值取向紊乱、道德意识弱化，更有甚者会诱导其形成犯罪人格。如果特定圈层内的青年要把所谓的圈层看作一堵密闭墙，将自己封闭起来，为了体现特色的纯粹性和完整性，不断强化圈层外部的壁垒，那确实有疏离现实社会的可能，进而对生活和个人发展产生很多消极的态度，不利于人社会化本质的实现。特定的文化和思想会在封闭的圈层中不断凝聚，缺少更新，拒绝接受改变，会逐渐出现群体性僵化以及文化排他性，导致圈层内的青少年只认同自身的圈层文化，甚至用以区隔自身和外部的人与事物，造成思想和行为的范围局限，更有甚者可能会出现价值观失衡问题。总之，当代青少年所处的文化环境是多元化、全球化、个性化和娱乐化的。青年人需要在这样的文化环境中，保持开放的心态，积极接受和适应文化变化，同时也更需要保持文化自信，保持对自己文化传统的认同和理解。思想政治教育也需要坚持以中华优秀传统文化引领网络文化建设，对亚文化圈层中不合规、不合法、不利于青年成长的消极内容加以屏蔽、剔除和改造，确保社会主义先进文化的前进方向，推动中华优秀传统文化、红色文化创造性转化、创新性发展，以时代精神激活中华优秀传统文化的生命力，进一步丰富青年精神文化需求。

四、缘自对如何完成思想政治教育立德树人使命任务的探寻

随着历史车轮滚滚向前，我国迎来了中国特色社会主义新时代，着眼于新的历史方位，中华民族比历史上任何时候都更接近复兴梦想。国无德不兴，人无德不立。这一政治站位和发展高度，需要我们坚持立德树人的教育使命，不断培养出拥有强大精神力量、坚定民族品格的时代新人，不畏艰险，迎难而上，为中华民族伟大复兴贡献力量，推动中华民族走向繁荣富强。

立德树人是中华民族的优秀文化传统。重德，是中华优秀传统文化的重要特征。在古代先哲那里，“道”与“德”是有区别的，“道”是普遍的原则、理念，“德”是个人的心地和行为；但二者又是紧密联系在一起的，把“道”内化于心、外化于行就是“德”。我们今天所讲的“道德”一词就是由此而来的。我国传统文化认为，有道德是人与动物的一大区别，也是人的高贵所在；德是一个人安身立命的根本，德和福是相一致的；德也是一个国家兴盛的重要保证，败德会导致丧家亡国。儒家思想更是把道德对个人、家国的意义，把道德力量在政治中的作用推向了极致，从而极力倡导积德行善、厚德载物，重视道德教化和道德修养，大力宣扬德治仁政。由此，我国几千年来形成了浓厚的尚德传统，并滋养了中华民族敦厚重德的性格。中华优秀传统文化凝聚着中华民族普遍认同和广泛接受的道德规范、思想品格和价值取向，源远流长、内涵丰富、博大精深，其核心就是道德教育“仁义礼智信”“先天下之忧而忧，后天下之乐而乐”“天下兴亡、匹夫有责”等思想，无不传递出中华传统文化所蕴含的人格修养、行为规范和家国情怀，是今天道德教育的重要源头活水。注重思想道德建设是中华传统文化的重要特征，立德树人、培养德智体美劳全面发展的社会主义建设者和接班人，是中国特色社会主义教育事业的根本任务。在建设中国特色社会主义现代化强国新征程中，加强思想政治教育的基本任务是全面提高道德素质，加强社会公德、职业道德、家庭美德、个

人品德教育，弘扬中华传统美德，做到明大德、守公德、严私德。思想政治教育需要挖掘和阐发中华优秀传统文化讲仁爱、重民本、守诚信、崇正义、尚和合、求大同的时代价值，在继承中创新，在创新中发展。思想政治教育要全面落实五育并举方针，大力培育“好学上进”学风、厚植“健康阳光”土壤、弘扬“勤劳诚信”美德、树立“文明朴实”风尚，积极培育和践行社会主义核心价值观，使青少年努力成长为心怀“国之大者”的接班人。总而言之，优秀传统文化能激励青少年树立立志报国的远大理想，以及自强不息、积极向上和诚实有信的价值取向，养成良好的思想品德和树立做人准则，对于青少年的人格素养、道德情操和理想信念的培育有着重要价值和意义。

第二节　研究综述

中华优秀传统文化是中国历史文化的重要组成部分，具有丰富的思想内涵和深厚的历史积淀。近年来，随着社会发展和教育改革的深入推进，中华优秀传统文化的思想政治教育功能逐渐受到学界重视。其中包括探讨中华优秀传统文化与思想政治教育的相关性、作用、意义，以及中华优秀传统文化融入思想政治教育的问题、成因与路径等。

一、国内研究现状

（一）中华优秀传统文化与思想政治教育的相关性研究

中国传统文化与思想政治教育的内在关系是什么？对这一问题的解答，不但关乎这一研究方向何以成立的学理依据，也在一定程度上决定了学者们在这一领域内的研究路向。1999 年，邓球柏率先捕捉到中国传统文化与思想政治教育存在一定关联，撰写《中国传统文化与思想政治教育》研究论著，主要是分章论述了《大学》《中庸》《论语》《老子》《孟子》《荀子》《韩非子》《周易》，以及董仲舒思想中关于思想政治教育的基本原理、主要内容、基本原则和方法措施，并指出“中国传统文化中蕴含着如何做人，怎样做事的精髓，符合思想政治教育的育人目标，对于提高个人整体素质，为社会培养高素质的杰出人才都有促进作用。”① 2005 年，沈壮海出版著作《思想政治教育的文化视野》，从文化视角剖析思想政治教育的基本理论，并从具体实践出发探讨文化对于思想政治教育工作的理论意义。2006 年，赵康太、李英华编著《中国传统思想政治教育理论史》，在历史视角下纵向分析中国传统的思想政治教育理念，对比各时期政治教育者的理念和主张，系统化地分析了中国传统文化对现代思想政治教育的价值，主张从史料中提炼升华思想政治教育观点，为今天思想政治教育所借鉴②。此外，2007 年杨延东所著《传统文化与思想品德教育》、2010 年张世欣所著《中国古代思想道德教育史》、2011 年顾友仁所著《中国传统文化与思想政治教育的创新》、2016 年刘思阳所著《中国优秀传统文化与大学生思想政治教育探究》、2018 年王易所著《中华优秀传统文化与学校思想政治教育》、2019 年霍洪波所著《学校思想政治教育中传统文化融入问题研究》、2022 年袁久红、陆永胜所著《中华优秀传统文化与学校思想政治教育》等著作，都对中国传统文化教育和思想政治教育之间的关系进行了较为深入的探讨，基本上对中国传统文化的概念及其所蕴含的思想政治教育的内涵做了全面而深入的分析，对传统文化与我国思想政治教育融合创新的脉络和使命进行了深入系统的梳理，在此基础上明确了中国传统文化视域下我国思想政治教育创新工作的崭新局面。

（二）中华优秀传统文化对思想政治教育的作用、意义研究

作用与意义代表着研究的必要性与可行性，只有中华优秀传统文化的内容和方法被借鉴和运用，才会有现实的价值。曲洪志（2004）在文章《中国传统文化与新时期思想政治教育》中提出中华优秀传统文化中的五种精神：“刚健有为、自强不息”“国家兴亡、匹夫有责”“民为邦本”“贵民”“重民”，对当代思想政治教育注重道德修养、注重人际伦常调节有重要启示意义③。张祥浩（2008）在文章《中国传统文化与思想政治教育的创新》中提出儒家的道德教育亦即现代思想政治教育，以中国传统文化典籍教人育人是其重要特征④。祖国华（2009）在文章《“礼乐教化”

---

① 邓球柏. 中国传统文化与思想政治教育［M］. 北京：首都师范大学出版社，1999：1.

② 赵康太，李英华. 中国传统思想政治教育理论史［M］. 武汉：华中师范大学出版社，2006：25.

③ 曲洪志. 中国传统文化与新时期思想政治教育［J］. 马克思主义与现实，2004（6）：114-116.

④ 张祥浩. 中国传统文化与思想政治教育的创新［J］. 东南大学学报，2008（5）：56-59，127.

对高校思想政治教育的当代价值阐析》中从成人与成才、陶冶与灌输、规范与养成三个方面阐析了儒家“礼乐教化”思想对学校思想政治教育的价值①。孙熙国（2011）在文章《中国优秀传统文化与当代青年发展》中提炼出中国传统文化中具有现代价值的四种精神：仁爱、正义、礼乐、诚信②。崔景明（2011）在文章《道家伦理智慧价值及在思想政治教育中的运用》中总结了道家“无为而治”“君无为而臣有为”“无意识教育”等伦理智慧对思想政治教育的启示意义③。任燕（2014）在文章《论中华民族传统文化学习与思想政治教育之融合》中提出守护中华文化的珍贵遗产，需要我们积极发掘、学习和利用，更好地传承和创新，把传统文化教育纳入新时期的思想政治教育，培养我们的民族精神，迎接改革创新的新的挑战④。李影、韩喜平（2016）在文章《在学校思想政治教育中实现优秀传统文化的现代传承》中提出优秀传统文化是一个国家的“根”和“魂”，为思想政治教育提供了丰富的资源，它与马克思主义有高度的内在契合性，明确了社会主义核心价值观的指向，也为大学生提供了丰厚的传统滋养⑤。李国良、周向军（2018）在文章《中华优秀传统文化的价值及其实现：基于大学生思想政治教育视域》中提出唯有汲取中华优秀传统文化的丰富营养，才能增进师生对习近平新时代中国特色社会主义思想的政治认同、理论认同和情感认同，充分实现中华优秀传统文化在大学生思想政治教育中的价值⑥。洪春生（2020）在文章《中华优秀传统文化融入学校思想政治教育探究》中，从中华优秀传统文化为学校师生践行社会主义核心价值观提供丰厚滋养、为学校师生增强文化自信提供坚实基石、为学校提升思想政治工作质量提供有益借鉴三个维度，对中华优秀传统文化融

---

① 祖国华.“礼乐教化”对高校思想政治教育的当代价值阐析［J］. 社会科学战线，2009（10）：37-40.

② 孙熙国. 中国优秀传统文化与当代青年发展［J］. 学校党建与思想政治工作，2011（11）：13-15.

③ 崔景明. 道家伦理智慧价值及在思想政治教育中的运用［J］. 思想教育研究，2011（4）：57-59.

④ 任燕. 论中华民族传统文化学习与思想政治教育之融合［J］. 中国党政干部论坛，2014（7）：103-104.

⑤ 李影，韩喜平. 在学校思想政治教育中实现优秀传统文化的现代传承［J］. 思想政治教育究，2016，32（3）：66-69.

⑥ 李国良，周向军. 中华优秀传统文化的价值及其实现：基于大学生思想政治教育视域［J］. 思想教育研究，2018（9）：91-95.

入学校思想政治教育进行了综合性价值定位[①]。王红（2023）在文章《文本释读到价值重塑：中华优秀传统文化有效融入现代思想政治教育的实践逻辑》中指出，中华优秀传统文化融入现代思想政治教育本质上是一个依托思想政治教育学科而将经典文本意义向时代价值转化的实践过程。总体来说，中华优秀传统文化是中国历史文化的重要组成部分，具有独特的文化内涵和当代价值。中华优秀传统文化在思想政治教育中的传承，有着不可比拟的价值与意义。

（三）中华优秀传统文化的思想政治教育功能研究

有效发挥中华优秀传统文化的育人功能是当前思想政治教育关注的热点和难点。赵瑞华、孔君英（2011）在文章《论传统文化的思想政治教育功能》中认为，中国传统文化的思想政治教育功能在个体层面表现为提高个人思想道德素质，在国家层面表现为提高国家软实力[②]。陈少平、陈桂香（2016）在文章《学校中华传统文化教育与思想政治教育研究综述》中认为，中华传统文化作为中华民族的传统文化遗产，具有极其重要的思想政治教育功能。这些功能包括：提升个人素质、激发民族自信心、传承中华民族优秀的文化传统、指导人们正确的道德行为等[③]。杨洋（2018）在文章《“中华优秀传统文化与思想政治教育”会议综述》中通过对中华优秀传统文化思想政治教育方式和方法的研究，提出了中华优秀传统文化指导生活、塑造人格、调适心理、保持自觉等多方面的功能。陈庆庆、李祖超（2020）在文章《中华优秀传统文化融入大学生思想政治教育的路径创新》中通过对中华优秀传统文化的来源、内含、价值、表征等方面的分析，阐明了其在思想政治教育中的重要作用和功能。其中包括：提升个人素质、表达人性情怀、启迪人生智慧、凝聚民族凝聚力、反思人生价值等[④]。有学者将中国传统文化本身具有的思想政治教育功能界定为“思想政治教育力”，并以其为中国传统文化软实力的重要组成部分。总的来说，中华优秀传统文化具有重要的思想政治教育功能，在国民教育、文化传承

---

① 洪春生．中华优秀传统文化融入学校思想政治教育探究［J］．学校党建与思想教育，2020（22）：85-87.

② 赵瑞华，孔君英．论传统文化的思想政治教育功能［J］．理论月刊，2011（7）：186-188.

③ 陈少平，陈桂香．学校中华传统文化教育与思想政治教育研究综述［J］．思想教育研究，2016（6）：116-120.

④ 陈庆庆，李祖超．中华优秀传统文化融入大学生思想政治教育的路径创新［J］．思想政治教育研究，2020（4）：123-128.

等方面都有广泛的应用和推广价值。

（四）中华优秀传统文化融入思想政治教育的现状与问题研究

问题是实践的起点、创新的起点。推动中华优秀传统文化融入思想政治教育的发展，既是一个实践的过程，也是一个创新的过程。突出问题导向才能推动实践创新，只有实践创新才能推动高质量发展。我们必须积极融入时代，始终坚持问题导向推动发展走高质量道路。任世强（2017）在文章《传统文化精髓与学校思想政治教育融通探析》中认为，当代社会倡导充分彰显人的个性特征与普遍关注实现人的个体价值，这与传统文化所一贯主张的整体至上理念之间形成个性与共性孰轻孰重的冲突，这是学校思政教育在传统文化精髓传承下所要面临的挑战①。明成满、圣雪琪（2018）在文章《推动优秀传统文化与思想政治教育的融合》中指出，当前很多学生对传统文化的了解不够，不能充分认识其价值，学校传承和发扬传统文化的责任意识淡薄等②。杨惠（2020）在文章《中华优秀传统文化融入思想政治教育的方法探究》中指出，一些学校虽然在校园建设中投入了大量的人力、物力、财力，但校园建设的人文环境体现中华传统文化的氛围不浓③。田顺（2022）在文章《中华优秀传统文化融入大学生思想政治教育的路径研究》中认为，在学生日常思想政治工作实践过程中，学校思政工作者已经有意识地将中华优秀传统文化融入思想政治教育，但效果并不十分理想，其重要原因就是融入方法滞后与时代脱节，传统文化教育与日常思想政治教育衔接“缺位”，故而存在中华优秀传统文化与思想政治教学无法实现有效衔接的现象④。总体而言，学者关于中华优秀传统文化融入思想政治教育的现状与问题研究，有以下几点：融入工作缺乏系统性，没有具体的规划与布局，不是一个完整的体系；融入内容缺乏针对性，在内容选择上还是滞后于当下发展与学生实际；融入方法缺乏实效性，仍然以老师教学灌输为主；融入效果缺乏持续性，高校所做的融入工

① 任世强．传统文化精髓与学校思想政治教育融通探析［J］．黑龙江高教研究，2017（7）：140-142.

② 明成满，圣雪琪．推动优秀传统文化与思想政治教育的融合［J］．中国教育学刊，2018（5）：108.

③ 杨惠．中华优秀传统文化融入思想政治教育的方法探究［J］．学校党建与思想教育，2020（2）：77-78.

④ 田顺．中华优秀传统文化融入大学生思想政治教育的路径研究［J］．国家通用语言文字教学与研究，2022（8）：13-15.

作或者活动持续时间较短，导致效果影响难以持久；融入思路缺乏创新性，大部分高校仍然采用课堂教学和校园活动这种普遍的方式；等等。

（五）中华优秀传统文化融入思想政治教育的路径研究

对症下药，量体裁衣。如何有效地将中华优秀传统文化融入高校思想政治教育，是当前学界探索研究的重要课题。张庆（2014）在文章《“孝”文化与大学生思想道德教育：解读与传承》中，分析了在当今大学生思想道德教育中“孝”文化教育存在的主要问题，以及将“孝”文化教育融入大学生思想道德教育的紧迫性和必要性，并探讨了将“孝”文化教育融入大学生思想道德教育的途径和方法①。杨青舟、刘畅（2015）在文章《弘扬中华传统文化是夯实学校德育工作的有效途径》中提出，大力弘扬普及中华优秀传统文化是夯实社会主义道德建设的基本任务，并以《弟子规》这一经典文本作为研究对象，研究在学校德育中弘扬中华优秀传统文化的有效途径②。张卫良、龚珊（2016）在文章《思想政治教育的中华优秀传统文化认同机制探究》中认为，思想政治教育的文化认同机制，是以提高思想政治教育实效为目的，中华优秀传统文化资源渗入并促进整个认同过程实现的机制，是对中华优秀传统文化的挖掘与对中国当下经验与时代需求的创造性思考③。许静波、王晶在文章《中华优秀传统文化与学校思想政治教育的语境融合》中指出，传统文化与我国古代的农业社会相契合，当前必须甄别优秀传统文化，对其进行语境更新，使其融入思想政治教育的语境。促进二者在融合中完善自身，实现中华优秀传统文化的创造性转化和创新性发展，丰富思想政治教育的时代内涵④。白琰（2019）在文章《传统晋商文化资源在大学生德育中的应用思考》中深入解读了传统晋商文化资源，分析了传统晋商文化资源在大学生德育中的应用价值，将传统晋商文化资源应用于大学生德育⑤。马抗美、吴优（2023）在文章《中华

---

① 张庆.“孝”文化与大学生思想道德教育：解读与传承［J］. 中国成人教育，2014（6）：60-62.

② 杨青舟，刘畅. 弘扬中华传统文化是夯实学校德育工作的有效途径［J］. 理论视野，2015（6）：84-86.

③ 张卫良，龚珊. 思想政治教育的中华优秀传统文化认同机制探究［J］. 思想理论教育导刊，2016（5）：128-130.

④ 许静波，王晶. 中华优秀传统文化与学校思想政治教育的语境融合［J］. 思想教育研究，2018（3）：106-109.

⑤ 白琰. 传统晋商文化资源在大学生德育中的应用思考［J］. 宁波工程学院学报，2019（3）：82-86.

优秀传统文化融入大学生思想政治教育的价值思考与路径探析》中提出，学校应当挖掘整合中华优秀传统文化、挖掘中华优秀传统文化的鲜活素材、创新教育教学的时空领域、提升教师的文化素养，促进中华优秀传统文化更好地融入大学生思想政治教育，全面提高大学生的思想文化素养，促进中华优秀传统文化的传承与创新，助力文化强国建设①。在这些成果中专门、系统研究“融入路径”的相对较少，虽然大部分成果都提出了一些融入对策，但是绝大多数都是基于宏观层面或者某一个视角，不够全面，缺乏针对性。

二、国外研究现状

（一）关于中华传统文化的研究

作为四大文明古国之一的中国，延续着五千年丰富的历史文化，中华传统文化广为世界人民所接受，它独特的魅力不断吸引着学者们的眼球。一直以来，关于中华传统文化的研究就深受国外学者的追捧。英国哲学家罗素在《中国问题》中对中华传统文化中的文字问题、儒学问题、科举问题进行了探讨，并且将其和西方的拼音文字、宗教、贵族政治进行了对比研究，分别分析了两种文化的优缺点。英国文化追求变更，习惯于把社会的线性进步视为自然而然的历史过程，始终认为“更好的变更会相继而来”，体现为征服自然和统治人类；而中国文化强调稳定，“志在建立一个稳定的社会，维持某一种良好的水平但不总是寻求新的成功”。美国学者费正清基于中华文明发展的历史进程，提出了先秦时期是中国哲学思想的黄金时代。他透过中国哲学、宗教、文学、艺术等文化形态的演变探讨中国古代传统社会的演进逻辑，以及近代西方势力渗入后外来文化与中国文化碰撞冲突、互动融合的过程。德国著名社会学家马克思·韦伯在对中国的传统儒家思想和道家文化进行详细分析后，撰写了《中国的宗教：儒教与道教》一书。英国历史学家汤因比撰写了《历史研究》一书，其中对孔子学说进行了大量的分析和论述。他十分欣赏中华传统文化，非常看重中国在历史上和未来的作用。他认为文明之间需要相互接触，并不是单独存在的，认为以“孔子学说”为代表的中华传统文化对解决西方社会所出现的问题也具有一定的指导和借鉴意义。

---

① 马抗美，吴优．中华优秀传统文化融入大学生思想政治教育的价值思考与路径探析［J］．贵州民族研究，2023（3）：209-214.

（二）关于本国文化融入价值观教育的研究

在价值观的教育过程中，许多国家皆非常重视文化遗产和历史传统的作用，以此作为价值观教育的人文支撑。例如，新加坡是一个多元种族的移民国家，容易产生文化冲突，因此新加坡更加注重国家意识的培养。新加坡颁布的《共同价值观白皮书》提出了“国家至上、社会为先；家庭为根、社会为本；关怀扶植、尊重个人；求同存异、协商共识；种族和谐、宗教宽容”的五大价值观，在价值观的教育过程中大力推行传统文化教育，注重向学生灌输儒家思想来进行价值观教育。韩国深受儒家学派影响，儒学传统化与本土化是韩国文化教育的特点，无论是在日常生活还是学习工作中，人们都很注重传统文化的导向作用，通过当地民俗馆、博物馆、特色建筑、图书馆等方式于无形之中发挥着育人作用。韩国的思想政治教育在内容上，坚持儒家文化在塑造国民品性中的基础作用，用民族精神培养有国籍的人，用传统礼仪培养有风度的韩国人，用西方的追求民主、崇尚科学思想来培养世界公民。同时，大多数国家会将本国的传统文化融入德育之中。日本素有“礼仪之邦”之称，显然传统文化教育的成就功不可没，日本社会在很早之前就对育人事业高度重视。日本的道德教育始终以学生为主体，重视本国传统，且强调学生应亲自实践才能得到很好发展的理念，虽然吸取了许多他国文化，但以十分强硬的态度巩固本国文化传统。日本人善于学习他国文化，且善于创造性地运用本国传统文化，而不被传统文化所羁绊。同亚洲其他国家一样，日本恰到好处地处理好了传统文化与本国德育的关系。英国非常重视本国的传统文化教育。英国的传统文化教育对象主要是中小学生群体。英国的绅士教育被公立学校作为一项重点指标，这也是具有英国特色民族精神的，他们希望打造出拥有健康体魄、高度责任感的精英人才，因此注重提升学生的认知能力以及和外界共处的能力。法国常常把思想政治教育贯穿到日常学科中，注重校园和社会文化环境的熏陶，用“耳濡目染”的教育方式，传递正确的政治观念，培养高尚的国家荣誉感。在美国，由于其传统文化中具有深厚的宗教色彩，因此许多学校仍设有驻校牧师团对学生进行宗教信仰指导。美国学校将宗教作为学生个人主义价值观和社会统一之间的纽带，从而引导他们的道德教育。亚洲以及欧美一些发达国家在德育实践方面都取得了瞩目的成就，反映了不论是东方国家还是西方国家，尽管在传统文化上存在诸多差异，但在国家德育发展中都不约而同地发掘各自传统文化中的资源，其中许多地方值得我国借鉴。

三、国内外研究述评

通过对国内论述的研究可以发现，学生能够更科学地理解中华优秀传统文化与思想政治教育的关系——二者是相辅相成、协调统一的。第一，中华优秀传统文化是中华民族的精神财富。通过对中华优秀传统文化的学习和传承，可以培养学生的爱国主义情感，增强学生对祖国和民族的认同感和归属感。第二，中华优秀传统文化以儒家思想为核心，强调道德伦理建设，注重人际关系和社会责任。通过对中华优秀传统文化的学习和传承，可以培养学生的道德修养和社会责任感，促进道德伦理建设。第三，中华优秀传统文化强调人文精神，注重人的内在修养和精神追求。通过对中华优秀传统文化的学习和传承，可以培养学生的人文精神，让学生在成长过程中不断塑造自己的人格魅力和精神追求。但是，大多数学者都是从某一个侧面对中华优秀传统文化相关问题进行较为深入的探究，而对中华优秀传统文化融入思想政治教育的学理分析较少，对中华优秀传统文化融入思想政治教育的概念、特点的总结探究较少，对中华优秀传统文化的思想政治教育功能更是鲜有研究，这为我们进一步探寻以及有效发挥中华优秀传统文化的思想政治教育功能提供了动力。

通过对国外论述的研究可以发现，西方资本主义国家的德育教育结合了宗教思想，而亚洲国家在传统文化教育方面深受儒家学说的影响。虽然在教育内容、教育方法、教育主体、教育载体方面各有特点，但各个国家都通过长期实践证明了优秀传统文化融入思想政治教育的可行性与重要性，这也对我们的研究提供了借鉴与启示。

第三节　研究意义

一、理论意义

第一，澄清核心概念，深化基础理论研究。核心概念之未明，与之相关的一切理论研究都是无依的，因此要在澄清核心概念的基础上深化基础理论研究。当前，学校思想政治教育的内容与中华优秀传统文化所蕴含的价值理念、道德观念等内容有着密切的关联性，将中华优秀传统文化融入思想政治教育，通过深入挖掘中华优秀传统文化所蕴含的丰富文化资源，能为思想政治教育的发展提供新的思路，拓展学校思想政治教育理论研究。第二，着重研究当前学界理论研究的薄弱之处，例如在中华优秀传统文化的思想政治教育功能的构成上，目前仍没有确切的研究。要将碎片化、零散化的中华优秀传统文化要素加以梳理，以具体的标准与逻辑使其形成功能，并进一步探讨功能间的关系，以期形成系统、完整的思想政治教育功能特质，为有效发挥中华优秀传统文化的思想政治教育功能做出理论准备。

二、实践意义

第一，有利于构建中华优秀传统文化思想政治教育体系，增强青少年对自身文化的认同。青少年文化认同的核心是社会主义核心价值观教育，而后者具有深刻的文化属性，它植根于中华优秀传统文化，且文化的功能和属性对国家建设、社会发展和青少年成长都具有极其深远的意义。中华优秀传统文化是中国历史文化的重要组成部分，具有独特的文化内涵和价值。在社会主义核心价值观教育中对中华优秀传统文化进行学习和传承，能进一步激发青少年对中华优秀传统文化的兴趣，让优秀传统文化的种子在心中牢牢扎根，促进青少年在文化多样性背景下对自身文化的认同；能进一步培养青少年的爱国主义情感、道德伦理修养和人文精神，培养富有民族自信心的社会主义事业建设者和接班人，为全面建设社会主义现代化国家提供源源不绝的力量。第二，有利于创新思政教育新模式，展示中华优秀传统文化魅力。文化只有实现了创造性转化和创新性发展，才能真正成为思政课的有机组成部分，二者才能真正实现有效融合。思想政治教育与优秀传统文化的相遇，必将丰富文化存储介质载体、革新文化演绎呈现形式、开辟文化传播互动渠道，从而催生构建文化新生机、新生态，为优秀传统文化传承创新注入新动力、提供新动能。第三，有利于推进国家精神和民族精神建设。青年学生需要深入学习中华优秀传统文化，感受中华民族精神，坚定文化自信，正确看待国家发展，推动社会主义精神文明建设。因此学校必须坚守思想政治教育主阵地，积极发挥民族精神在学生价值观念引导、思想认知提升、民族文化传承方面的重要作用，让立德树人在学生成长成才中取得实效。中华优秀传统文化是中华民族的精神财富，是国家精神和民族精神建设的重要内容，通过对中华优秀传统文化的学习和传承，可以推进国家精神和民族精神建设，提升国家和民族的凝聚力和向心力。

第四节　研究思路与方法

一、研究思路

本书主要以中华优秀传统文化的思想政治教育功能为研究对象，紧紧按照“是什么”“为什么”“怎么做”的逻辑顺序展开论述。第一，在“是什么”的问题上分四步进行论述。首先，对优秀传统文化、思想政治教育的内涵与外延进行系统的阐述。其次，从经典文献出发探寻经典作家、中国共产党人、西方理论家对这一问题的论述。再次，从历史维度出发，梳理中华优秀传统文化在各个时期发挥的作用，并得出启示。最后，通过特有的逻辑，按照思想政治教育的学科逻辑梳理中华优秀传统文化的思想政治教育功能，为后续问题的解决奠定理论基础。第二，着重探讨发挥中华优秀传统文化的思想政治教育功能为什么必要、为什么可行的问题。第三，通过整合分析，立足于实际，在正确原则的指导下，从不同方面提出解决路径，解决“怎么做”这一问题。

二、研究方法

（一）文献分析法

该研究方法主要是通过对各类文献资源、各类学术著作进行梳理，全面系统把握研究主题，掌握研究问题的基本现状与发展趋势。本书的理论探索正是基于学界已有的相关研究成果，进行批判借鉴、去粗取精、移植创新而来的。

（二）历史分析法

坚持变化与发展的观点分析解决问题是马克思主义的基本立场与原则，在各个历史阶段对比变化中注重总结其内在逻辑与基本规律。本书通过对中华优秀传统文化的思想政治教育功能在不同历史时期的演进变化历程进行梳理，总结归纳出点—线—面的变化发展过程。新时代中华优秀传统文化的思想政治教育功能的创新性发展应然状态从历史逻辑的角度呼之欲出。

（三）跨学科研究法

思想政治教育本身就具有学科交叉的特性，在研究中非常有必要借鉴其他相关学科的理论知识与研究方法。具体来说，如要发挥中华优秀传统文化的思想政治教育功能，必须借鉴多学科相关知识展开研究，例如文学、社会学、心理学、管理学等学科，以期将其他相关学科的基本理论或原理移植、推广至思想政治教育研究领域，开展思想政治教育的集成创新研究。

第五节　研究难点与创新

一、研究难点

发挥中华优秀传统文化的思想政治教育功能不仅是传承中华优秀传统文化的有效途径，而且是深化价值观教育的有力依据。中华优秀传统文化蕴含着丰富的哲学思想、人文精神、教化思想、道德理念等，具有纷繁复杂的功能，如何梳理出符合思想政治教育内涵、具备思想政治教育特色的功能，是研究的难点；在如何有效发挥中华优秀传统文化的思想政治教育功能研究上也存在一定难点。一方面，需要在思想上纠正大众对“梳理中华优秀传统文化功能”的偏颇态度，以及消除对以功能融入教育的方式存在的思虑。另一方面，需要在实践中解决中华优秀传统文化教育内容缺乏实际性、教育方法缺乏实效性、教育途径缺乏整合性等导致的功能发挥不足等诸多问题。此外，在评估中华优秀传统文化思想政治教育功能发挥情况的过程中，需要面对思想政治教育内容精准化、渠道高效化、方式灵活化的挑战，从而提高对中华优秀传统文化的认知水平、资源挖掘水平等。这些是研究的重点，更是研究的难点。

二、创新之处

（一）研究视角的创新

“中华优秀传统文化与思想政治教育”是思想政治教育学科的主要研究方向。中华优秀传统文化拥有塑造人、培养人、约束人的重要思想政治教育功能，然而目前鲜有研究从“中华优秀传统文化的思想政治教育功能”这一视角出发，对中华优秀传统文化的当代价值展开论述。从“功能”这一基础原理视角出发做研究，不仅有利于中华优秀传统文化在当代的创造性转化与创新性发展，更有利于思想政治教育更好地完成立德树人的使命任务。

（二）研究观点的创新

随着时代的变革，对中华优秀传统文化的研究必须符合新时代语境，对其的认知水平、资源挖掘意识、时代内涵理解都要进行变革。在与思想政治教育结合的过程中，需合理掌握思想政治教育灌输教育规律、积极净化现有载体教育环境、努力提升实践活动教育效果。在有效发挥中华优秀传统文化的思想政治教育功能的路径探索上，要符合新时代中国特色，符合青年身心发展规律，做到对症下药。一要深入挖掘融入内容。既要做好文化对比挖掘工作，又要提升中华优秀传统文化课程比例，还要开展专题教育。二要丰富融入载体。不仅要发挥课堂主渠道作用，还要夯实网络化教学与实践教学手段，更要以外显文化建设促进内化价值提升。三要改进融入方式。秉持创新精神、注重道德需求、重视学思并重的方式，促进融入教育内化升华。因此，融入思想政治教育还必须符合学生心理接受规律，必须坚持全方位立体融入，必须谨防融入过程中的反噬现象。

第二章 中华优秀传统文化思想政治教育功能的理论解读

文化是一个民族生存和发展的重要力量。在一个民族演进的过程中，文化具有塑造人格、稳定人心的重要作用，中华传统文化也不例外。中华民族五千年来形成了一脉相传、百花齐放的中华传统文化。在今天，中华优秀传统文化仍然在人们价值观念、道德规范、行为导向等方面发挥重要作用。因此，要理解中华优秀传统文化思想政治教育功能，就应当厘清“文化”“中国优秀传统文化”以及“功能”等相关组成部分的基本情况，这样才能形成对“中华优秀传统文化思想政治教育功能”的基本认识。

第一节 文化的相关理论解读

人类社会的每一次跃进，人类文明的每一次升华，无不伴随着文化的历史性进步。可以说，没有文明的继承和发展，没有文化的弘扬和繁荣，就没有中华民族伟大复兴中国梦的实现。那么，到底何谓文化？国内外学术界对于这一概念众说纷纭。

一、文化的起源

文化的产生包含了诸多要素的参与。人是文化的核心要素。文化是伴随人的实践活动发展而产生的。世界与人生、社会与个人都被文化包容其中。在人类产生之前不可能有文化的存在，在文化之前或在文化之外也没有人。

人的劳动也是文化生成的重要因素。人在实践中生成，劳动创造了人类，人类的体力、智力在改造客观世界的过程中得以发展。而人也在劳动中不断创造着文化，创造着整个人类社会。文化体现了人类的劳动成果。因此，它的产生和发展，从根本上说都来源于人类的实践，特别是人类的劳动实践，劳动无论是对文化的产生还是发展都具有决定性的意义。一方面，人的劳动需要有劳动对象。文化的生成除了劳动以外还有很多其他影响因素。人的实践具有对象性，劳动总要作用于一定的客观对象。在一定的自然环境和一定的社会环境下，人只有在劳动同这些自然条件和社会条件相结合的情况下，才有可能创造出一定的文化。比如海洋文化总是与海洋、岛屿等自然条件联系在一起，没有河流、海洋，也就没有鱼类生存，也就谈不到捕鱼的劳动，谈不到人们对海上劳动所产生的期望和愿景，更谈不到海洋文化的产生和存在。再如游牧文化，其总是与草原、森林等自然条件联系在一起，没有草原等自然条件和高寒干旱等气候条件，就谈不上游牧生产、逐水草而居，也不可能有游牧文化的产生和存在。另一方面，劳动工具也是文化产生的重要因素。生产工具的诞生是人类智力发展的重要标志。人要劳动总会借助生产工具，而制造生产工具也是人区别于动物的本质特征之一。生产工具既是文化产生的重要原因，也是文化产生的重要标志。人类制造生产工具这一活动本身就包含并且体现了文化。

语言在文化的产生中也扮演了重要角色。语言是人区别于动物的本质特征之一。其一，语言是交流的中介。语言是一种符号性的交流工具，借助语言，人们能够与他人进一步交流，从而能够更广泛、更深刻地进行知识、情感等信息传递。语言促进人们结成各种关系，从事各种社会实践活动。与此相反，动物之间缺少约定俗成的语言，也就缺少借助语言进行交流的能力，它们只能发出一些单调的声音，反映一些表面的事物，使信息交流只能限制在狭窄的范围内。其二，语言是思想的蓄水池。横向上，语言是人类符号性的信息交流工具；纵向上，语言也可以使人类实现代际经验和知识的不断积累，从而进一步提高实践活动的效率，使其视野变得愈来愈广，改造自然的能力相应地也会提高，这一点也是动物所没有的。动物由于没有语言，没有知识的积累，它们的活动注定世世代代永远停留在一个水平上，它们只能本能地适应外部环境。其三，语言是思维的工具。语言是思维的直接体现，它不仅能够增进人与人之间思想的交流，提高知识经验积累的效率，更重要的是，人们能够借助语言来进行抽象思维和逻辑推理，不断探索、认识事物的现象和本质，从而让人类的实践活动能够按照事物本身发展的客观规律进行，在改造客观世界和主观世界过程中不断进步，创造出灿烂的人类文化。但是动物不同，动物没有语言，也没有复杂的思维能力，只能够按照自己本能进行活动，因此，无法像人那样自由地对客观世界进行改造，也就不能成为文化的创造者。由此可见，与生产工具的出现一样，语言的产生也从一个方面阐述了文化的起源。

意识的产生与发展也是文化形成的基本条件。与生产工具的制造、语言的产生紧密相关的是人的大脑与思维能力不断发展、进化，这是人类智慧的产生和发展。在人类生产实践活动和社会交往活动的基础上，借助语言，以思维为特征的人的意识也逐渐产生、不断发展，人类逐渐拥有了独特的智慧。也正是由于具备以思维为特征的意识和智慧，人才逐渐与动物相区别，成为真正意义上的“人”。人有了意识，就能为满足自己某种特定的需要，而自觉地按照一定的目的进行创造性的活动。人的思维能力不断提升，就能通过各种现象发现事物的本质，从而实现对事物的规律性认识。借助于思维和智慧，人就能按照客观事物发展的客观规律，自主地进行改造客观世界的物质实践活动。人生活的世界才能被打上主观认识的印记，各种物质文化得以创造，各种精神文化逐渐形成，世界逐渐成为具有人的智慧和实践印记的文化世界。

因此，人们生产劳动的实践活动是文化产生的根源，伴随它而出现的生产工具的制造和使用、语言的产生和意识的形成是文化产生最初的、最根本的标志。

二、文化的概念演进

思想是从概念开始的。概念包含着事物本质中最抽象、最浓缩的部分，是人类认知思维体系中最基本的建筑单位。从人类的形式思维来看，判断是由概念组成的，推理与论证又是由判断组成的。对于任何研究对象，人们必须先对其具有概念，然后才能做出相关的判断、推理与论证。在人类文明演进过程中，文化现象也引发了人们的思考。人们对文化概念的理解经历了从具体到抽象、从简单到复杂的过程。

（一）汉语中的“文化”的演进

从中国辞源考察，“文明”一词的出现先于“文化”。如《周易·乾》一篇中的“见龙在田，天下文明”，以及《周易·明夷》一篇中的“内文明而外柔顺，以蒙大难，文王以之”都先于“文化”。而“文化”一词虽古已有之，但它作为一个完整的词汇和概念被加以使用，则经过了漫长的发展过程。在中国早期文献中，“文”“化”二字的出现也先于“文化”。《说文解字》有言，文者，“错画也，象交文”。“文”最早见于商朝甲骨文，后又在金文、楚系简帛、秦朝小篆、秦系简读中被发现。它的金文写法和甲骨文基本相同，都象征个人前胸挂了一串贝壳或被纹以图案①。“文”属于形声字，表示文身、符号与条交叉，指各色交错成纹理。《礼记·乐记》中“五色成文而不乱”之“文”即是此意。“化”从匕从人，表示二人相倒背之形；一正一反，以示变化。例如，“神而化之，使民宜之”（《系辞·下》），“可以赞天地之化育”（《礼记·中庸》）。《说文解字》中，“化”乃“教行也。教行於上。则化成於下。”取移风易俗之义。《周礼·大宗伯》中“以礼乐合天地之化”与《吕氏春秋·士容》中“淳淳乎纯谨畏化”之“化”皆为“教化”之意。秦汉时期，《易传》中《象》一篇有“观乎天文，以察时变；观乎人文，以化成天下”之说，“文”“化”同时见于其中，“文”即装饰，“化”即教化。此时，“文化”尚未构成一个完整词。西汉的刘向在《说苑·指武》中将“文”与“化”连用：“圣人之治天下也，先文德后武力。凡武之兴，为不服也，文化不改，然后加诛。夫下愚不移，纯德之所不能化，而后武力加焉。”不过，这里的“文化”仍未构成一个完整词汇，二字各有其独立意义，“文”指文德，“化”指教化，意为借文德行教化，以树立社会良好风气。至魏晋时期，诗文中开始出现意义整合的“文化”一词。如束皙的《补亡诗》有“文化内辑，武功外悠”；王融的《曲水诗序》有“设神理以景俗，敷文化以柔远。”至此，“文化”已作为一个完整的词汇和概念，开始为人们所广泛使用，包含文治、教化和礼乐典章制度等含义。中国封建社会两千余年，沉沉一线，与此相应，“文化”一词也“安于故俗”，其内涵无甚变化。

鸦片战争后，中国封建政治因受西方资本主义的冲击而逐渐解体，在文化上，各类常用词汇也渐生变化。一些“西渐”新词出现的同时，许多传统词汇也逐渐拓宽其内涵。就“文化”而言，大多数学者在肯定西方关于文化的观点之上，对“文化”一词进行明确界定。梁启超在《什么是文化》一文中指出：“文化者，人类心所能开释出来之有价值的共业也。”②梁漱溟则在《东西方文化及其哲学》中认为：“文化并非别的，乃是人类

① 周发高. 金文诂林：第 13 卷［M］. 香港：香港中文大学出版社，1975：131-133.

② 梁启超. 梁启超讲文化［M］. 天津：天津古籍出版社，2005：141.

生活的样法。"[1] 文化是"活"的，"生活中扎实的制作品算文明，生活上抽象的样法是文化。"[2] 胡适、冯友兰、钱穆等人对文化的理解与梁漱溟大致相同。到了陈序经这里，文化有了新的含义。他强调文化的工具性，指出"文化是人类所独有的东西，而且是人类适应时代环境以满足其生活的努力的结果和工具。"[3] 陈序经"文化是人类的工具"的观点指出了文化作为人生存手段的工具性。这说明文化中某些外在的、表层的东西是可以相互借鉴的，而文化作为人存在的意义和目的不容忽视。陈序经没有领会到一个民族长期形成的核心价值观不可移易，一个民族核心价值被同化只能代表该民族文化的消亡、民族的消亡。也正因如此，他将文化工具说推理到极致，只能得出文化全盘西化的定论。

随着马克思主义传入中国，学者们开始尝试从唯物史观的角度概括文化的内涵。陈高傭从社会结构的角度出发，强调文化的物质生产方面，指出"文化是人类在一定的经济基础之上，从事生产劳动的各方面的表现"[4]。这一归纳将精神生活、政治生活、社会交往等与生产劳动没有直接关系的方面排除在外，无疑窄化了文化的外延。孙本文则从社会学角度出发，将文化作为客观的社会现象来研究。1940 年，毛泽东在陕甘宁边区文化协会第一次代表大会上作长篇讲演，指出"一定的文化是一定社会的政治和经济在观念形态上的反映"[5]。文化作为一个社会的重要组成部分，与政治、经济相对应而存在，是包括意识形态在内的精神存在。毛泽东对经济、政治、文化的分法对后世影响深远。到 20 世纪 80 年代，中国再度掀起研究文化的热潮。学者们对文化的界定大致分为广义和狭义两类。广义的文化等同于文明，是人类历史上创造的物质和精神财富的总和。狭义的文化则将其内涵限定在精神活动和精神现象方面。从学科的角度来看，大多数哲学家从人类学的角度去把握文化的内涵。如庞朴认为文化是人的本质的展开的表现和人的本质的形成的原因[6]。近代以来，人们很大程度上受到西方人类学对文化定义的影响，即认为文化是人类创造的一种复杂整体（"共业"）和生活方式。

---

① 梁漱溟. 东西方文化及其哲学［M］. 上海：上海人民出版社，2006：57.
② 梁漱溟. 东西方文化及其哲学［M］. 上海：上海人民出版社，2006：57.
③ 陈序经. 陈序经讲中国文化的出路［M］. 南京：河海大学出版社，2020：3.
④ 朱谦之. 朱谦之文集：第 6 卷［M］. 福州：福建教育出版社，2002：246.
⑤ 毛泽东. 毛泽东选集：第 2 卷［M］. 北京：人民出版社，1991：694.
⑥ 庞朴. 文化的民族性和时代性［M］. 北京：中国和平出版社，1988：69.

（二）西方“文化”概念的演化

从西方文明史来看，文化的概念演化是一个逐渐抽象的过程。相对自然而言，文化是人类社会活动的产物，但文化在古代希腊没有直接对应的词汇。在希腊语中与“自然”（physis）相对的词语是“法”（nomos）。哲学家柏拉图（Plato，Πλατων，公元前 427 年—公元前 347 年）研究的“法”包含了“法律、宗教、教育、历史、哲学、艺术、伦理、外交、贸易、家庭、婚姻、技艺、公民、生活”① 等内容。现今来看，这些都属于广义文化的范围。现在西方“文化”的通行的词汇“culture”（英）、“kultur”（德），均来自拉丁语词根“colere”。“colere”与“coulter”系出同源，意为“犁锋”，表示“耕种、居住、敬神和保护当中的任何意义”②。文化是从物质派生的概念，表达对自然生长的管理——耕作（husbandry）。文化概念在历史发展过程中逐渐从天然的演变为人造的、精神的。这一时期最有代表性的文化概念，由约两千年前古罗马哲学家马尔库斯·图利乌斯·西塞罗（Marcus Tullius Cicero，公元前 106 年—公元前 43 年）提出。西塞罗的文化观念涵盖甚广，“演说家这一名称在希腊古代可以说是享有更大的荣誉，其文化内涵也更广泛”③。他举例智者学派的著名演说家希庇阿斯除知道自由人研究的几何学、文法学、音乐和诗歌外，还研究物的自然属性、人的习俗和国家制度的科学，甚至日常生活中的戒指、衬衣、鞋也是希庇阿斯的研究对象。西塞罗以希庇阿斯为例，将文化看作是人的素质的构成要素，把文化从科学知识扩展到人的心灵德性。这时文化概念进入了抽象的思想领域。同时，西塞罗还提出文化修养问题，他的这一概念从拉丁文译成英文是“culture is the philosophy or cultivation of the mind”，汉译为“文化是心灵的哲学（修养）”，他认为文化是一个经过培育、熏陶，不断积累、提升修养的过程。西塞罗考察苏格拉底和柏拉图的优秀弟子的成长发展过程，认为这些门人都经过了自己老师长期的培养、激励，从教育者那里不断获取知识并受到教育者高尚道德情操的熏陶，这才使他们逐渐拥有非凡的学识、智慧和才能。

中世纪，文化概念也打上了艺术的烙印。人们普遍倾向于从艺术层面来界定文化的概念，认为“文化是艺术的总称”。经过文艺复兴运动的洗

① 柏拉图. 法律篇［M］. 张智仁，何勤华，译. 上海：上海人民出版社，2001：3.
② 伊格尔顿. 文化的观念［M］. 方杰，译. 南京：南京大学出版社，2003：2.
③ 西塞罗. 论演说家［M］. 王焕生，译. 北京：中国政法大学出版社，2003：597.

礼，大批艺术家开始加入思考文化问题的队伍。他们强调文化是人类对美的追求和对自由的创造，是一种艺术美。到17世纪，德国学者塞缪尔·冯·普芬道夫（Samuel von Pufendorf，1632—1694）将文化概念引入德国，用“cultura”来指代个人和社会在智慧和情操方面的发展。这包括所有由人创造的、不是自然给予的部分①。文化发展到这一阶段，其内涵由耕作变为培养（bildung）。

到18世纪，文化成为一个独立的概念。面对笛卡尔之后超感性的形而上学的泛滥现象，意大利修辞学家乔万尼·巴蒂斯特·维柯（Giovanni Battista Vico，1668—1744）进行了反思。他开辟了一个与实验观察、演绎推理的理性主义不同的方法，即从人们创造人类世界的活动和成果中去认识人性。前者是像物理学那种“跟随理性做成千上万的实验”，以此不断论证；后者则是“形而上学”，即“简略地推出少数要点的沉思方式”②。这种方式属于维柯说的“诗性智慧”——人类自己的创造、与自然不同的文化。维柯揭示了人的知识与智慧是两种不同的思维方式，前者用一种原因解释多种自然现象，而后者则是用多种原因来阐明一个事件。让-雅克·卢梭（Jean-Jacques Rousseau，1712—1778）的观点与维柯类似。为寻找社会权利的痕迹，卢梭同时考察了人类语言的起源。他意识到，随着科学艺术与生产的进步，人类物资储备更加丰富，社会不断发展；但由于私有制和竞争的存在，人性的某些消极方面不断张扬，造成社会风俗败坏、道德沦丧。《论人类不平等的起源和基础》一书指出：“使人文明起来，而使人类没落下去的东西，在诗人看来是金和银，而在哲学家看来是铁和谷物。”③ 伊曼努尔·康德（Immanuel Kant，1724—1804）对卢梭关于现代性的反思十分重视。他对内在的文化与外在的文化进行区分，并强调伦理、道德等价值层面的内在文化，期望人类社会张扬人性摒弃兽性。他指出：“只限于虚荣与外表仪式方面表现得貌似德行的东西，所以它只不过是成其为文明化而已。”④ 赫尔德则认为万事万物是个无穷的链条，因此，康德目的与手段的二分过于简单粗暴，无法反映宇宙万物的真实状

① 何平. 中国和西方思想中的“文化”概念［J］. 史学理论研究，1999（2）：68-79，159.

② 维柯. 论意大利最古老的智慧：从拉丁语源发掘而来［M］. 张小勇，译. 上海：上海三联书店，2006：121.

③ 卢梭. 论人类不平等的起源和基础［M］. 李常山，译. 北京：商务印书馆，1962：121.

④ 康德. 历史理性批判文集［M］. 何兆武，译. 天津：天津人民出版社，1996：15.

态。他强调民族文化的独特性，第一次把文化由单数变为复数，为民族学开辟了道路。他认为不同地方、不同民族，大到国家、制度、科学、艺术，小到衣食住行、娱乐享受都是按照各自最适合的方式创造的。“人性绝非一个容器，盛着某种像哲学家们定义的那样绝对的、独立的、不变的幸福……它是一团黏土，不同的条件、需要和压力，就被塑造为不同的形状。”① 赫尔德倡导人类进步观，认为教育体现了人类历史哲学“传统”和“有机力”的两个原则。他将人类总结自身的经验教训并通过教育“遗传”给下一代的行为与过程称之为文化。赫尔德对文化的阐释侧重于人类整体智慧的传承，他把文化比喻为土壤之栽培或者为思想带来光明的启蒙。弗里德里希·席勒（Johann Christoph Friedrich von Schiller，1759—1805）认为文化是人类摆脱了自然力量的支配后，彰显自身作为“人”的本质力量的创造。他把个人和人类的发展分为三个阶段，依次为自然阶段、审美阶段和道德阶段。其中，在审美阶段，文化摆脱自然和理性法则的约束，受人的自由支配，“服从于美的法则，并且在它给外在生命的形式中就已经展现出内在生命”②。

弗里德里希·黑格尔（Georg Wilhelm Friedrich Hegel，1770—1831）在席勒的认识上继续深化。文化概念到他这里成为能够充分体现人的自由意志的东西。黑格尔的文化概念是广义上的，包括抽象和具体的各种形式。他把希腊美的个性形态分为三类：一是主观的艺术作品，就是人类自己的文化；二是客观的艺术作品，就是神祇世界的结构；三是政治的艺术作品，就是“宪法”和在宪法中的个人的方式。③ 人类为满足自己需要创造各种工具来“琢磨”自然，这些工具属“精神”方面。除了工具外，黑格尔认为游戏、竞技比赛、唱歌、跳舞、雕刻和绘画也能够体现人格欢乐意识和个人权利。威廉·文德尔班（Windelband Wilhelm，1848—1915）提出“文化哲学”的概念，其目的是研究普遍有效的文化价值。在哲学领域持续地探讨文化问题时，18 世纪下半叶，德国出现了伊萨克·伊瑟林等一批文化史家和长篇文化史巨著，掀起了文化史研究的热潮。尽管研究文化史的哲学家们视发展史为精神不断突破的结果，但却把精神当作“脱离

---

① 赫尔德. 反纯粹理性：论宗教、语言和历史文选［M］. 张晓梅，译. 北京：商务印书馆，2010：8.

② 席勒. 审美教育书简［M］. 冯至，范大灿，译. 上海：上海人民出版社，2021：119.

③ 黑格尔. 历史哲学［M］. 王造时，译. 上海：上海书店出版社，2001：239-273.

人体而独立存在的精神体”①。将精神高度抽象化，给这一时期文化的研究留下了弊端。同时，这一阶段德国大多数市民知识分子阶层将文化与宫廷贵族的文明相对，把文化理解为知识和教养，在生活中表现为“‘深刻’和‘肤浅’、‘正直’和‘虚伪’、‘表面的礼貌’和‘真正的道德’等对立。”② 18世纪后，德语的文化概念与法语的文明概念逐渐泛化，但文化又延伸出高雅、低俗之分。马修·阿诺德（Matthew Arnold，1822—1888）将文化看作人们通过教育取得的实际成就。他根据个体文化素养的高低，把人分为文化人与粗鄙的底层大众。阿诺德对英国资产阶级张扬个人主义、对物质和机械文明的热衷进行批判，并基于心理学的文化观点，强调文化是借助于自然科学和人文科学（包括文学艺术）中一切真、善、美的东西来陶冶心灵，追求社会完美与和谐的过程。文化即对完美的追寻③。在阿诺德看来，“文化”不仅意味着学习宗教，还意味着了解艺术、科学、诗歌、哲学和历史，培养温文儒雅、端庄有礼的君子。而文化的使者不仅要学习宗教和科学知识，更要将之付诸实践。阿诺德将文化的对象从少数精英推向社会大众。文化的使者要面向大众，将人类的优秀思想成果传播于天下，推动社会整体进步。

人类学家界定文化是文化发展的重大转折。人类社会发展中文化从不缺席，但人类系统地研究文化现象却在近代才开始。古斯塔夫·克莱姆（Gustav Klimt，1862—1918）对文化的原始用法已经“囊括了一个民族社会生活中的所有方面：‘习俗、工艺和技巧；和平和战争时期的家庭生活和公共生活，宗教、科学和艺术。’”④ 这为后来人所借用。爱德华·伯内特·泰勒（Edward Burnett Tylor，1832—1917）在《文化的起源》一书中指出：“文化或文明，就其广泛的民族学意义来说，乃是包括知识、信仰、艺术、道德、法律、习俗和任何人作为一名社会成员而获得的能力和习惯

① 库诺. 马克思的历史、社会和国家学说：马克思的社会学的基本要点［M］. 袁志英，译. 上海：上海译文出版社，2006：166.

② 埃利亚斯. 文明的进程：文明的社会发生和心理发生的研究［M］. 王佩莉，袁志英，译. 上海：上海译文出版社，2018：29.

③ 阿诺德. 文化与无政府状态［M］. 韩敏中，译. 北京：生活·读书·新知三联书店，2002：8.

④ 巴格比. 文化：文化历史的投影：比较文明研究［M］. 夏克，等译. 上海：上海人民出版社，1987：89.

在内的复杂整体。”[①] 泰勒对文化的定义第一次强调文化是一个“复杂的整体”和“整个的生活方式”。这一定义构成了当今时代理解文化的现代基础，具有开创性和划时代的意义。今天，在人类学中文化指代了人类社会的所有活动方式，包括了一个特定的社会或民族所特有的一切内隐的和外显的观念、态度，行为、行为方式以及行为的产物的总和。19 世纪末 20 世纪初是西方现代文化观念形成的重要时期，目前尽管人们对文化概念的界定尚未形成共识，但是泰勒对文化的定义基本上已经成为现代文化概念的基础。在此基础上，各种学科对文化所做的界定，一方面拓展了文化概念的内涵与外延，另一方面也使文化的核心内涵不断泛化。

（三）不同学科的文化概念

文化是一个内涵丰富、外延宽泛的概念。因此，对文化的理解，不能仅从某一个角度出发，而应该从文化的词源和学科着手进行全面把握。不同学科对文化的定义侧重不同，文化的内涵也在人们对它的理解中不断充盈。

人类学从整体上把握文化，把文化看作人类历史发展的过程和结果。按照人类学的观点，文化广义概念的不足之处在于从静态的角度看待文化，没有指出人类创造文化的方式和过程。社会学则重点阐释文化的多样性和特殊性，普遍认为文化是“人类群体或社会的共享成果，这些共有产物不仅包括价值观、语言、知识，而且包括物质对象”[②]。从历史学的角度看，一个群体的文化乃社会遗产之全部及其组织。从发生学的角度看，文化是生成的过程，是社会互动的产品。从功能论的角度看，英国人类学家马林诺夫斯基提出了功能性的文化定义，他认为文化是人类生活的手段、工具，生活是文化的主题。他在《文化论》中指出，文化根植于人的需要，“宗教的需要，是出于人类文化的延续……文化对于宗教的需求虽然是衍生的和间接的，但宗教最后却是生根于人类的基本需要，以及这些需要在文化中得到满足的方法之上”[③]。文化是人身体的或心灵的习惯，或直接或间接地满足人类的需要。一切文化要素必定是在活动中、动态中发生有效作用。文化要素的动态性质揭示出人类学的研究重点就是文化的功能。功能性的文化概念强调文化作为一种工具、手段，具有一定的合理

① 泰勒. 原始文化［M］. 连树声，译. 桂林：广西师范大学出版社，2005：1.
② 波谱诺. 社会学［M］. 11 版. 李强，等译. 北京：中国人民大学出版社，2007：72.
③ 费孝通. 费孝通全集：第 18 卷［M］. 呼和浩特：内蒙古人民出版社，2009：254.

性。但是这一观点过分强调文化的手段性和工具性，相应地，文化的精神意义失落。

与功能性文化概念的观点相反，符号学将文化概念限定在精神领域。它强调文化的符号和公共性，认为文化的核心就是符号系统所表达的并且能为社会群体所共享的概念和意义。从这一层面来看，文化不是个人的精神活动，而是整个社会的精神生活。这种社会性的精神生活是人类交往的产物。在交往中，人们的精神需要得以满足，但这种满足必须通过特殊的中介才能实现，而广义的“符号”承担了中介的职能。符号是人类社会群体共享观念和意义的载体，同时，符号也可以被个人赋予一些特有含义。但这种个人附加在符号中的独特内容并不被文化包含其中，文化涉及的是符号系统中公共性的部分，即为群体所接受的、共有的知识、观念、情感、态度、意志和信仰等内容。当然，如果个人所创造的新符号或附加在符号中的新内容为社会群体所接受，个人的创造也就拥有了公共性的特征，这些符号就被纳入文化之中并成为其中之一了。个体性符号的社会化正是文化能够横跨历史长河，不断积累、发展、永葆活力的关键所在。美国人类学家克利福德·格尔茨（Clifford Geertz，1926—2006）认为，文化“表示的是从历史上留下来的存在于符号中的意义模式，是以符号形式表达的前后相袭的概念系统，借此人们交流、保存和发展对生命的知识和态度”[①]。在他看来，“象征符号”是意义和概念的载体，是“任何作为概念载体的物体、行动、事件、品质或关系”[②]，“它们与纯粹现实脱离并将意义赋予经验”[③]，是思想、态度、意志和信仰等内容的具体体现，是经验的抽象。

文化伴随人的创造性活动而生，是一个维度众多、层次复杂的系统。它既是人类日常生活必不可少的内容，又是人类实践活动所追求的目标和智慧的结晶。文化含义甚多，但对于广义层面的文化，学者们观点较为一致。广义的文化与人类、社会、文明等大致相同，指人类创造的一切成果，包括政治、经济、艺术、科学、技术、教育、习俗、宗教、语言、符号、规范、价值观念等。狭义的文化特指精神存在形式，包含科技、哲学、宗教、文学、艺术、语言等一切形式的意识形态。

---

① 格尔茨．文化的解释［M］．韩莉，译．南京：译林出版社，1999：109.
② 格尔茨．文化的解释［M］．韩莉，译．南京：译林出版社，1999：111.
③ 格尔茨．文化的解释［M］．韩莉，译．南京：译林出版社，1999：57.

作为人类的一种历史现象，社会发展的每一阶段都有与之相适应的文化产生，并随着物质资料生产的发展而发展。作为意识形态的文化是一定社会的政治和经济的反映，又作用于一定社会的政治和经济并给予其巨大影响，阶级社会诞生的文化必然具有阶级性。随着民族的产生和发展，文化又因每一民族生活方式的独特性而被打上民族性的烙印，在生产发展中形成每个民族特有的传统。

三、文化的基本功能

文化不能自发形成，它在人们满足个人和社会的需要中、在人的社会生活实践中诞生。因此文化能够对社会和个人起各种各样的作用，发挥多种多样的功能。随着实践的不断发展，它的功能和作用也是不断发展的，而且种类越来越复杂。我们这里讲的文化的功能主要有以下四种。

（一）浸润熏陶功能

文化在人类的生活实践中被创造的同时，也融入人类的社会生活，成为人生活环境中的重要组成部分。文化环境是人类生活环境的重要构成。马克思恩格斯指出，“人创造环境，同样，环境也创造人”①，人总在一定的社会环境中生存，不同社会环境所创造出的人性格、智力、能力都会有所不同。一般来说，人在成长过程中会受到不同文化环境的影响和熏陶。如人在学校会受到学校文化环境的影响，在社会上会受到社会文化环境的影响等。人会自觉或不自觉地受所处环境的影响，因此文化熏陶功能的实现，有时是明显的，但是更多情况下是自发、隐蔽和潜移默化的。

（二）培育教化功能

在文化环境的浸润熏陶基础上，文化还有培育教化功能。一方面，文化在传递中增进人的学识。文化能够在人类不断的传承创造中跨越时代产生作用，因此，文化不仅能够用于当时，还能泽及后人。在人们有意识或无意识的文化传播中，人们能够在较短的时间内掌握和理解前人在长期实践中形成的知识、经验与价值观念。这一过程其实也是教化的过程，如果没有文化的传递，没有教化培育，人类的一切都需要“从零开始”，就更遑论社会的发展进步了。另一方面，文化能够规范人的行为。文化包含了社会理性的因素，能够提供具有约束力的行为规范。这些社会规范是经过

---

① 中共中央马克思恩格斯列宁斯大林著作编译局. 马克思恩格斯选集：第1卷［M］. 北京：人民出版社，2012：172-173.

历史积淀，为一定社会和群体所认同且普遍遵循的共同准则。它对社会中人的行为具有给定性与约束性，如果个体思想和行为与社会成员普遍遵循相悖，就无法融入社会。因此，每个社会都会发挥文化的规范作用，通过家庭、学校、舆论等，将社会规范加之于个人。

(三) 社会凝聚的功能

与文化的教化培育功能紧密相连的是文化的社会凝聚功能。文化的社会凝聚功能是指一个社会群体的人们通过文化的教化、培育，在同样的社会习俗、生活方式和价值观念下聚集起来，逐渐形成一个群体共同的是非感、正义感、责任感和审美感等，逐渐形成一种强烈的向心力。社会的发展离不开社会力量的凝聚，这一力量的凝聚离不开文化的认同。文化包含一定群体的共同利益和理想，当一个国家、民族或社区的文化逐渐形成，其中的成员便会凝聚到一起、团结协作、共同奋进。在中国五千多年的发展中，各民族的文化相互交融、相互促进，共同熔铸了灿烂的中华文化，各族人民对共同拥有的中华文化具有强烈认同感和归属感，使中华民族具有了强大的向心力和凝聚力。

(四) 调节控制功能

文化的调节控制功能是指文化对人与人、社会与人的关系起协调、稳定的作用。在辩证唯物主义看来，矛盾无处不在、无时不有。社会也是矛盾的统一体，在这个统一体中存在人与人、人与社会的矛盾关系。社会内部的矛盾得到正确处理，对于社会的稳定与发展有着极其重要的意义。那么，如何正确处理社会内部的矛盾关系？其中之一便是重视文化，尤其是社会中占主导地位的文化的调节控制功能。如果一个社会有共同信奉的价值观念、普遍认同的行为规范、共同遵守的法律制度，人们就能够按照一定的规则来生活，在一定文化的规范和强制下不断纠正越轨的思想和行为，不断缓和或解决一些社会矛盾，从而不断调节社会关系、将社会冲突限制在一定范围内，使社会在不同程度上得到协调发展。原始社会没有阶级对立，也没有国家和法律，这一时期主要依靠道德观念、共同信念来调节社会关系，保证社会生活的正常进行。在阶级社会里，除了运用价值观念和道德规范外，还依靠法律法规和国家机器的手段来调节控制社会矛盾。在社会主义条件下，阶级矛盾不是主要矛盾，人民内部矛盾也不是对抗性矛盾，这时，我们更应当发挥主导文化的思想政治教育作用，不断调节社会关系，推动社会主义现代化建设。

第二节 中华优秀传统文化的相关理论解读

中华优秀传统文化是中华民族创造的。在中华民族漫长的历史进程中，中华优秀传统文化汇聚而成。中华优秀传统文化反映着中华民族的民族气质和精神风貌，是中华民族文化传统、语言习惯、思想观念、道德规范的集中体现。中华优秀传统文化是中国特色社会主义文化的重要源头，其中蕴含的价值观点、道德理念、审美意识和思维模式，能够为中华儿女构筑精神家园。

一、中华优秀传统文化的基本内涵

"文化是一个国家、一个民族的灵魂。"[①] 任何国家和民族的文化都有其产生、发展的历史，是一个民族文化的过去、现在和未来。"中华优秀传统文化是中华民族的智慧和结晶所在，是中华民族的根和魂，是我们在世界文化激荡中站稳脚跟的根基。"[②] 要发挥中华优秀传统文化的思想政治教育功能，就必须厘清相关概念的内涵。

（一）传统文化

所谓传统文化，是指一个民族历史上观念意识形态的集合体，其内容反映该民族的精神特质和风貌，在民族的延续中经久不息、赓续传承。相对于当代文化和外来文化而言，传统文化具有强烈的民族色彩，它容纳了该民族历史上物质、制度和精神的文化实体和文化意识，是一个民族的历史遗产照进当代现实生活中的体现。传统文化一般以民族认同的凝聚力为黏合剂，传承该民族的价值取向，影响该民族成员的思想和行为。传统文化是民族性和遗传性的统一。一方面，传统文化具有民族性，它表现为该文化是一个民族在漫长的生活实践过程中的创造，具有民族烙印；另一方面，传统文化具有遗传性，它表现为该文化发展时间久远，在民族演进中代代相传、不曾间断。需要指出的是，在一个民族所拥有的传统文化中，

---

① 习近平. 全面建成小康社会 夺取新时代中国特色社会主义伟大胜利：在中国共产党第十九次全国代表大会上的报告 [M]. 北京：人民出版社，2017：40.

② 中共中央宣传部. 习近平新时代中国特色社会主义思想学习纲要（2023 年版）[M]. 北京：学习出版社，人民出版社，2023：192-193.

价值观念、思维方式、行为准则等具有强烈的历史性、遗传性，同时也具备鲜活的现实性、变异性。传统文化踏历史长河而来，也必会携带人类当下的创造走向未来。正如黑格尔所言："传统并不仅仅是一个管家婆，只是把它所接受过来的忠实地保存着，然后毫不改变地保持着并传给后代。它也不像自然的过程那样，在它的形态和形式的无限变化与活动里，永远保持其原始的规律，没有进步。"①

（二）中华传统文化

中华传统文化是中华民族在长期生活实践中创造、在长期的世代繁衍中积淀而成的文化，它体现了中华民族的生活态度和精神风貌，具有民族特色且较为稳定的文化形态。张岱年、方克立在《中国文化概论》中指出，中华民族传承的文化遗产凝结在"独具特色的语言文字，浩如烟海的文化典籍，嘉惠世界的科技工艺，精彩纷呈的文学艺术，充满智慧的哲学宗教，完备深刻的道德伦理"② 中，展示出传统文化之丰富内涵。

借用文化层次理论，中华传统文化包含四个方面。第一，物质文化。中华传统物质文化指中华民族创造的通过物质产品体现的文化，是中华民族所创造的技术和物质产品的组合。如中国的日晷、风车、中医、造纸术、印刷术、中式建筑和园林等都属于物质文化范畴，代表当时中国时期的经济发展状况及物质文明水平。第二，中华传统精神文化。精神文化是中华民族在物质文化生产基础上产生的带有民族印记的各种观念意识形态的集合，包括思想理论、道德观念、文学艺术等方面的内容。中华民族在长期历史发展中形成的以儒、释、道以及诸子百家的思想为主要内容，包含独具特色的思想观念、道德规范、思维方式、审美意趣、民族性格等，都表达了古代人们对精神世界的追求。其中的一些精华也成为现代文化的重要部分。第三，中华传统制度文化。制度文化是中华民族为社会的稳定与发展而创制的有组织的规范体系，是中华民族在物质生产过程中结成的各种社会关系的总和。它既包括国家组织形式、行政管理体制、法律等，也包括民间的礼仪、风俗、规范等。如古代以"家国同构"为特征、以血缘关系为纽带的宗法制度就属其中之一，它深刻影响了古代中国千年的社会发展。第四，中华传统行为文化。行为文化是指中华民族在日常生活中表现出来的特定行为方式和行为结果的积淀。如服饰文化、饮食文化、民

① 黑格尔. 哲学史讲演录：第 1 卷［M］. 贺麟，王太庆，译. 北京：商务印书馆，1959：8.

② 张岱年，方克立. 中国文化概论［M］. 北京：北京师范大学出版社，2004：7.

居文化、风俗民情等集中反映人们的日常心理和行为习惯，因而成为行为文化的重要组成部分。

在中华民族的历史传承中，中华传统文化不断发展、演进，发出绚烂的光彩。但作为生产实践的结果，两千多年的封建社会下发展的中华传统文化，不可避免地夹杂腐朽观念和文化糟粕。我们在认识和理解中华传统文化时，必须站在历史的、辩证的角度加以辨别和区分，批判性地继承和弘扬传统文化。

（三）中华优秀传统文化

中华优秀传统文化是中华传统文化中的精华部分。在过去很长时间里，它深深影响着我国周边国家乃至世界的发展进程，在人类文明进步过程中做出了不可磨灭的贡献。

要界定中华优秀传统文化的概念，需要在对中华传统文化理解的基础上勘定“优秀”这一评价标准。对于不同价值立场的主体而言，文化优秀的标准自然不同。总的来看，学界关于中华优秀传统文化的概念讨论，主要按照两条进路，一是按类别划分，二是依内容厘定。但他们对文化的界定，大多数没有准确反映中华优秀传统文化的边界、内在的民族基因和软实力意义。本书对优秀传统文化的界定，自然是站在马克思主义的立场，从马克思主义哲学的高度来审视“优秀”这一文化评价标准。党的二十大报告指出：“坚持和发展马克思主义，必须同中华优秀传统文化相结合。只有植根本国、本民族历史文化沃土，马克思主义真理之树才能根深叶茂。中华优秀传统文化源远流长、博大精深，是中华文明的智慧结晶，其中蕴含的天下为公、民为邦本、为政以德、革故鼎新、任人唯贤、天人合一、自强不息、厚德载物、讲信修睦、亲仁善邻等，是中国人民在长期生产生活中积累的宇宙观、天下观、社会观、道德观的重要体现，同科学社会主义价值观主张具有高度契合性。”[①] 由此可见，中华优秀传统文化是在中华民族长期发展过程中形成的、与辩证唯物主义相融通并、与科学社会主义价值观相契合，能够促进民族团结与社会进步的文化。它是中华传统文化中的精华部分，主要由思想理念、传统美德和人文精神构成，能够对中国社会发展与进步产生积极作用。

在概念解读的基础上，需要对中华优秀传统文化的标准进行进一步研

---

① 习近平. 高举中国特色社会主义伟大旗帜为全面建设社会主义现代化国家而团结奋斗：在中国共产党第二十次全国代表大会上的报告［M］. 北京：人民出版社，2022：18.

究。对于“文化的评价标准”，学界进行了深入探讨。如认为优秀文化的“政治标准是求善，科学标准是求真，艺术标准是求美，三者结合是真善美的统一”①。这评价的是一般意义上文化的优秀标准，而不是中华传统文化的优秀标准。关于“优秀传统文化的评价标准”，杨翰卿指出：“确定博大宏富的中国传统文化和哲学中哪些是优秀的，根本标准就是当代中国社会实践包括改革开放实践、现代化建设实践和现实生活实践。”② 刘奇葆也认为，“无论是继承还是创新传统文化，都要突出实践标准”③，把能否解决现实问题、回应时代之问、推动社会进步作为优秀文化的检验标准。也有学者提出，衡量优秀传统文化的尺度不能仅从“社会发展需要”和“民族需要”出发，还应该把“大自然的需要”纳入其中。④ 习近平总书记指出，“要加强对中华优秀传统文化的挖掘和阐发，使中华民族最基本的文化基因与当代文化相适应、与现代社会相协调，把跨越时空、超越国界、富有永恒魅力、具有当代价值的文化精神弘扬起来”⑤，强调“优秀”的当代价值。李宗桂教授在 2017 年重新提出了中华优秀传统文化的八条标准，分别是“适应时代要求，推动社会发展，经受实践检验，有助文化认同，促进民族团结，提供精神支撑，助力民族复兴，有益世界文明”⑥。此标准从民族性、时代性、世界性、实践性、现实性等方面对中华传统文化的优秀标准进行了多方位考察，具备一定的深刻性。本书也将借用这一标准。

二、中华优秀传统文化的精神特质

中华传统文化是中华民族在物质实践的过程中创造的物质财富和精神财富，体现了劳动人民对自然、社会和人生的认识及感悟，体现了中华民族的心理特征、文化传统、精神风貌和道德取向。当前我们正处于关键时期，必须认真发掘传统文化中的精神，发挥其思想政治教育功能，不断推进中华民族伟大复兴。

（一）自强不息的奋斗精神

任何一个民族区别于其他民族的根本就在于其赖以生存和发展的民族

① 李宗桂. 试论中国优秀传统文化的评价标准［J］. 社会科学战线，2017（8）：1-9，293.

② 杨翰卿. 中国优秀传统文化和哲学资源的当代开发利用［J］. 学习论坛，2000（2）：27-29.

③ 刘奇葆. 坚定文化自信 传承中华文脉［J］. 党建，2017（5）：6-10.

④ 王学伟. 现代价值观念：优秀传统文化的评价标准［J］. 中州学刊，2016（7）：82-88.

⑤ 习近平. 在哲学社会科学工作座谈会上的讲话［M］. 北京：人民出版社，2016：17.

⑥ 李宗桂. 试论中国优秀传统文化的评价标准［J］. 社会科学战线，2017（8）：1-9，293.

精神。中国优秀传统文化包含自强不息的奋斗精神，强调“苟日新，日日新，又日新”（《礼记·大学》）。自强不息的命题首现于《周易》，所谓“天行健，君子以自强不息”（《周易·乾卦·象辞》），即天道运行刚强劲健，人也应当如此，遵循规律、效法自然、奋发不止、不断进步。自强不息的理念从“天人合一”的宇宙观演化而来。“天人合一”主张人要顺应自然规律，与天的运行方式保持一致，最终达到天道、自然和人定的和谐状态。“君子以自强不息”就是把天的运行法则作为人自身的生活法则，强调对自然之道的自觉与转化。既然天道运行是永不停息的，那么君子也应当有砥砺奋进、自强不息的精神品格。孔子提倡并努力践履自强不息的精神，鄙夷那种“饱食终日无所用心”的生活态度。他读书做到了“韦编三绝”，学习达到了“学而不厌”，教育弟子做到了“诲人不倦”，对人生大道的追求达到“发愤忘食，乐以忘忧”之境。“天将降大任于斯人也，必先苦其心志，劳其筋骨，饿其体肤，空乏其身，行拂乱其所为，所以动心忍性，曾益其所不能。”（《孟子·告子下》）“有志者事竟成也。”（《后汉书·耿弇传》）它们均是自强不息精神的生动描绘和现实写照。自中华文明产生，自强不息的进取精神就植根于中华儿女心灵深处，塑造着中华民族的集体人格。正是“自强不息”的薪火相传，无数的仁人志士不惧艰险、奋发前行，不畏强权、反抗压迫，不断增强中华民族向心力，让中华文明延绵不断、永续向前。

（二）厚德载物的包容品格

中华优秀传统文化不仅重视人生奋进的态度，也重视个体成长的德行。在中国传统文化中，“天”与“地”的概念相辅相成，因此，与天道运行的刚强劲健相对应的便是大地之势的博大宽厚、柔顺包容。故而“天行健，君子以自强不息”后，便有“地势坤，君子以厚德载物”（《周易·坤卦·象辞》）。大地养育万物，不求回报，默默承受自然界的一切，体现出宽厚坚毅的品格。这是从另一个方面对“自强不息”的补充，即君子在开拓奋进的同时，应当效法大地，将大地的特性品格作为自身的德行修养，以宽广的胸怀容纳万物。春秋《左传》有言：“太上有立德，其次有立功，其次有立言，虽久不废，此之谓不朽。”（《左传·襄公二十四年》）“三不朽”广为人知，其中“立德”居于首位。老子的“上德若谷”（《道德经·第四十一章》）、孔子的杀身成仁、孟子的人兽之辩，均强调了道德于成人的重要意义。崇高道德自古以来便是儒家认为的君子一生不懈的追求。儒家经典《大学》之道，“在明明德”（《大学》）。而“欲明明德于天下”，则需要“格物”“致知”“诚意”“正心”“修身”，进而做到“齐家”“治国”“平天下”，前者表“厚德”之意，后者表“载物”之意。只有德行兼备，方能使美德彰显于天下。

（三）义利并举的价值观念

中华民族尊崇道义气节，千年的文化传统培育中华民族的浩然正气。“义”含义众多，始见于商代甲骨文，象形带装饰的锯齿状长柄兵器，常见于各种仪式、典礼上的礼器。因此，常用以比喻礼仪、威仪，后又引申为品德的根本、伦理的原则。同时，“义”又表示“合乎正义”，引申为对事物或文字所做的合宜而恰当的解释。在此基础上，又有合宜、合理之意，引申为人之间在感情、言行方面合宜的联系、情义。《中庸》指出，“义者，宜也”（《礼记·中庸》）；孟子有言，“义，人之正路也”（《孟子·离娄上》）。义，是指人应当走正确的道路，否则就会误入歧途，做出不合道义的事情。在中华优秀传统文化中，义与利是一对基本的矛盾范畴，二者相对立存在。“君子喻于义”（《论语·里仁》）、“君子义以为上”（《论语·阳货》）、“义然后取”（《论语·宪问》）等表达都体现出儒家君子对“义”的精神追求。尽管孟子指出，“王亦曰仁义而已矣，何必曰利”（《孟子·梁惠王上》），但他只是将“利”置于对“义”的选择之后，并未否认“利”的价值。因为先利后义会为社会带来严重危害，“苟为后义而先利，不夺不餍”（《孟子·梁惠王上》）。如果人们不讲义理，只一味地追求个人利益，就必定会贪得无厌、争夺不休，让社会大乱。这说明孟子是主张“先义后利”，而非“存义灭利”的。在中国古代社会价值观发展过程中，义、利问题的辩论一直存在，其主流结果趋向于“义为利先”“以义为先”“义利兼顾”的价值判断和道德选择。现实生活中，人们对义与利的侧重与选择，塑造出人类社会不同的世界观、人生观和价值观。在不同的价值观念引导下，人们成就不同的人生轨迹，达到不同的人生境界。“君子喻于义，小人喻于利。”（《论语·里仁》）经过漫长的价值观演进，人们普遍将对“义”与“利”的价值选择作为区分君子与小人的标准，两者既对立又统一。发展至今，“义利并举、以义为先”的价值观念成为中华传统文化中极其重要的价值偏好。在市场经济逐利性和各种功利主义观点泛滥的现在，这一价值观念具有不容忽视的精神力量和现实价值。

（四）仁爱忠恕的处世之道

“仁爱忠恕”是中华优秀传统文化的一个重要元素。所谓“仁爱”，是指一种爱人之心，是“博施于民而能济众”（《论语·雍也》），也就是孟子所说的“仁者，爱人”（《孟子·离娄下》）。它倡导人们相互关心、相互爱护、相互帮助。“仁”是儒家伦理思想的核心。从辞源来看，“仁”左为“人”，右为“二”，后者作数字来理解时，表示两人维系关系需要仁爱；作“相等”的意义来理解时，又可译为人与人要同等看待，将心比心，相互友爱。按照马克思主义的观点，人是类存在，个体的存在境遇能够引起他人的共鸣。在社会生活中，将心比心、关爱他人能够保持和谐的人际关系。所谓“忠恕”，也就是孔子所说的“居处恭，执事敬，与人忠，虽之夷狄，不可弃也”（《论语·子路》），“己所不欲，勿施于人”（《论语·颜渊》）。《论语》中，“忠”含义有三：一为忠于义务；二为忠于言行；三为忠于君王。“恕”是做事前充分考虑他人处境与感受，随时变换自身想法和行动，达到人己合一。“忠”与“恕”相互联系，前者是对自己的要求，后者是对待别人的方式。“仁爱忠恕”在当今，对人自身、人与人、人与社会、人与自然的和谐相处都有着重要的现实意义。这一处世之道表现在与朋友、同伴的相处时，是爱他人、爱亲朋，考虑他人感受，尽心为他人着想；在面对集体和国家时，仁爱又表现为爱集体、爱民族、爱国家，忠诚为民。这一处世之道与现在我们倡导的“诚信”“友善”“爱国”“和谐”等社会主义核心价值观有着共通之处，能够在坚持依法治国与以德治国相结合、促进公民道德建设、推进社会主义精神文明上发挥重要作用。

三、中华优秀传统文化的思维特色

中华优秀传统文化所蕴藏的独特的价值追求、人生境界和道德伦理等思想对社会与个人发展产生了重要影响，而其中所呈现出的思维特征更深刻地体现在当今时代人们的思想与行为中。中华优秀传统文化的一些思维特色体现出与马克思主义哲学思维的“异曲同工之妙”，为发挥中华传统文化的思想政治教育功能提供了丰富的思维方式和培育内容借鉴。

（一）整体思维

从全面、整体的角度思考问题是中华优秀传统文化的重要思维方式。所谓整体思维，就是从普遍联系的观点出发来看待事物发展。如同恩格斯在谈到事物普遍联系的图景时所指出的那样，在阅读中华优秀传统文化的相关文献时，我们也能够体会到中国古代先贤包含天地万物的视野，以及从相互作用、相互制约的关系中把握事物的思维方式。如老子认为“道”是世界万物运行的轨迹，“道生一，一生二，二生三，三生万物”（《道德经》）。而要了解世界就需要“以天下观天下”（《道德经》）。再如，在探讨天与人、自然与人、人与人、人于自我等相互关系时，古代先贤们注重“天人合一”“天人和谐”。早在西周时期，便有“推天道以明人事”（《周易》）的观点，认为天地与人“同声相应，同气相求”（《周易·乾》），因此，人应当顺应天道而作为，方可“先天而天弗违，后天而奉天时”（《易·乾·文言》）。东周的儒道两家继承了“天人合一”的思想。庄子指出，“天地与我并生，而万物与我为一”（《庄子·齐物论》）；董仲舒有言，“以类合之，天人一也”（《春秋繁露·阴阳义》）；张载提出“天人合一”的专有名词，并在《正蒙·乾称篇》中提出“民胞物与”的重要思想；中华传统医学反对“头痛医头，脚痛医脚”，“人与天地相参也，与日月相应也”（《灵枢·岁露论》），指出保健养生应合乎天道。这些均体现出将人与天地万物看作整体的思维方式。中华优秀传统文化中“天人合一”“天人和谐”的整体性思维方式对于保持生态平衡，促进社会和谐稳定具有重要意义。

（二）辩证思维

与整体性思维方式密切关联的是中华优秀传统文化中的辩证思维。在古代人们认为，世界上的万事万物都处在普遍联系当中，而这些事物都包含着相互对立的两面，它们相互包含、相互依存、相互转化，既对立又统一。从历史上看，中华优秀传统文化中的辩证思维早在先秦已有萌芽，从原始社会时期“阴”“阳”概念及符号的出现，殷商时期伏羲八卦的产生，西周时期周太史史伯提出“和实生物，同则不继”（《国语·郑语》）的命题，已能窥见辩证思维的雏形。《周易》所论述的“八卦”以及两卦相叠而为六十四卦的学说，即是从矛盾的对立来说明事物的变化发展，“一阴一阳之谓道”（《易传·系辞上》）一语更是彪炳千古，成为中国哲学中两点论的杰出代表。东周后的历代典籍中，辩证思维不断成熟。如老子以“道”“太极”概念为基础，提出“道生一，一生二，二生三，三生万物。万物负阴而抱阳，冲气以为和”（《道德经·第四十二章》）的万物生成论；提出“弱之胜强，柔之胜刚”（《道德经·第七十八章》）的思想；论证“无为”与“有为”辩证关系；指出“祸兮，福之所倚；福兮，祸之所伏”（《道德经·第五十八章》）的福祸关系；指出“反者道之动，弱者道之用”（《道德经·第四十章》）的事物变化规律。孙子所著《孙子兵法》中“奇正”“日月”“四时”“五色”“五味”等都体现出朴素的辩证思维，揭示出矛盾双方的对立统一。儒家的辩证思想，集中体现为中庸之道，注重“刚柔并济”，强调“过犹不及”（《论语·先进》）。《中庸》指出，“执其两端，用其中于民”，就是将矛盾的对立面统一起来。宋明理学的“一物两体”（张载）、“物极必返（反）”（程颢）以及“理一分殊”（朱熹）等思想都体现出了儒家辩证思维的继承发扬。中国的辩证思维以追求“和”为目的，不注重对立面的排斥与斗争。这些思维优点对于人际和睦、社会和谐以及人类和平发展具有促进意义。客观认识并发扬中华优秀传统文化中的辩证思维特色，对发挥其思想政治教育功能具有重要意义。

第三节　思想政治教育功能的相关理论解读

要研究中华优秀传统文化的思想政治教育功能，除厘清中华优秀传统文化的相关概念外，还需要明晰思想政治教育功能的相关概念内涵。

一、功能的概念解读

在中国，功能一词出自《管子》：“工，治容貌功能，日至於市。”（《管子·乘马》）这里的“功能”表示“技能”的含义。后在东汉《汉书》、南朝《后汉书》、元代《举案齐眉》等文献中都可见“功能”一词，表示功效、才能或有才能之人的含义。在西方，功能（function）一词首先使用于生命科学领域。在生物学中，功能表示有助于维持有机体生命运行的过程。在医学上，功能又指系统与内部、外部环境相互作用的效能与能力，是一定系统在与内外环境交互作用过程中的动态体现，表现为系统对环境的适应与改变。从系统论角度看来，后来，功能被运用到自然科学与社会科学领域，广见于建筑学、社会学和语言学等学科中。何星亮用社会性和结构性对西方的功能概念进行分类①。一是社会性的功能概念。这类定义是从社会性的角度对功能进行定义，以人为中心，将功能视为事物能够满足个体和社会各种需要的属性。如马林诺夫斯基（Malinowski, Bronislaw Kaspar，1884—1942）指出："除了以人类通过合作、使用人工制品、消费的活动来满足需求之外，我们没有别的办法来定义功能。"② 二是结构性功能。这类定义建立在生命科学对功能的定义之上。一种是以有机体为前提来定义功能。斯宾塞（Herbert Spencer，1820—1903）是较早将生命科学中的功能概念引入社会科学领域的社会学家 ③。拉德克利夫-布朗（A. R. Radcliffe-Brown，1881—1955）是结构功能主义的创始人。他在《社会人类学方法》中指出，社会结构是制度（社会上已确立的行为规范）所规定或支配的关系中，人的不断配置和组合④。社会现象与社会结构密切关联。因此，布朗把社会功能定义为"它与社会结构的关系，为社会结构的存在和延续做出的贡献"⑤。另一种是从数学上定义功能。莱布尼茨（G. W. Leibniz，1646—1716）把功能概念用在数学上，说"*Y* 为 *X* 的函数（function）"⑥。查普尔（E. Chapple）和库恩（C. Coon）认为"功能依靠"（functional dependence）是"两个变数（variables）之间的关系，即当一个变数的值（value）改变时，另一个变数的值，也就随之而改变"⑦。

西方从生物学的角度出发定义功能的观点对我国学界也产生了影响。有学者从系统论的角度对功能进行定义，认为功能是"系统内部诸要素之间以及系统与环境相互作用所产生的结果"⑧。其中，系统内部诸要素的相互作用所产生的综合结果为内部功能，系统与外部环境相互作用的结果为内部功能。

---

① 何星亮. 文化功能及其变迁［J］. 中南民族大学学报（人文社会科学版），2013，33（5）：33-41.

② 马林诺斯基. 科学的文化理论［M］. 黄剑波，等译. 北京：中央民族大学出版社，1999：54-55.

③ 芮逸夫. 人类学［M］. 台北：台湾商务印书馆，1971：100.

④ 布朗. 社会人类学方法［M］. 夏建中，译. 北京：华夏出版社，2001：167.

⑤ 布朗. 原始社会的结构和功能［M］. 潘蛟，等译. 北京：中央民族大学出版社，1999：225.

⑥ 芮逸夫. 人类学［M］. 台北：台湾商务印书馆，1971：100.

⑦ 芮逸夫. 人类学［M］. 台北：台湾商务印书馆，1971：101.

⑧ 王仕民. 德育功能论［M］. 广州：中山大学出版社，2005：14.

二、思想政治教育功能的理论解读

对于思想政治教育功能的阐释，从不同的研究角度得出的结论不尽相同。有学者将功能视为作用的一种，也有学者将功能视为结果，还有学者则将功能与价值相等同。

人们对思想政治教育功能的理解有着主观和客观之分。

一方面，思想政治教育功能具有客观性。从哲学的层面看，思想政治教育功能有其必然性，不以人的意志为转移。从这一层面看，思想政治教育功能应当与思想政治教育的目的、任务相区别。目的、任务是人们对思想政治教育实践活动的一种主观期许，是“想让思想政治教育干什么”，功能则体现为“思想政治教育能够做什么”。同时，思想政治教育功能应当与思想政治教育的效果、作用及价值相区别。功能、效果、作用和价值之间的联系密切。但是思想政治教育首先要发挥其应有的功能，才能够彰显内在本质，在实践过程中作用于他物，产生一定的效果。这种效果可以被认定为思想政治教育的作用，对于他物来说就是思想政治教育的价值。思想政治功能的发挥是其效果、作用及价值实现的前提。一个事物潜在的作用是功能，表现出来的功能即是作用。而思想政治教育价值则是思想政治教育对主体需求的一种满足。效果是思想政治教育实践活动结束后得到的结果。思想政治教育功能则不仅是显现出来的思想政治教育的效果，还包括思想政治教育本身潜在的、尚未显现的能力，这些能力是思想政治教育本身所固有的，其作用、效果及价值则需要通过与其他事物产生联系后方可实现。

另一方面，思想政治教育功能的发挥需要人。教育是人类特有的“遗传”活动，思想政治教育就是要将受教育者培养成符合一定思想道德观念体系的人，再通过人的实践来实现思想政治教育对人和社会的效果。从这一角度来看，思想政治教育既是人生存和发展的需要，也是社会发展的结果。当社会发展的现状不能满足人的高层次精神需求时，人们就会为了自我的发展而创造一些能够改进自身生存状态的实践活动。思想政治教育就是其中之一。思想政治教育是一个人为的系统，在这一系统中，人的实践活动无处不在。人们在思想政治教育的各种活动中不断开发并规定了思想政治教育所具备的功能。思想政治教育活动又能够满足不同群体和个人的自我需要。随着思想政治教育功能的发挥，人们的各种需求得到满足的同时，思想道德素质也得到不断提升。从这个意义上说，思想政治教育的存在以人的活动为前提，人的主观活动有着先在性，因此思想政治教育功能也体现出一定的主观性。在这一基础上，思想政治教育功能也随人类实践活动的发展而发展。

总而言之，思想政治教育功能是建立在人类实践活动基础上的一种客观存在。“思想政治教育功能是思想政治教育本质的外在体现和集中表露，是思想政治教育得以存在和发展的重要基础。”① 它是其本质的集中凸显，是其在“整合系统内部各要素以及与外在社会环境相互作用过程中所表现出的积极特性和有利影响”②。思想政治教育功能产生于人类实践，并因人类实践的发展而具有发展性，同时，它也引导并规范着人们的思想和行为，促进人们思想道德水平的提升，进而推动人类社会的协调发展。

三、中华优秀传统文化思想政治教育功能的概念解读

思想政治教育隶属社会意识活动范畴，其本质是“意识形态的教化和灌输”③。它的根本宗旨在于引导人们处理各种社会关系，以便使自己更好地适应社会，立身做人。新时代思想政治教育的新任务除了坚持社会主义意识形态的主导和灌输外，还需要“保证正确的政治方向，培育和践行社会主义核心价值观，增强民族凝聚力和构建精神家园”④。其中，社会主义核心价值观的培育，民族凝聚力的增强以及中华民族精神家园的构建都是中华优秀传统文化所能发挥的思想政治教育功能。

本书在解构功能的概念的同时，将中华优秀传统文化的思想政治教育功能直接指向其在思想政治教育立德树人、培养社会主义建设者和接班人中所具备的积极效用。从表面上看，界定的是中华优秀传统文化中所具备的思想政治教育属性；从实质上看，反映的是中华优秀传统文化所能发挥的思想政治教育理论与实践效能。具言之，即指中华优秀传统文化在思想政治教育对象的思想政治道德素质的养成、提升和巩固上的积极效能。因此，本书所研究的中华优秀传统文化的思想政治教育功能是：中华优秀传

---

① 李辽宁. 思想政治教育功能研究综述［J］. 求实，2005（1）：73-77.

② 包红梅. 解读思想政治教育功能的四个维度［J］. 教学与管理，2016（27）：8-10.

③ 刘书林. 论思想政治教育的本质：坚守“灌输论”的缘由［J］. 思想理论教育导刊，2012（10）：38-44.

④ 郑永廷. 思想政治教育学原理［M］. 北京：高等教育出版社，2016：129.

统文化的哲学观念、价值观点和行为规范在提升教育对象思想、政治和道德素质，坚定文化自信、肩负中华民族伟大复兴等方面的积极效能。细化来讲，中华优秀传统文化的思想政治教育功能有以下四层含义：第一，在思想政治教育中，要充分挖掘中华优秀传统文化中的思想政治教育因素，并以满足社会和个人发展的需要为依据；第二，中华优秀传统文化的继承和发扬要与马克思主义基本原理相结合，在此过程中为思想政治教育赋能；第三，中华优秀传统文化要为中国特色社会主义文化强国建设提供资源支撑，不断滋养人们的精神家园，增强文化自信；第四，中华优秀传统文化归根到底从广大劳动人民的实践中来，也要融入中国特色社会主义现代化的实践过程，不断赋予受教育者文化传承与创新的使命，同时不断拓展中华优秀传统文化的生命张力。

习近平总书记指出："中华文明绵延数千年，有其独特的价值体系。中华优秀传统文化已经成为中华民族的基因，植根在中国人内心，潜移默化地影响着中国人的思想方式和行为方式。"[①] 过去数千年，中华优秀传统文化的价值体系潜移默化地影响人的思想和行为，在未来，它也必然能够在铸魂育人、培养"有理想、敢担当、能吃苦、肯奋斗"的社会主义建设者和接班人中发挥重要的思想政治教育功能。

① 中共中央文献研究室．十八大以来重要文献选编：中［M］．北京：中央文献出版社，2016：5.

第三章 中华优秀传统文化思想政治教育功能的理论基础

明晰理论遵循不仅是科学准确定位中华优秀传统文化时代价值的基础和前提，同时对于深刻阐释和运用中华优秀传统文化的思想政治教育功能也具有重要意义。

第一节 马克思主义经典作家关于传统文化功能的相关理论

马克思、恩格斯等人对人类社会历史发展规律进行了科学辩证的阐释，并在与前人对话的基础上，形成了马克思主义的文化学说，这为我们挖掘、辨析中华优秀传统文化的思想政治教育功能提供了重要的理论遵循。

一、马克思、恩格斯的文化学说

马克思、恩格斯虽然没有将目光聚焦于人类文化现象，没有建构知识论意义上的文化理论，但他们对文化的关注贯穿于理论研究的整个过程。

（一）关于文化育人功能的思想

马克思主义关于文化的育人功能的思想是以现实的社会关系为基础，将每个人自由而全面的发展作为出发点和归宿。在马克思、恩格斯看来，文化的形成与人的物质实践紧密联系，在一定程度上，文化能够满足人的需要，促进人的全面发展，进而推动整个社会的进步。

在文化的产生与消费方面。关于文化的产生，马克思认为："整个所谓世界历史不外是人通过人的劳动而诞生的过程”①。作为人类社会特有现象的文化也是人类劳动的产物，是建立在人类生产生活的现实基础上的，“宗教、家庭、国家、法律、道德、科学、艺术等，都不过是生产的一些特殊的方式，并且受生产的普遍规律的支配”②。马克思认为文化在人们具体的社会生活实践中产生，在不同的生产领域会产生不同的思想意识；文化由各个领域的社会意识构成，受到社会存在的支配和制约。关于文化的消费，马克思将之放在资本主义的经济视角下，认为文化具有作为商品的消费价值。人们对文化的消费包含两个方面：一是对文化产品中所包含的理论、艺术、精神等内在价值的消费，二是对承载文化内容的物质载体、工具和手段的消费。马克思既认为文化的商品化、经济化导致社会文化朝庸俗化发展，也认为文化产品的消费同样可以作用于文化的生产，是推动文化生产创新的动力，应当鼓励社会创造出更优质的文化产品。

在文化育人功能发挥的可能性方面。第一，文化能够对人产生反作用。文化作为人意识的结果，能够对社会现实产生反作用，因此能够对其创造主体产生强大的能动作用。在现实生产活动中诞生的文化，能够对人们的思想产生一定的影响，从而对人们的具体劳动实践产生指导作用。正如马克思、恩格斯所说：“人不仅像在意识中那样理智地复现自己，而且能动地、现实地复现自己，从而在他所创造的世界中直观自身。”③ 第二，文化积极功能的发挥需要一定的政治经济条件。一方面，异己的文化无法发挥育人的功能。在资本主义私有制条件下，文化会异化为人的异己的力量，阻碍人的全面发展。这是因为，在资本主义社会下，劳动是异化的，人们在劳动中无法肯定自己、感到幸福，在这样的状态下，文化的发生过程也背离了人发展自身的本质和目的。在异化的文化的支配下，人会成为生产的工具、资本的奴隶。另一方面，无产阶级文化能够掌握群众，指导群众取得革命的胜利。按照马克思主义的观点，要解决异化的文化，就要消除产生异化文化的根源——生产资料私有制。无产阶级的文化应当是“批判的武器”，揭露资本主义本质，指导人民大众取得无产阶级革命的最

① 中共中央马克思恩格斯列宁斯大林著作编译局. 马克思恩格斯全集：第 42 卷［M］. 北京：人民出版社，1979：131.

② 中共中央马克思恩格斯列宁斯大林著作编译局. 马克思恩格斯全集：第 42 卷［M］. 北京：人民出版社，1979：121.

③ 中共中央马克思恩格斯列宁斯大林著作编译局. 马克思恩格斯全集：第 42 卷［M］. 北京：人民出版社，1979：97.

终胜利。在发挥文化的育人功能时，一定要注意人具体而现实的物质生产实践，由此，方可发挥文化的积极作用。

在文化育人的方法上。马克思指出：“培养社会的人的一切属性，并且把他作为具有尽可能丰富的属性和联系的人，因而具有尽可能广泛需要的人生产出来——把他作为尽可能完整的和全面的社会产品生产出来。”① 这就意味着培养全面发展的人，必须要让其处于全面的社会实践中、处于社会关系中。这指明了两点：一是对人的培养不仅要将之置于经济关系和政治关系中，也要将之置于文化关系中；二是在以文化人的过程中，不可忽视社会实践的重要性，应当知行合一。

在文化育人的最终目标方面。文化是经济的反映，它的发达程度直接关系到人类的生产水平和自然被改造的程度。比如社会分工的出现，衍生出城市与农村、脑力劳动和体力劳动、农工商的区别，它优化了社会机构，促进了科技的进步，也推动了生产力的发展。马克思、恩格斯指出：“文化上的每一个进步，都是迈向自由的一步。”② 人对自然规律的认识程度、科学技术的先进程度以及生产工具的改良状况等都与文化的发展密切相关。没有文艺复兴和启蒙运动的思想基础，就没有工业革命和科技革命的发生；没有五四运动思想的解放，也就没有中国轰轰烈烈的新民主主义革命。马克思也把火药、指南针、印刷术视为资产阶级到来的预告。人不仅是文化的生产者，也是文化的享有者。“生产者也改变着，炼出新的品质，通过生产而发展和改造着自身，造成新的力量和新的观念，造成新的交往方式、新的需要和新的语言。”③ 人的实践生产出文化，文化也反过来作用于人。文化每前进一步，都是人们生产实践的进步。同时，通过在生产实践中诞生的更先进的文化的教化和影响，个体的认识能力、实践能力会不断增强，他的“类本质”和社会性能够得到充分的展现，让他能够“以一种全面的方式，也就是说，作为一个完整的人，占有自己的全面的

---

① 中共中央马克思恩格斯列宁斯大林著作编译局. 马克思恩格斯全集：第46卷（上）［M］. 北京：人民出版社，1979：392.

② 中共中央马克思恩格斯列宁斯大林著作编译局. 马克思恩格斯选集：第3卷［M］. 北京：人民出版社，2012：492.

③ 中共中央马克思恩格斯列宁斯大林著作编译局. 马克思恩格斯全集：第46卷（上）［M］. 北京：人民出版社，1979：494.

本质”[1]。如此，方能实现从自然人到社会人、自由人的转变，实现个体的全面发展和全人类的彻底解放。

（二）关于传统文化的观点

马克思、恩格斯关于传统文化的观点，是我们正确对待传统文化的理论依据，也能为中华优秀传统文化思想政治教育功能的发挥提供一定方法论指导。马克思、恩格斯关于传统文化的观点包含在他们的历史理论当中。正是在创立唯物史观的过程中，马克思、恩格斯逐渐形成了他们对传统文化的基本看法。

第一，马克思、恩格斯揭示了传统文化的两个维度，分别是意识形态维度和思想形式维度[2]。

一是意识形态维度的传统文化。在唯物史观看来，社会存在决定社会意识。因此，由一定经济基础所决定的理论学说和价值观念都属于意识形态和上层建筑的范畴，与经济基础相适应。一旦生产力的发展与生产关系发生矛盾，爆发社会革命，那么，整个上层建筑就会发生或慢或快的变革[3]。按照这样的观点，传统文化是在特定时代下，人们物质生活和社会经济条件的产物，在经济基础和政治基础发生根本性改变的时候，一些传统文化必然会失去其存在的现实基础。那么，如何理解传统文化在社会变革时代发生的变革呢?《〈政治经济学批判〉序言》中有所提及。马克思在这篇序言中区分了经济和意识形态的变革，指出经济条件方面的变革是“可以用自然科学的精确性指明的变革”[4]，各种意识形态的变革则与之不同。但究竟存在何种不同，马克思在这部分没有深入论述，这为我们思考脱离原本历史和社会条件的传统文化应当如何发挥效能留下了空间。

马克思、恩格斯对待作为意识形态的传统文化的态度是辩证的。一方面，马克思、恩格斯在《哲学的贫困》《共产党宣言》等著作中指出，所有制关系的变革必然要求与所有制关系相关的传统观念的消亡。尤其是当

---

① 中共中央马克思恩格斯列宁斯大林著作编译局. 马克思恩格斯全集：第 42 卷［M］. 北京：人民出版社，1979：123.

② 周可. 论马克思主义的传统文化观：从马克思到毛泽东［J］. 湖北社会科学，2020（7）：13-19.

③ 中共中央马克思恩格斯列宁斯大林著作编译局. 马克思恩格斯文集：第 2 卷［M］. 北京：人民出版社，2009：591-592.

④ 中共中央马克思恩格斯列宁斯大林著作编译局. 马克思恩格斯文集：第 2 卷［M］. 北京：人民出版社，2009：592.

马克思、恩格斯展望阶级消亡、国家消亡、“三大差别”消失的共产主义社会时，与以往的阶级社会相适应的、反映阶级对立和社会矛盾的宗教、道德等意识形态都必然要走向消亡。在这个意义上，恩格斯说：“传统是一种巨大的阻力，是历史的惯性力，但是它是消极的，所以一定要被摧毁。”① 封建社会和资本主义社会占统治地位的价值观念，都是统治阶级为麻痹被统治阶级、巩固阶级统治而编造出来的故事。统治阶级为了自身的利益把他们的阶级利益包装打造成整个社会的共同利益，他们“赋予自己的思想以普遍性的形式，把它们描绘成唯一合乎理性的、有普遍意义的思想”②。在社会革命时期，与代表前一历史阶段统治阶级利益的价值观念做斗争，与代表历史阻力的传统思想做斗争，就成为人民群众必然的选择。另一方面，当马克思、恩格斯运用唯物史观来考察特定历史时期和历史事件时，他们不仅坚持了经济基础决定上层建筑的观点，也阐明了政治、法律、宗教、哲学等上层建筑和意识形态的反作用。也正是在这一过程中，马克思、恩格斯揭示了传统文化在社会现实中的重要功能。在《路易·波拿巴的雾月十八日》一书中，马克思犀利地指出：“一切已死的先辈们的传统，像梦魇一样纠缠着活人的头脑。”③ 以此讽刺资产阶级民主革命。在今天，这句话也常被用来说明封建腐朽思想对当下人们生活的影响。其中的“传统”一词，并非指所有的传统文化。因为马克思在后文中指出，1688 年英国资产阶级革命和 1789 年法国大革命是当时代表先进生产力的资本主义工商业迅速发展、资产阶级迅速壮大等各方面条件成熟的社会革命，这期间资产阶级借用以往时代的革命语言、服装和幻想来象征革命精神；而 1848 年至 1851 年的法国革命是缺乏现实革命条件的社会革命，这期间资产阶级对革命传统文化的模仿空有其表，与其说是一场革命，不如说是一场闹剧。马克思用梦魇比喻传统，是为了讽刺 19 世纪的法国资产阶级，他们不理解先辈进行革命的真正意义，还妄图效仿前人做法，用传统来为自己的革命正名，这只会适得其反。由此看来，马克思旨在表明，传统文化对政治的影响在很大程度上受到当时社会生活的现实条件的限制。

---

① 中共中央马克思恩格斯列宁斯大林著作编译局. 马克思恩格斯文集：第 3 卷［M］. 北京：人民出版社，2009：521.

② 中共中央马克思恩格斯列宁斯大林著作编译局. 马克思恩格斯文集：第 1 卷［M］. 北京：人民出版社，2009：552.

③ 中共中央马克思恩格斯列宁斯大林著作编译局. 马克思恩格斯文集：第 2 卷［M］. 北京：人民出版社，2009：471.

1894 年 1 月 25 日，恩格斯在致瓦尔特·博尔吉乌斯的信中进一步指出："在经济关系中还包括这些关系赖以发展的地理基础和事实上由过去沿袭下来的先前各经济发展阶段的残余（这些残余往往只是由于传统或惰性才继续保存着）。"① 这就是说，经济关系对整个社会生活产生的作用不是直接的、自发的，而是在人们劳动、生产和创造的过程中，也借助政治、法律、宗教、哲学、艺术等思想意识的相互作用而实现的。

二是思想形式维度的传统文化。在《路德维希·费尔巴哈和德国古典哲学的终结》和关于历史唯物主义的书信中，恩格斯对一些误解和歪曲唯物史观的观点进行了有力驳斥，维护和发展了唯物史观。在这一过程中，恩格斯阐发了意识形态在形式方面的独立性和内在规律，也可以说，这揭示了传统文化作为思想形式所起的作用。恩格斯在从思想形式的层面来考察国家、公法和私法所具有的普遍效力和独立发展时指出："公法和私法被看作两个独立的领域，它们各有自己的独立的历史发展，它们本身都可以系统地加以说明，并需要通过彻底根除一切内部矛盾来做出这种说明。"② 同时，他也认为宗教与其他意识形态一样，一方面，它的产生既顺应各个时代的需要，又是与已有的思想观念相融合的。"宗教一旦形成，总要包含某些传统的材料，因为在一切意识形态领域内传统都是一种巨大的保守力量。但是，这些材料所发生的变化是由造成这种变化的人们的阶级关系即经济关系引起的。"③ 另一方面，虽然恩格斯分析各种意识形态的独立性是为了说明这种独立性容易掩盖经济关系对意识形态的决定作用，但这些分析表明法律、哲学、艺术等传统文化也承担了表征人类思想形式的作用，能够在时代更迭中不断被传承、发展与创造。此外，从马克思主义的思想来源看，马克思主义理论的形成发展也是在对西方传统文化的批判和吸收中完成的。在创立马克思主义的过程中，马克思批判地继承了德国古典哲学、近代唯物主义哲学以及空想社会主义的思想，也广泛吸收了古希腊哲学、人文主义、理性主义以及浪漫主义等西方优秀文明成果。由此可见，各种思想意识中的一些观念会在一定社会发展时期内体现出具有

---

① 中共中央马克思恩格斯列宁斯大林著作编译局．马克思恩格斯文集：第 10 卷［M］．北京：人民出版社，2009：667.

② 中共中央马克思恩格斯列宁斯大林著作编译局．马克思恩格斯文集：第 4 卷［M］．北京：人民出版社，2009：308.

③ 中共中央马克思恩格斯列宁斯大林著作编译局．马克思恩格斯文集：第 4 卷［M］．北京：人民出版社，2009：312.

进步性的一面，即使社会更迭，也在当下时代具备指导意义。

需要指出的是，学界普遍认为恩格斯晚年对意识形态独立性的分析是唯物史观的应有内容。从文化的视角来解读恩格斯的观点，就会发现，恩格斯不仅阐明了文化作为意识形态所具有的独立性及其限度，而且揭示了它们作为思想的形式或材料所起到的文化传承作用。这就意味着作为一定时期人类劳动成果的传统文化也能够在一定程度上摆脱其产生的社会历史条件的束缚，作为人类文化的精华而传承创新。因此，作为思想形式的传统文化也是唯物史观视域中的传统文化观不可或缺的部分。我们甚至可以说，从传统文化的思想形式来进行理解，能够更为合理地解释马克思对古希腊文化的高度评价以及西方传统文化对马克思主义理论的重大影响。

第二，马克思、恩格斯阐明了对待传统文化的态度。为了推翻剥削人、压抑人的腐朽制度，实现共产主义的伟大理想，马克思、恩格斯最初认为传统文化是消极的，是落后生产力的体现，阻碍了历史的进步，应当进行彻底的批判和抛弃。因此，他们两人在《共产党宣言》中指出："共产主义革命就是同传统的所有制关系实行最彻底的决裂；毫不奇怪，它在自己的发展进程中要同传统的观念实行最彻底的决裂。"[①] 这表明了马克思、恩格斯早年对传统观念的态度，即共产主义革命要推翻落后的所有制关系，而传统观念是这些所有制关系的表现，因此，人们应当同传统观念彻底决裂。随着革命形势的不断变化，恩格斯逐渐意识到传统作为历史的产物，是人类历史发展进程中不可抹杀的客观存在，它能够在推动人类历史发展的过程中起到一定的积极作用。由此，他开始逐渐转变对传统文化的态度，接受传统是客观存在的，并且承认传统对社会发展的作用。如恩格斯在 1890 年致约瑟夫·布洛赫的信中说，人们创造自己的历史，其中"政治等等的前提和条件，甚至那些萦回于人们头脑中的传统，也起着一定的作用，虽然不是决定性的作用"[②]。这一时期，恩格斯已经意识到传统对于革命的影响。他认为在人们创造历史的过程中，经济是起决定性作用的前提和条件，同时，政治、传统也会对人类创造历史发挥一定的作用。此外，恩格斯还认为传统渗透于人们的生活方式、行为举止和内心价值等

① 中共中央马克思恩格斯列宁斯大林著作编译局. 马克思恩格斯选集：第 1 卷［M］. 北京：人民出版社，2012：421.

② 中共中央马克思恩格斯列宁斯大林著作编译局. 马克思恩格斯选集：第 4 卷［M］. 北京：人民出版社，2012：605.

方方面面。人们在物质生产过程中，在日常的社会生活中，会不断地总结实践经验，同时也会自觉或不自觉地对已有文化进行选择。其中，优秀的、先进的部分由于符合人的生活实践，就会在选择过程中被人们保留、传承。这些优秀的传统文化能够帮助人们在生活实践中取得更好的实践效果，从而创造出更好的社会。在现实中，马克思、恩格斯自己本身也是人类传统文化的批判者和继承者，批判非科学的、落后的、腐朽的部分，继承科学的、先进的、积极的部分，他们在实践中以扬弃的态度对待传统文化。

二、列宁的文化建设思想

马克思、恩格斯在构建唯物史观的过程中形成了马克思主义的文化学说，列宁则沿着他们两人的思想轨迹，将马克思的文化观推向社会主义文化实践，并在实践中不断深化对传统文化的认识。

（一）关于文化功能的观点

列宁是一个革命家、实践家，他把马克思主义的文化观第一次付诸革命与建设的伟大实践。在领导社会主义革命和建设过程中，列宁把文化置于极高的地位。文化相应功能的发挥，能够促进社会主义经济、政治的发展和人类社会文明的进步。

第一，文化能够武装无产阶级，巩固无产阶级领导权。无产阶级靠武装夺取了政权，也需要文化来巩固政权。由于连年战乱，十月革命后的俄国生产力被严重破坏，经济衰退，同时，还面临着国内外敌对势力的语言辱骂、外交孤立、经济封锁和武装干涉等。列宁指出，社会主义“单靠专政、暴力、强制是坚持不住的”①。无产阶级需要思考：巩固政权还需要什么？无产阶级还缺少什么？列宁做出了回答：“究竟缺少什么呢？缺什么是很清楚的：做管理工作的那些共产党员缺少文化。”② 当时，俄国无产阶级无论是军事人才还是社会管理人才，都大量缺乏，而这些人才又难以在短时间内被培养出来。基于这样的背景，无产阶级有选择性地启用了一些旧知识分子，使得社会能够正常运行。这时，如何使旧知识分子服从无

① 中共中央马克思恩格斯列宁斯大林著作编译局. 列宁全集：第 38 卷［M］. 北京：人民出版社，2017：248.

② 中共中央马克思恩格斯列宁斯大林著作编译局. 列宁选集：第 4 卷［M］. 北京：人民出版社，2012：680.

产阶级政党的领导、接受无产阶级思想的改造便成了一个问题。因为文化建设是关系到无产阶级领导权的重大问题。列宁以历史上民族战争中征服民族与被征服民族的关系为例，指出“如果出征民族的文化高于被征服民族，出征民族就迫使被征服民族接受自己的文化，反之，被征服者就会迫使征服者接受自己的文化”①。虽然无产阶级较资产阶级来说，是更为先进的阶级，但是如果无产阶级的文化不能战胜资产阶级的文化，不能够使旧知识分子改变原有落后的价值观念，不能使知识分子群体为社会主义建设服务，那么无产阶级就会面临文化领导权丧失、政权被瓦解的风险。进行社会主义文化建设，提高无产阶级的文化水平，是巩固无产阶级领导权的重要条件。

第二，文化能够提升群众知识水平，提高劳动生产率。无产阶级要最终战胜资产阶级，实现共产主义，发展生产力是最基本的，因此，无产阶级必须创造出比资产阶级更高的生产力。对于屡遭战争破坏、政权初生的苏俄来说，最紧要的任务就是恢复和发展生产力，巩固无产阶级政权。列宁指出，要完成这一任务，就必须提高劳动生产率。20 世纪初的最新技术就是电气，苏俄要提高劳动生产率就必须实现电气化。电气化是那个时代最新的科学技术成就和标志，苏俄要提高劳动生产率就必须掌握电气这一科技基础。1920 年第八次全俄苏维埃代表大会上，克尔日扎诺夫斯基报告的全俄电气化方案通过。列宁在《全俄中央执行委员会和人民委员会关于对外对内政策的报告》中，将国家电气化称为“我们的第二个党纲”②，认为进行社会主义经济建设必须掌握时代的先进技术，通过电气化的实现来恢复经济，为工业化打好技术基础。然而，文盲是电气化的最大阻碍，文化贫困是无法摆脱技术贫困和经济贫困的。不会读书识字无法实现电气化，没有电气化的相关知识和实践经验也不能实现电气化。所以，发展教育事业，提高群众的知识文化水平和科技应用能力，是实现电气化、提高生产力的前提，也是夯实社会主义物质基础的重要保证。1921 年 3 月，苏俄开始实行新经济政策，全国范围内掀起了一股经济建设的风潮，人们的经济知识和管理水平亟待提高。面对“任务之巨大”和“文化之贫乏”的

① 中共中央马克思恩格斯列宁斯大林著作编译局. 列宁选集：第 4 卷［M］. 北京：人民出版社，2012：680.

② 中共中央马克思恩格斯列宁斯大林著作编译局. 列宁全集：第 40 卷［M］. 北京：人民出版社，2017：158.

极不协调，列宁在1922年3月《就党的十一大政治报告提纲给莫洛托夫并转中央全会的信》中指出，关键的“问题‘只’在于无产阶级及其先锋队的文化力量”①。要完成这一艰巨的任务，必须提高党员干部、工人及农民的文化水平。人民只有通过文化教育，才能够提升科学文化素质和思想道德水平，具备建设社会主义和共产主义的信念和能力。人们的文化水平不断提高，就能为提高劳动生产率、发展社会主义经济提供智力支持。

第三，文化能够促进公民政治参与，维护民主政治。一是能够通过丰富劳动群众相关知识和提升其能力，扩大群众的有序政治参与。建立并巩固社会主义制度，需要建立社会主义民主政治。为了实现人民自治，列宁思考采用巴黎公社式直接民主的政治模式，并提出了吸收所有劳动人民来参加国家管理。但是，受限于当时经济发展水平、历史文化、传统劳动人民思想觉悟程度以及科学文化知识的水平，让劳动人民来对国家和社会进行管理难以实现。列宁意识到，在小农思想严重、文盲占比大的苏俄，无法实现人人直接参与国家管理、行使权力的目标。“不是随便哪一个粗工和厨娘都能马上参加国家管理的。”② 纵然，在顶层设计上苏维埃政权实行的民主比资产阶级更先进、更高级，但全国落后的思想文化水平成为建设社会主义民主政治的最大阻碍。如果劳动人民没有一定的文化知识，就不懂得如何行使权力，也无法享受这种权力。列宁提出：“我们要求由觉悟的工人和士兵来领导学习管理国家的工作，并且要求立刻开始这样做，即立刻开始吸引一切劳动者、一切贫民来学习这一工作。”③ 二是能够避免官僚主义作风，维护社会主义民主政治。越是文化落后的国家和地区，就越容易盛行官僚主义作风。俄国落后的文化现状不仅阻碍苏维埃政权作用的发挥，也容易给予官僚主义产生的土壤。一方面，一些原本受群众之托、代表群众利益的一些人，由于文化水平较低、素质不高，容易受落后和腐败观念的影响，办事拖沓、效率低下、脱离群众、贪污受贿，成为官僚主义者，而广大工农群众却又因其文化水平的限制而无法有效进行民主监督、同官僚主义做斗争。另一方面，共产党员文化素质普遍不高，缺乏人

① 中共中央马克思恩格斯列宁斯大林著作编译局. 列宁全集：第43卷［M］. 北京：人民出版社，2017：67.

② 中共中央马克思恩格斯列宁斯大林著作编译局. 列宁全集：第32卷［M］. 北京：人民出版社，2017：306.

③ 中共中央马克思恩格斯列宁斯大林著作编译局. 列宁全集：第32卷［M］. 北京：人民出版社，2017：307.

才，也缺乏管理国家政治生活和社会生活的知识和经验，容易让官僚主义有机可乘。列宁认为，任何军事和政治上的方法都是无法彻底消灭官僚主义的，提高社会整体思想文化素质和道德水平必不可少。他指出："克服官僚主义，需要采取千百个措施，需要每个人都识字，每个人都有文化，每个人都参加工农检察院。"[①] 在列宁看来，党和国家机关的工作人员只有不断学习业务知识，整体提升国家权力机关的文化水平和管理水平，同时保持思想觉悟，才能克服官僚主义。

第四，文化能够提高人民素质，促进社会文明进步。人能够得到全面发展的条件的完善程度反映了一个社会的优越程度。十月革命前，俄国的反动统治阶级为延续腐败的专制统治，实行的教育带有强烈的阶级性、等级性和宗教性，以便欺骗愚弄群众，这一做法让众多劳动群众成为文盲。俄国文化事业发展极为缓慢。据 1922 年出版的《俄国识字状况》一书统计，从 1897 年到 1920 年，俄国男子每1 000个人识字率从 31. 8%变为 40. 9%，女子每1 000个人识字率从 13. 1%到 24. 4%；1920 年，俄国每 1 000人中仍然有 681 人是文盲；在一些边疆地区情况更为严峻，如西伯利亚（西部）地区识字率仅有 21. 8%[②]。十月革命胜利后，俄国仍然是一个小农经济占主导的国家，整个社会文化水平普遍低下、思想落后。对于自己已成为国家主人，人们是感到迷茫的。如何将以小农经济为基础的俄国建设成为文明的社会主义俄国，是列宁昼思夜想的问题。后来，列宁在新经济政策的实施过程中发现，促进农民文化建设、推动建立合作社，能够加快社会文明进步。要把小农经济引向社会主义集体经济，需要合作社这种制度作为过渡。而合作社制度的建立健全离不开对群众文化的引导，在这一过程中能够加强文化建设、提高农民的文化水平。劳动者只有识字、有文化，并具备一定的思想觉悟，才能够逐渐摒弃旧社会文化的遗毒，实现社会主义社会的文明不断进步。

（二）关于传统文化的观点

在领导社会主义革命和建设时期，列宁结合俄国的国情和实践需要，批判继承了俄国传统文化，推动了俄国文化建设事业的发展。列宁认为传

---

① 中共中央马克思恩格斯列宁斯大林著作编译局. 列宁全集：第 40 卷［M］. 北京：人民出版社，2017：262.

② 中共中央马克思恩格斯列宁斯大林著作编译局. 列宁专题文集：论社会主义［M］. 北京：人民出版社，2009：343.

统文化是人民大众劳动的成果，是有一定价值的，吸收其中先进的、优秀的成分是实现无产阶级革命的基础。

在对待传统文化的态度上，列宁认为要吸收传统文化中有价值的成分。列宁指出："马克思主义这一革命无产阶级的思想体系赢得了世界历史性的意义，是因为它并没有抛弃资产阶级时代最宝贵的成就，相反却吸收和改造了两千多年来人类思想和文化发展中一切有价值的东西。"① 在《关于民族问题的批评意见》中谈到民族传统文化时，列宁指出，"每个民族也都有资产阶级的文化"②，但由于每个民族都有被剥削和压迫的劳动群众，在这种条件下，"他们的生活条件必然会产生民主主义的和社会主义的意识形态"③。他进一步指出，面对人类历史上创造的所有文化成果时，我们应当采取批判继承的态度。对于民族传统文化不能全盘接受、生搬硬套，而是要有选择性地吸收有价值的部分，同时，也要注意在具体实践中对民族文化不断地改造创新。列宁曾经把传统文化比喻为档案，认为管理档案应当进行分类，保存好有价值的档案，对待传统文化也是如此；有价值的文化，要单独提取出来，进行改造、传承、创新。

在吸收传统文化的方法上，列宁认为要把握尺度。同时，列宁在《共产主义运动中的"左派"幼稚病》中指出："右倾学理主义固执地只承认旧形式，而不顾新内容，结果彻底破产了。"左倾"学理主义则固执地绝对否定某些旧形式，看不见新内容正在通过各种各样的形式自己开辟道路，不知道我们共产党人的责任，就是要掌握一切形式，学会以最快的速度用一种形式去补充另一种形式，用一种形式去代替另一种形式，使我们的策略适应并非由我们的阶级或我们的努力所引起的任何一种形式的更替。"④ 在列宁看来，对待传统文化要把握尺度，只承认旧形式而不顾及新内容和绝对否定一些旧形式的做法都是错误的，应当掌握传统文化的一切形式，并且要实质兼容新内容，赋予其时代现实的意义和价值。

---

① 中共中央马克思恩格斯列宁斯大林著作编译局. 列宁全集：第 39 卷［M］. 北京：人民出版社，2017：374.

② 中共中央马克思恩格斯列宁斯大林著作编译局. 列宁全集：第 24 卷［M］. 北京：人民出版社，2017：126.

③ 中共中央马克思恩格斯列宁斯大林著作编译局. 列宁全集：第 24 卷［M］. 北京：人民出版社，2017：126.

④ 中共中央马克思恩格斯列宁斯大林著作编译局. 列宁选集：第 4 卷［M］. 北京：人民出版社，2012：211.

列宁关于批判继承和创新民族传统文化的思想，对我们挖掘传统文化有价值的部分，对时代解读和创新式转化，以及更好地发挥中华优秀传统文化的思想政治教育功能有着重要的指导作用。

第二节　中国共产党主要领导人关于传统文化功能的相关理论

在社会主义革命、建设和改革的过程中，中国共产党进一步丰富和发展了马克思主义的文化学说，推进了文化建设的实践。同时，作为中华优秀传统文化的传承者，中国共产党一向注重发挥中华优秀传统文化的长处和优势，凝聚民族情感、促进民族团结，并在这一过程中培育了一代又一代信仰坚定、胸怀家国、矢志前行的社会主义建设者和接班人。

一、毛泽东关于传统文化功能的主要认识

在马克思主义发展史上，毛泽东第一个明确地阐述了文化与政治、经济的关系，并具体分析了中国的文化问题。他把文化放在与经济和政治的辩证联系中去观察，放在革命和建设事业的实践中去考察，在实践中发展了马克思主义的文化理论。

（一）关于文化功能的认识

毛泽东对文化功能的认识，是建立在继承马克思、恩格斯和列宁关于文化建设思想的基础之上的。他从社会存在与社会意识、经济基础与上层建筑辩证关系的视角，阐述了文化所具备的功能。

首先，文化具有经济功能。毛泽东指出：“当政治文化等上层建筑阻碍着经济基础的发展的时候，对政治上和文化上的革新就成为主要的决定的东西了。”① 文化对于经济具有反作用。在列宁看来，要建设成为一个文明国家，“没有做到这一点的物质基础，没有一定的保障”②，就达不到这一目的。毛泽东也持同样的观点。他认为，经济建设能够为文化建设提供物质前提，同时，文化事业的发展也能够推动经济发展。毛泽东认为，建

---

① 毛泽东. 毛泽东选集：第 1 卷［M］. 北京：人民出版社，1991：326.

② 中共中央马克思恩格斯列宁斯大林著作编译局. 列宁选集：第 4 卷［M］. 北京：人民出版社，2012：770.

设社会主义，必须解放和发展社会主义的生产力，而生产力的发展离不开从事生产的劳动者的科学文化水平的提升，因此经济的发展就依赖文化建设事业的发展。新中国成立后，毛泽东指出，社会主义文化建设的重要任务就是要迅速改变中国社会整体文化水平低下的现状，加大教育的力度，消除文盲、破除迷信、减少愚昧，提升社会文化水平，同时，也要注重用科学技术把我国建设成为现代化的社会主义大国。针对旧社会广大劳动人民知识文化落后的问题，毛泽东认为，只有让广大人民群众掌握科学文化知识，才能够为社会主义建设的各项事业提供智力支持。毛泽东高度重视知识分子工作，我国 1951 年 11 月开始开展的知识分子的自我教育和自我改造活动得到了毛泽东的赞扬。他十分重视对知识分子的思想改造，指出："因为我们中国是一个半殖民地半封建的国家，文化不发达，所以对于知识分子觉得特别宝贵。"① 社会主义建设事业异常艰巨，需要更可能多的知识分子为之服务。1955 年，毛泽东又提出政治工作是一切经济工作的生命线的观点。这里强调的"政治工作"，实际上是政治思想教育。从这里也可以看出毛泽东对意识形态文化的重视。

其次，文化具有政治功能。作为社会意识形态，文化既是现实经济和政治的反映，又能够反作用于政治经济。为政治服务的思想是毛泽东文化建设的重要目标。他强调文化的政治功能，要求文化服务于政治。革命战争时期，革命文化是整个革命事业的一部分，对人民思想发挥导向、规范、调控的功能，激励人民投身革命事业。"没有革命的理论，就不会有革命的运动"②，这句话常被毛泽东用来强调文化的重要性。社会主义过渡时期，毛泽东把文化的繁荣发展看作过渡到社会主义的重要条件。社会主义的文化是思想的先导，是一种先进的文化体系，能够教育、鼓舞和团结群众，能够击溃封建的、腐朽的思想。社会主义建设时期，巩固和发展社会主义政治需要坚实的物质基础，如果没有具备科学文化的现代化的建设大军，就难以创造出雄厚的社会主义物质基础。由此可见，文化发挥着重要的政治功能。

最后，文化具有教育引导功能。文化是团结、教育群众和打击敌人的有力武器。毛泽东强调要利用文化进行教育引导，激发群众的革命热情，

---

① 毛泽东. 毛泽东选集：第 3 卷 [M]. 北京：人民出版社，1991：815.

② 中共中央马克思恩格斯列宁斯大林著作编译局. 列宁选集：第 1 卷 [M]. 北京：人民出版社，2012：153.

“使人民群众惊醒起来，感奋起来，推动人民群众走向团结和斗争”①。他在《新民主主义论》“中国文化革命的历史特点”章节中指出，五四运动后的文化生力军“向着帝国主义文化和封建主义文化展开了英勇的进攻”②，推进了文化革命。在这一过程中，新民主主义文化发挥了重要的思想政治教育功能，推进了群众的思想解放。在各个社会发展过程中，不同观念形态的文化都发挥着思想教育的作用，为统治阶级巩固政治统治，或引领社会成员为共同理想奋勇前进。这其中，毛泽东特别重视文艺的教育引导功能，认为无产阶级在领导广大民众革命和建设过程中，必须注意发挥文艺的功能，让文艺为人民群众服务，为革命的事业服务。他指出，人剥削人、人压迫人现象到处存在，人们看得平淡，但文艺能够“把这种日常现象集中起来，把其中的矛盾和斗争典型化，造成文学作品或艺术作品，使人民群众惊醒起来，感奋起来，推动人民群众走向团结和斗争，实行改造自己的环境”③。

（二）关于对待传统文化的态度

中华传统文化源远流长、体系庞大，有优秀的部分；但由于中国的传统文化延续几千年，贯穿了奴隶社会、封建社会，必然又有腐朽、落后的部分。

在对待传统文化的评价上，毛泽东肯定了传统文化的价值。在《新民主主义论》中，毛泽东首先肯定了传统文化特殊的历史意义和时代价值：“中国的长期封建社会中，创造了灿烂的古代文化”④。传统文化在一定时期内体现出先进性，指南针、印刷术、造纸术都曾代表人类文化发展的最高水平。同时，从新事物和旧事物的关系来看，传统文化能够为新文化提供养分，正如毛泽东所言：“中国现时的新政治新经济是从古代的旧政治旧经济发展而来的，中国现时的新文化也是从古代的旧文化发展而来，因此，我们必须尊重自己的历史，决不能割断历史。”⑤

在对待传统文化的方法上，毛泽东提出了“取其精华，去其糟粕”的观点。毛泽东指出，我们应当尊重自己的历史，尊重自己的传统文化，

---

① 中共中央文献研究室. 毛泽东文艺论集［M］. 北京：中央文献出版社，2002：104.
② 毛泽东. 毛泽东选集：第2卷［M］. 北京：人民出版社，1991：697.
③ 毛泽东. 毛泽东选集：第3卷［M］. 北京：人民出版社，1991：861.
④ 毛泽东. 毛泽东选集：第2卷［M］. 北京：人民出版社，1991：707.
⑤ 毛泽东. 毛泽东选集：第2卷［M］. 北京：人民出版社，1991：708.

"但是这种尊重，是给历史以一定的科学的地位，是尊重历史的辩证法的发展，而不是颂古非今，不是赞扬任何封建的毒素"①。在毛泽东看来，应当引导人们向前看，而不是向后看，因此，我们要采取批判的态度，要将传统文化中的精华与时代发展相结合，形成新的文化形态，促进传统文化的创新发展。我们应当"有区别地"对待传统文化，即"清理古代文化的发展过程，剔除其封建性的糟粕，吸收其民主性的精华，是发展民族新文化提高民族自信心的必要条件；但是决不能无批判地兼收并蓄。必须将古代封建统治阶级的一切腐朽的东西和古代优秀的人民文化即多少带有民主性和革命性的东西区别开来"②。

二、邓小平关于传统文化功能的主要观点

邓小平对毛泽东关于文化、经济、政治三者辩证关系的论述给予了充分肯定，并进一步明确了文化在社会发展中的重要地位。

（一）关于文化的思想教育功能

邓小平认为，文化在群众思想倾向的引导和社会整体文明水平的提升方面有重要功能。一方面，文化能够引导人们的思想倾向，促进社会安定团结。邓小平肯定了文化的作用，重视文艺的教育功能，指出："文艺工作对人民特别是青年的思想倾向有很大影响，对社会的安定团结有很大影响。我们衷心地希望文艺界所有同志，以及从事教育、新闻、理论工作和其他意识形态工作的同志，都经常地、自觉地以大局为重，为提高人民和青年的社会主义觉悟奋斗不懈。"③ 邓小平指出文艺作为文化传播的一种形式，能够对广大的人民和青年的思想产生潜移默化的影响。他希望所有文化工作者、教育者能在工作中，发挥好文化的思想引领功能，引导人们的思想朝积极的方向发展，让文化为人民服务、为社会主义服务，促进社会安定团结。另一方面，文化能够提升人们的知识和道德水平，推动社会精神文明建设。邓小平将对人们文化的培育作为社会主义精神文明建设的重要内容。他指出"建设社会主义的精神文明，最根本的是要使广大人民有共产主义的理想，有道德，有文化，守纪律"④。这是站在建设社会主义精

① 毛泽东. 毛泽东选集：第2卷［M］. 北京：人民出版社，1991：708.
② 毛泽东. 毛泽东选集：第2卷［M］. 北京：人民出版社，1991：707-708.
③ 邓小平. 邓小平文选：第2卷［M］. 北京：人民出版社，1994：256.
④ 邓小平. 邓小平文选：第3卷［M］. 北京：人民出版社，1994：28.

神文明的高度，指出了文化在理想信念教育、道德素质教育和法治教育等思想政治教育层面的重要功能，认为文化是一个人应该具备的基本素质。

（二）关于传统文化的观点

邓小平充分吸收马克思主义的文化学说，巩固和发展中国共产党人关于中华优秀传统文化的主张，并提出要注重阐发中华优秀传统文化的教育价值。一方面，要充分尊重传统文化的重要价值。在邓小平看来，中华优秀传统文化是民族精神的结晶，其在当代具有重要价值。他也高度重视中华民族的爱国主义文化，不仅要求共产党人自觉学习优秀传统文化，也要求人民群众加强对优秀传统文化的学习，不断弘扬爱国主义精神，树立民族自信心和自豪感。另一方面，要对传统文化进行严格鉴别。其一，邓小平指出，要把经济建设作为社会主义现代化建设的中心工作，通过文化建设来解放人们的思想观念。面对国家“富起来”的重大考验，邓小平将建设的重点放在发挥社会主义制度优势上，旨在推进社会主义现代化，带领全国各族人民走向共同富裕。要实现这一目标，就需要将包括传统文化在内的各种积极文化融入社会主义精神文明建设，消除不良文化对人思想的影响，更好地推动经济社会发展。为了充分发挥传统文化的功能和作用，必须对传统文化进行严格鉴别。其二，坚持“古为今用、洋为中用、推陈出新”的文化方针和原则。邓小平指出：“属于文化领域的东西，一定要用马克思主义对它们的思想内容和表现方法进行分析、鉴别和批判。”① 不管是外来的西方文化，还是本国的传统文化，都应当站在马克思主义的立场上加以区分和鉴别。他强调：“我们要继续坚持毛泽东同志提出的文艺为最广大的人民群众、首先为工农兵服务的方向，坚持百花齐放、推陈出新、洋为中用、古为今用的方针。”② 站在“和平与发展”的时代主题下，邓小平从文明交锋的角度肯定了中华优秀传统文化对中华民族立足于世界民族之林的重要作用。他高度赞扬了中国共产党关于文艺发展的思想成果，指出：对待传统文化要以“百花齐放”为基本要求，以“古为今用”为方法手段，以“推陈出新”为目标追求，要让文化为国家的经济发展和人民的小康生活服务，为社会主义思想政治教育的事业服务。

---

① 邓小平．邓小平文选：第3卷［M］．北京：人民出版社，1994：44.

② 邓小平．邓小平文选：第2卷［M］．北京：人民出版社，1994：210.

三、江泽民关于传统文化功能的主要观点

改革开放新时期，江泽民就文化在综合国力竞争中的重要地位以及如何继承和发扬传统文化的问题，进行了深刻的理论思考和实践探索。

（一）关于文化的地位是综合国力重要组成部分的观点

江泽民同志认为，文化是综合国力的重要组成部分。他从中国在世界上发展的角度出发，指出在当今世界，文化的竞争在国家综合国力的竞争中占有越来越重要的地位，文化以一种独特的形式展现着一个国家的整体风貌，代表着一个国家的总体形象。文化是一个国家综合国力中的重要因素，凝聚了一个国家、一个民族的生命力、创造力，在国家发展中的作用越来越突出。

（二）关于传统文化的观点

进入改革开放的新时期，在继承和弘扬传统文化的问题上，江泽民进行了理论认识和实践探索。

在传统文化的地位上，指出传统文化是社会结构中的重要一维。一方面，江泽民强调以史为鉴才能看懂今天的中国，因此我们要对民族历史和文化进行全面分析和了解。中国共产党人应当从人类发展的一切文明成果中汲取养分，而中华优秀传统文化正是其中的重要构成。另一方面，江泽民认为，传统文化关系到民族的兴亡，民族应当要保持其文化特色，“一个民族只有在努力发展经济的同时，保持和发扬自己的民族文化特色，才能真正自立于世界民族之林。我们能不能继承和发扬中华民族的优秀传统文化……这是事关中华民族振兴的大问题”。[①] 他要求中国共产党人要从多个角度介绍中国文化，让世界认识中国，了解中国，促进中国与世界各国在精神层面的交流和互动，让世界看到中华民族优秀传统文化的独特魅力和世界价值。

在对待传统文化的态度上，提出要用科学的态度来看待传统文化。随着世情国情党情的不断变化，党中央愈加重视优秀传统文化在社会主义建设中的重要意义。首先，肯定中华传统文化在人类文明发展进程中的重要贡献。在首都青年纪念五四运动的报告会上，江泽民指出：“中华民族历史悠久……形成了具有民族特色的文化传统，为人类文明做出了卓越的贡

---

① 江泽民. 江泽民文选：第 1 卷［M］. 北京：人民出版社，2006：507.

献。”① 其次，指出中华优秀传统文化并没有随着时代的变化而淡出人们的视野，仍对人们的日常生活产生持续且深刻的影响。“中国在自己发展的长河中，形成了优良的历史文化传统……对今天中国人的价值观念、生活方式和中国的发展道路具有深刻影响。”② 中国优秀传统文化仍然是中华民族前进的精神动力。最后，强调要辩证地看待和继承传统文化。中国传统文化是一个庞大且复杂的思想体系，是几千年来中华民族世界观、人生观和价值观的凝结，蕴含了劳动人民集体智慧的结晶，同时，中华传统文化也在奴隶社会和封建社会中诞生，不可避免地带有阶级性和历史局限性。正是基于这一事实，江泽民指出：“我们要正确认识自己的历史文化，区分精华和糟粕……放出新的光彩。”③ 中华传统文化必须与具体国情相结合，运用马克思主义的立场、观点和方法来区分、对待和弘扬；中华优秀传统文化也必须与时代相结合，挖掘其中适应时代发展的思想资源，并在实践中不断注入新元素，推进社会主义文化强国的建设。

在传统文化的思想政治教育功能上，江泽民指出弘扬中华优秀传统美德是推进公民道德建设，推进以德治国的重要内容。中华传统文化的一个重要特征是对道德的重视，其中，德治是中国古代治国理念中的重要组成部分。在中华民族五千年的历史中，道德对于协调人际关系、整合人民力量、提升人们道德素质产生了重大功用。在带领人民群众革命和建设进程中，中国共产党人始终注重以实际行动来践行中华优秀传统美德，带领广大群众遵守道德规范，推动了社会主义公民道德建设。改革开放以来，社会主义市场经济在推进经济迅速发展的同时，也带来自由主义、功利主义、个人主义等不良社会思潮。仁爱孝悌、克己奉公、见利思义、勤俭廉政等中华优秀传统美德对于抵制思想冲击和入侵，坚持集体主义原则，推进社会主义道德建设具有重要意义。

四、胡锦涛关于传统文化功能的主要观点

随着中国共产党第十六次全国代表大会提出的全面建设小康社会的总体目标，社会主义文化建设也愈加受到重视。同时，在新的国情、社情和民情下，中华优秀传统文化功能的挖掘也不断深化。

---

① 江泽民. 江泽民文选：第 1 卷［M］. 北京：人民出版社，2006：123.
② 江泽民. 江泽民文选：第 2 卷［M］. 北京：人民出版社，2006：60.
③ 江泽民. 江泽民文选：第 1 卷［M］. 北京：人民出版社，2006：123.

（一）关于文化的育人作用

以胡锦涛同志为主要代表的中国共产党人对于文化的认识是从“以人为本”出发的，他们提出要从人民群众的实际文化需求出发来建设和发展中国特色社会主义文化，把以人为本作为价值遵循，把提高人民的文化素质、促进人的全面发展作为建设目标。胡锦涛同志指出：“必须大力推进文化传承创新……积极发挥文化育人作用，加强社会主义核心价值体系建设，掌握前人累积的文化成果，扬弃旧义，创立新知，并传播到社会、延续至后代，不断培育崇尚科学、追求真理的思想观念，推动社会主义先进文化建设。”①

（二）关于传统文化的观点

胡锦涛同志强调要全面、辩证地看待中华传统文化。第一，优秀传统文化对于民族繁荣、社会进步和国家影响力具有重要价值。他指出：“中华文化是中华民族生生不息，团结奋进的不竭动力。”② 中华优秀传统文化构建了中华民族的精神家园，也是民族团结、国家统一的重要精神纽带。中华优秀传统文化是中华民族区别于其他民族的重要标志，是中华民族之所以能够赓续数千年、持续繁荣的重要原因之一。第二，要坚持中华传统文化的继承与创新。一方面，传承中华优秀传统文化要与时代相结合。胡锦涛指出：“要全面认识祖国传统文化，取其精华，去其糟粕，使之与当代社会相适应、与现代文明先协调，保持民族性，体现时代性。”③ 继承中华优秀传统文化，不能“照葫芦画瓢”，而要与时代相结合，不断为传统文化注入新的活力。科学发展观这一重大战略思想既继承了优秀传统文化中的“以民为本”“和合共生”理念的精髓，同时也摒弃了这些思想形成时附着的阶级属性，创造性地实现了传承赓续与创新发展的统一。另一方面，传承中华优秀传统文化要具备世界眼光。针对我国经济发展与文化发展失衡的问题，胡锦涛指出，要“加强对外文化交流，吸取各国优秀文明成果，增强中华文化国际影响力”④。胡锦涛指出，在不断发展经济的同时，我们也要增进文化交流与文化创造，加强与世界各国文化的交流互

---

① 胡锦涛. 在庆祝清华大学建校100周年大会上的讲话［M］. 北京：人民出版社，2011：9.

② 胡锦涛. 胡锦涛文选：第2卷［M］. 北京：人民出版社，2016：640.

③ 胡锦涛. 胡锦涛文选：第2卷［M］. 北京：人民出版社，2016：640-641.

④ 胡锦涛. 胡锦涛文选：第2卷［M］. 北京：人民出版社，2016：641.

动，推动传统文化走向世界，增强中华民族文化自信。

五、习近平关于中华优秀传统文化的重要论述

党的十八大以来，习近平总书记高度重视中华优秀传统文化的弘扬发展，他指出："中华优秀传统文化已经成为中华民族的基因，植根在中国人内心，潜移默化影响着中国人的思想方式和行为方式。"① 习近平总书记善于从马克思主义立场，运用马克思主义方法，诠释中华优秀传统文化，从根本上讲清楚了中华优秀传统文化的独特创造、讲清楚了中华优秀传统文化的时代价值、讲清楚了中华优秀传统文化的崭新坐标、讲清楚了中华优秀传统文化的发展旨趣，为挖掘中华优秀传统文化的思想政治教育价值提供了根本理论指导和原则遵循。

（一）关于中华优秀传统文化的定位

从本质上审视中华优秀传统文化，从历史和现实的深度来阐释中华优秀传统文化，把握中华优秀传统文化的现实定位，能够为继承和弘扬中华优秀传统文化提供依据。习近平总书记全面审视中华优秀传统文化，提出中华优秀传统文化是中华民族的精神家园、中华民族文化自信的源泉、中华民族最深厚的文化软实力、中国走和平发展道路的文化渊源。

第一，中华优秀传统文化是中华民族的精神家园。任何一个民族都有其独特的精神标识，中华传统文化是中华民族在漫长的历史发展进程中创造、积淀而成的，它不仅包含保留至今的物质文化，还包括影响深远的精神文化。中华优秀传统文化是中华儿女在生活实践中不断选择、传承下来的，它以一种润物细无声的独特方式影响着每一个中国人的思想和行为，勤劳、勇敢、诚实和爱国等文化传统至今仍在社会生活中有着重要影响，成为广泛的社会共识。习近平总书记指出："为什么中华民族能够在几千年的历史长河中顽强生存和不断发展呢？很重要的一个原因，是我们民族有一脉相承的精神追求、精神特质、精神脉络。"② 中华优秀传统文化不仅是中华民族的精神家园，也是维系中华民族持久发展、绵延不断的精神命脉，正如习近平总书记指出的，"中华优秀传统文化是中华民族的精神命脉，是涵养社会主义核心价值观的重要源泉，也是我们在世界文化激荡中

① 习近平. 习近平谈治国理政：第1卷［M］. 北京：外文出版社，2018：170.
② 习近平. 习近平谈治国理政：第1卷［M］. 北京：外文出版社，2018：181.

站稳脚跟的坚实根基”①。中华优秀传统文化对中华民族的存续和发展具有重要意义，其中蕴含着的丰富的人文、道德、伦理等思想能够为我们党治国理政提供重要借鉴和有益参考，能够为实现中华民族伟大复兴的中国梦提供庞大的精神力量。

第二，中华优秀传统文化是中华民族文化自信的源泉。在庆祝中国共产党成立95周年大会上，习近平总书记提出了“文化自信”的命题。“没有高度的文化自信，没有文化的繁荣兴盛，就没有中华民族伟大复兴。”②中华优秀传统文化、红色革命传统文化和社会主义先进文化构成了中国特色社会主义文化自信的重要源泉。作为中华民族的一分子，每个中国人都会对自己的传统文化产生深刻的认同。中华优秀传统文化的价值理念、思想传统对于整合社会意识、凝聚社会共识、维系民族团结具有重大现实意义。“文化自信是更基本、更深沉、更持久的力量。历史和现实都表明，一个抛弃了或者背叛了自己历史文化的民族，不仅不可能发展起来，而且很可能上演一场历史悲剧。”③ 要坚持以联系和发展的眼光看问题，任何国家的文化发展都建立在自身的文化传统上，割裂了历史文化传统的文化难以维持。

第三，中华优秀传统文化是中华民族最深厚的文化软实力。文化软实力是一个国家综合国力的重要指标。习近平总书记指出：“中华优秀传统文化是我们最深厚的文化软实力。要把中华民族最基本的文化基因，以人们喜闻乐见、具有广泛参与性的方式推广开来，把跨越时空、超越国度、富有永恒魅力、具有当代价值的文化精神弘扬起来，把继承优秀传统文化又弘扬时代精神、立足本国又面向世界的当代中国文化创新成果传播出去。”④ 当今中国面临各种外在干扰和现实威胁，意识形态领域的斗争形势十分严峻，敌对势力渗透和颠覆活动随时发生，为巩固意识形态安全，必须大力加强文化建设，提升我国的文化软实力，筑牢国家的思想文化防线，保证国家安全。提升文化软实力必须依靠自身的力量，利用和发扬中华民族的文化资源和文化优势，以优秀传统文化厚植人们的爱国情怀、激

---

① 习近平. 在文艺工作座谈会上的讲话［M］. 北京：人民出版社，2015：25.

② 习近平. 全面建成小康社会 夺取新时代中国特色社会主义伟大胜利：在中国共产党第十九次全国代表大会上的报告［M］. 北京：人民出版社，2017：41.

③ 习近平. 习近平谈治国理政：第2卷［M］. 北京：外文出版社，2017：339.

④ 习近平. 习近平总书记系列重要讲话读本［M］. 北京：学习出版社，人民出版社，2016：208-209.

励人们奋发进取、维护国家利益和安全具有重要的现实意义。

第四，中华优秀传统文化是中国走和平发展道路的文化渊源。“和”是中华优秀传统文化的重要精神标识，它不仅体现在中华民族处理人与人、人与自然的关系中，也体现在中国的发展理念中。习近平总书记指出：“走和平发展道路，是中国对国际社会关注中国发展走向的回应，更是中国人民对实现自身发展目标的自信和自觉。这种自信和自觉，来源于中华文明的深厚渊源，来源于对实现中国发展目标条件的认知，来源于对世界发展大势的把握。”① 中华民族是崇尚和平的民族，“协和万邦”“天下大同”“兼爱非攻”等观念流传至今。只有走和平发展的道路，中国才能持续发展，才能为维护世界和平稳定贡献自己的力量。

（二）关于把握中华优秀传统文化的方法原则

如何对待中华优秀传统文化关系到传统文化在当代的生存环境以及传统文化功能实现的程度，对此，习近平总书记指出对待中华优秀传统文化的方法原则。

其一，要坚持以马克思主义为指导。习近平总书记指出：“对待传统文化，既不能片面地讲厚古薄今，也不能片面地讲厚今薄古，更不能采取全盘接受或者全盘抛弃的绝对主义态度。”② 对待传统文化，我们“要坚持马克思主义的方法，采取马克思主义的态度，坚持古为今用、推陈出新，有鉴别地加以对待，有扬弃地予以继承，取其精华、去其糟粕，用中华民族创造的一切精神财富以文化人、以文育人。”③ 传承并弘扬传统文化，不能囫囵吞枣，对于中华传统文化中具有历史局限性的部分，我们要予以批判；对于其中与现代社会发展相契合的部分，我们要充分挖掘，结合时代要求和具体环境加以阐释，推动传统文化的创造性转化和创新性发展。

其二，要坚持实事求是的原则。近代以来，在对待传统文化问题上，产生过两种错误倾向，一是全盘肯定，二是全盘否定。这两种倾向都容易引起历史虚无主义、文化虚无主义和文化保守主义等错误思潮，容易对人们的思想文化造成混乱。习近平总书记指出：“我们不是历史虚无主义者，

① 习近平. 习近平谈治国理政：第1卷［M］. 北京：外文出版社，2018：265.

② 习近平. 习近平总书记系列重要讲话读本［M］. 北京：学习出版社，人民出版社，2016：202.

③ 习近平. 习近平总书记系列重要讲话读本［M］. 北京：学习出版社，人民出版社，2016：202.

也不是文化虚无主义者，不能数典忘祖、妄自菲薄。”① 我们要澄清在对待传统文化问题上，这些思潮带来的错误认识，站在客观公正的角度评价传统文化，承认其中的糟粕部分，不遗余力地继承并发扬精华部分。

其三，要坚持正面宣传的原则。长期以来，由于一些错误思潮的影响，人们容易对传统文化产生一些偏见，认为传统文化与当今社会格格不入。在将传统文化与西方文化比较的过程中，一些人不能站在全面、客观的角度，将传统文化的腐朽和糟粕部分与西方的较为成熟的现代思想进行比较，并以此得出西方文化更为先进的结论，贬低中华传统文化的价值，在社会上引起了一定的思想混乱。面对这种情况，我们必须旗帜鲜明地反对这种片面的观点，加大对优秀传统文化的正面宣传，不断纠正人们对待传统文化的偏激态度。诚如习近平总书记所言，要“大力宣传中华民族的优秀文化和光荣历史，继承五四运动以来的革命文化传统，通过多种方式加强爱国主义、集体主义、社会主义教育，引导人们树立正确的历史观、民族观、国家观、文化观，增强做中国人的骨气和底气”②。

（三）关于中华优秀传统文化的重要功能

传承并弘扬中华优秀传统文化，是因为它对国家、社会和个人的发展都具备重要价值，能够在中国梦的实现、社会价值观的培养以及塑造个体人格方面发挥重要功能。

第一，中华优秀传统文化能够为实现中国梦提供精神动力。实现中华民族伟大复兴的中国梦离不开中国共产党的坚强领导，也离不开全体中国人民的共同奋斗。如何凝聚人民伟力，是一个现实问题。习近平总书记指出：“中华文明……是中华民族自强不息、发展壮大的强大精神力量……希望大家继续弘扬中华文化，不仅自己要从中汲取精神力量，而且要积极推动中华文明交流互鉴，讲述好中国故事、传播好中国声音，促进中外民众相互了解和理解，为实现中国梦营造良好环境。”③ 中国梦意味着国家富强、民族复兴、人民幸福，而中华优秀传统文化能够在国家、社会和个人层面给予深厚的精神滋养。将中华优秀传统文化中蕴含的价值理念和精神

---

① 习近平．牢记历史经验历史教训历史警示 为国家治理能力现代化提供有益借鉴［N］．人民日报，2014-10-14（01）．

② 习近平．习近平总书记系列重要讲话读本［M］．北京：学习出版社，人民出版社，2016：203.

③ 习近平．习近平谈治国理政：第1卷［M］．北京：外文出版社，2018：64.

追求融入实现中国梦的伟大实践，就能够不断孕育同心共筑中国梦的磅礴伟力，凝聚起实现中国梦的精神力量。

第二，中华优秀传统文化能够为治国理政提供智慧源泉。中华民族绵延几千年，其中王朝更替、治乱兴衰，积累了许多治国理政的经验和教训，这些都能够为当今社会的发展提供历史镜鉴。习近平总书记指出："中华优秀传统文化的丰富哲学思想、人文精神、教化思想、道德理念等，也蕴含着解决当代人类面临的难题的重要启示，可以为人们认识和改造世界提供有益启迪，可以为治国理政提供有益启示。"① 习近平总书记强调改革只有进行时的观点与"苟日新，日日新，又日新"（《礼记·大学》）有着重要关联。在中国共产党第十八届中央政治局第一次集体学习时，他也用"物必先腐而后虫生"的语句来说明反腐败斗争的重要性。可以说，习近平总书记将中华优秀传统文化融入了推进国家治理体系和治理能力现代化的进程。

第三，中华优秀传统文化能够促进社会主义核心价值观建设。价值观是一个国家和民族精神文化的核心要素，而一个国家和民族的核心价值观的形成都有其深厚的历史文化渊源，缺乏历史传承的核心价值观难以长久。"培育弘扬社会主义核心价值观必须立足中华优秀传统文化。牢固的核心价值观，都有其固有的根本。抛弃传统、丢掉根本，就等于割断了自己的精神命脉。博大精深的中华优秀传统文化是我们在世界文化激荡中站稳脚跟的根基。"② 推进社会主义核心价值观建设必须立足于中华优秀传统文化，吸取中华优秀传统文化的思想精华，而社会主义核心价值观本身也是对中华优秀传统文化中价值理念的时代阐释。正如习近平总书记所说，"我们生而为中国人，最根本的是我们有中国人的独特精神世界，有百姓日用而不觉的价值观。我们提倡的社会主义核心价值观，就充分体现了对中华优秀传统文化的传承和升华。"③

第四，中华优秀传统文化能够促进个体全面发展。根据马克思主义的理论，人的全面发展包括了人的智力和能力的全面发展、人的社会关系的全面发展。一方面，中华优秀传统文化能够助力个体思想素质和文化水平

---

① 习近平. 习近平总书记系列重要讲话读本［M］. 北京：学习出版社，人民出版社，2016：202.

② 习近平. 习近平谈治国理政：第1卷［M］. 北京：外文出版社，2018：164.

③ 习近平. 习近平谈治国理政：第1卷［M］. 北京：外文出版社，2018：171.

的提升。习近平总书记指出，将中华优秀传统文化融入国民教育体系，“对于传承中华文脉、全面提升人民群众文化素养、维护国家文化安全、增强国家文化软实力、推进国家治理体系与治理能力现代化，具有重要意义”①。要“努力实现传统文化的创造性转化、创新性发展，使之与现实文化相融相通，共同服务以文化人的时代任务”②。经过萃取、提纯的中华优秀传统文化生命力更旺、凝聚力更强，能够与现实文化相融、同时代发展接轨，发挥在科学知识、道德水平、审美修养等方面的重要作用，促进个体德智体美劳全面发展。另一方面，中华优秀传统文化能够助力个体人格的健全。一个人的人格健全程度直接关系到此人社会关系的和谐程度，必须重视个体人格的培养与健全。同时健全的人格不是个体先天具备的，而是后天熏陶、培养的。“中华优秀传统文化已经成为中华民族的基因，植根在中国人内心，潜移默化影响着中国人的思想方式和行为方式。”③ 由此可见，培养和健全个体人格必须考虑到传统文化这一重要因素，我们应当广泛汲取中华优秀传统文化的思想精华，发挥其健全个体人格的重要功能，从而促进个体的全面发展。

需要指出的是，中华优秀传统文化作为一种思想、一种价值、一种客观存在，本身并不能改变什么。文化要改变世界，就只能通过有思想又有实践能力的人。可以说，中华优秀传统文化的所有价值和功能都只能通过改变人来呈现。因此，在中华优秀传统文化的诸多功能中，其教育功能应当居于基础地位。

---

① 习近平. 关于实施中华优秀传统文化传承发展工程的意见［N］. 人民日报，2017-01-26(06).

② 习近平. 在纪念孔子诞辰2565周年国际学术研讨会暨国际儒学联合会第五届会员大会开幕会上的讲话［M］. 北京：人民出版社，2014：11.

③ 习近平. 习近平谈治国理政：第1卷［M］. 北京：外文出版社，2018：170.

第四章　中华优秀传统文化中思想政治教育内容的历史考察

中华优秀传统文化浩若烟海，经历了漫长的发展过程。了解中华优秀传统文化的思想政治教育功能首先要梳理中华传统文化的演进进程，在此过程中找寻中华优秀传统文化的思想政治教育内容，以内容为主线、以中华优秀传统文化表现出来的特性和能力为依据，探讨其思想政治教育功能。

第一节　“三皇五帝”时期：中华优秀传统文化的孕育与积累

谈古史，必谈“三皇五帝”，他们被誉为中华民族的人文始祖。当然，谈起中华传统文化，也要追溯到“三皇五帝”时期的文化。据传说，早在六七千年前，“三皇五帝”就带领人民斗天地、创文化，创造了可歌可泣的历史功绩。“三皇五帝”时期基本属于原始社会的新石器时期，百年来，我国考古学家发掘的有关新石器时期的相关遗址遗物越来越使得“三皇五帝”时期有据可循，中华传统文化存在着灿烂的史前文化。

一、“三皇五帝”时期历史简介

“三皇五帝”到底是哪些人，学者们众说纷纭。战国时期由于百家争鸣，出现了“三皇五帝”这一说法。关于“三皇”，《风俗通义》中认为是伏羲、女娲、神农；《白虎通义》中认为是伏羲、祝融、神农；《尚书大传》中认为是伏羲、燧人、神农；《世本》中认为是伏羲、神农、黄帝；《通鉴外纪》中认为是伏羲、神农、共工；《史记》中认为是天皇、地皇、泰皇。其中比较有影响力的为伏羲、女娲、神农、燧人。伏羲相传为风姓，又名宓羲、庖牺、包牺、伏戏，亦称牺皇、皇羲，《史记》中称伏羲，亦有青帝太昊伏羲（即东方上帝）一说。他的主要功绩在于创立八卦，改进狩猎工具，变革婚姻习俗，始造文字，发明陶埙、琴瑟等乐器，被人称为“中华民族的人文初祖”。女娲又称娲皇、女阴，史记女娲氏，《说文解字》中称“娲，古之神圣女，化万物者也”。除我们熟知的女娲造人与补天外，女娲还创造了瑟、笙簧，还被人认为是福佑社稷之正神。神农姜姓，号神农氏，被世人尊称为“药祖”“五谷先帝”“神农大帝”“地皇”等。传说神农氏的样貌很奇特，人身牛首，三岁知稼穑，长成后，身高八尺七寸，龙颜大唇，身材瘦削，身体除四肢和脑袋外，都是透明的。传说神农氏尝尽百草，只要药草是有毒的，服下后他的内脏就会呈现黑色，因此就可以轻易地知道什么药草对于人体哪一个部位有影响。后来，由于神农氏服太多种毒药，积毒太深，又中断肠草之毒，不幸身亡。可以看出，“三皇”多是上古时期带有神话传说性质的人物，他们可能是某一部落的首领或者是整个氏族，在某些方面做出了伟大的功绩，以至于先民们将这些远古的记忆一代代的流传了下来。

关于“五帝”，《史记·五帝本纪》中认为是黄帝、颛顼、帝喾、尧、舜；《礼记·月令》中认为是太昊（伏羲）、炎帝（神农）、黄帝、少昊、颛顼；《尚书正义》中认为是少昊、颛顼、高辛（帝喾）、尧、舜。其中，伏羲和神农已作为“三皇”的代表人物列出，其余“五帝”中，黄帝、尧、舜功绩最为突出。有人认为黄帝是中华古代部落联盟首领，是五帝之首。在《山海经》里“黄帝”只是诸帝之一，直到春秋战国时期才被定为一尊。据说他是少典与附宝之子，本姓公孙，后改姬姓，也有说巳姓。名轩辕，一说名轩。建都于有熊，亦称有熊氏。也有人称之为“帝鸿氏”。黄帝在位期间，播百谷草木，大力发展生产，始制衣冠、建舟车、制音律、作《黄帝内经》等。尧为帝喾之子，母为陈锋氏。二十岁，尧代挚为天子，定都平阳。尧治理水患；制定历法，他命羲和测定推求历法，制定四时成岁，为百姓颁授农耕时令。测定出了春分、夏至、秋分、冬至；完善政治，设置谏言之鼓，让天下百姓尽其言；立诽谤之木，让天下百姓攻击他的过错。舜，姚姓。《新唐书·宰相世系》中记载：“姚姓，虞舜生于姚墟，因以为姓。”舜的传说以孝著称，他的人格形象正好作为儒家伦理学说的典范。《二十四孝》中第一孝就是舜的故事。舜在位期间，修缮法律，选贤任职，执政为民，命禹治水，发展农业。在舜的领导下，国家欣欣向荣，人口扩充，为部落制向奴隶制社会转变奠定了良好的基础。

二、“三皇五帝”时期中华优秀传统文化的思想政治教育内容

（一）尚德

名号是中华古代文化看重的内容，它富含着政治意义与文化意蕴。《白虎通·号·皇帝之号》说：“皇者何谓也？亦号也。皇，君也，美也，大也。天人之总，美大称也，时质，故总之也……号之为皇者，煌煌人莫违也。”古人以天为大，从“皇”的名号可以看出皇的道德是从天的高度来界定的，由此引出皇至高无上的天德与品德，进而达到神化的程度与“神”的境界，光辉不可度量。

“仁”与“孝”是后人最为推崇的“三皇五帝”时期的道德内容。这里要说明的是，“三皇五帝”时期并没有“仁”的观念，春秋时期，孔子才提出“仁”的道德观念，但这一时期展现的内容是符合后人对“仁”的判断的。例如，《唐虞之道》的中心思想是称颂尧舜的禅让，而禅让之所以被称颂，是因为它本身是一种仁德，能够实行禅让的帝王都是具有仁德的圣王。这里的“仁”说，就是说明以尧舜为代表的三皇五帝具有最高的仁德。《史记·五帝本纪》讲尧“其仁如天”，讲帝喾“仁而威”等。从这些叙述中可见，“三皇五帝”都被视为具有最高仁德的圣王。“孝”为三皇五帝另一重要的德行，在舜的大孝中尤为体现。《礼记·五帝德》借孔子之口说：“舜之少也，恶悴劳苦，二十以孝闻乎天下。”孝感动天是《二十四孝》中第一个故事，讲述的是虞舜孝心感动上天。“虞舜，瞽瞍之子。性至孝。父顽，母嚚，弟象傲。舜耕于历山，有象为之耕，鸟为之耘。其孝感如此。帝尧闻之，事以九男，妻以二女，遂以天下让焉。”舜的大孝大德使得他受命于天，成为人民真正拥戴的王。此后，很多书籍例如《尚书》称赞舜的孝德，孝观念是中华文化最早形成的伦常观念，维系着血缘关系的伦常理念，成为社会延续发展的文化根基，是“三皇五帝”时期优秀的传统文化，具备思想政治功能。

（二）为民

这一时期，“三皇五帝”领导人民发展生产力，建功立业，受到了人民的爱戴，也奠定了中华文化以人为本的古老根基。从战国时期开始的各种著作，如《吕氏春秋》《世本》《逸周书》《风俗通》《帝王世纪》《古

史考》《拾遗记》以及各种纬书在论及“三皇五帝”时，无不将他们看作为民建功立业的英雄人物。

“三皇五帝”时期，战争用到的弓、箭、剑、矛、盾等，生产用到的铲、锛、犁、凿等，民生居住的房屋、出行使用的车船、身着衣物、日程等，生活用的鼎、碗、杯、盆、罐等，精神文化的八卦、文字、图书、数学、音乐等，涉及物质生存、精神文化的方方面面，都是在“三皇五帝”领导下创造出的文化。其中，燧人氏的钻木取火，伏羲的画八卦、驯服牲畜，神农对农业、医药的发明等，至今都为人称道。黄帝的发明尤为卓越，涉及生产生活的方方面面，改善了百姓的生活质量。

人们对“三皇五帝”的崇敬，最根本的原因在于他们以民为中心。孔子认为，使百姓安居乐业是圣王的最高境界，只有做到博施于民才能够配称圣王。孔子在论述尧、舜、禹的禅让时认为，他们三人重在“民、食、丧、祭”，民被排在第一位。陆贾谈到“三皇五帝”时，以天下人民开始，再叙述“三皇五帝”的伟大功绩，叙黄帝：“天下人民，野居穴处，未有室屋，则与禽兽同域。于是黄帝乃伐木构材，筑作宫室，上栋下宇，以避风雨。”由此可见，人民的需求是“三皇五帝”建功立业的出发点，满足人们的需求是“三皇五帝”为政的目的。其他古籍谈到“三皇五帝”时，也常常以人民为说，《史记・五帝本纪》说帝喾“顺天之义，知民之急”，帝尧“能明驯德，以亲九族。九族既睦，便章百姓。百姓昭明，合和万国”。“三皇五帝”之所以能够成为远古人民崇拜的领袖，就在于他们都是为民谋福利的大英雄。这以民为中心的思想，不仅是后来中华文化“得民心者得天下”等理念的最古老根源，而且也是中华文化没有成为以宗教为主导的人文文化的重要根基。

（三）尊贤

“三皇五帝”时期，政权的更迭实行的是禅让制，即在位帝王以和平方式将权力转让给经过考验的贤人，以保障着国家的顺利运行。禅让的特点是与贤不与子，核心本质在于尊贤，而贤的标准只有一个，就是具有与天地媲美的德行，而不是凭借身份血缘。只要具有最高的德行，即使是社会底层的小人物，也可以成为人民拥护的君王。著名的尧舜禅让，就是因为舜的大孝闻名天下，而得以接替尧的帝位。《唐虞之道》开篇即称：“唐虞之道，禅而不传；尧舜之王，利天下而弗利也。禅而不传，圣之盛也。利天下而弗利也，仁之至也。故昔贤仁圣者如此……故唐虞之道，禅也。”

禅让制得到儒家的极端推崇，被认为是一种利于天下而不谋一己的美好制度，是使天下人民获得幸福的根本保障。

战国禅让学说的这些理念，源于夏商周以来的“家天下”所带来的政治弊端。自夏代以来，父传子的家天下制度存在很大的缺陷。在权力集中于一人的政治情境下，很难保证天子一定是贤人。为了消除这一政治弊端，战国的儒家借“三皇五帝”以尊贤为内在精神的禅让制，呼唤对贤人的尊重，希望贤人政治能够在现实中得以实现。尽管这一呼唤在古代历史条件下不可能实现，但还是起到了积极的作用。借尧舜禅让呼吁贤人政治，是“三皇五帝”对中华文化的重要影响之一。

第二节　夏商周时期：中华优秀传统文化的萌发与争鸣

夏商周文化是中华文化历史中的重要阶段，涵盖夏朝、商朝、周朝三个时期，约横跨 1 800 年。夏商周时期是中华古代文化的基石，尤其是东周时期，存在着丰富的适用于当代的思想政治教育内容。

一、夏商周时期历史简介

约在公元前 21 世纪，禹治水成功，被推举为部落联盟的首领。禹死后，他的儿子启继承了禹的王位。从此，王位世袭制代替了传统的禅让制，中华历史上出现了第一个王朝——夏朝（约公元前 2070 年—约公元前 1600 年）。夏朝的建立标志着我国早期国家的产生。夏朝是中国有文献记载的第一个朝代，当时天文历法文化较为发达；已经出现青铜冶炼与使用的情况。夏朝是中国国家形态的开始，带来了国家机构的建立，导致行政者——官的产生，使中国进入行政管理的时代。

在夏朝衰败时，居住在黄河下游的商族逐渐强大起来。约公元前 16 世纪，首领成汤，趁夏乱起兵。夏朝灭亡，商朝（约公元前 1600 年—约公元前 1046 年）建立。

据《史记·殷本纪》记载，商朝从成汤开始。商初建都于亳，即今河南商丘。后又经几次迁都，约在公元前 14 世纪，商王盘庚定都于殷，即今河南安阳。到公元前 11 世纪商朝灭亡的 200 多年里，一直以殷为都。所以商朝又称为殷朝或殷商。盘庚迁殷之后，其统治区域不断扩大，东到山东西部、西达陕西西部、北到河北北部、南至长江流域，商朝的发展进入了强盛时期。商朝青铜器制造水平登峰造极，司母戊大方鼎就是商代青铜器的代表之作，其精美程度无与伦比。商朝已出现成熟文字，使文化传承更具客观性，对文化传播也具有巨大的推动作用，同时这一时期知识分子成为社会生活的重要力量。

商朝后期政治混乱，最后一位君王商纣王荒淫暴虐。这时期，居住在陕西周原一带的周族逐渐强大起来。公元前 11 世纪，周武王联合许多方国、部落，在牧野大败商军，建立了周朝（公元前 1046 年—公元前 771 年），定都镐京，即今陕西西安，史称西周。西周建立不久，周武王病逝。他的儿子成王即位。成王年幼，由武王的弟弟周公摄政，为了建立与巩固政权，他平定了周初的叛乱，并分封诸侯。周成王、周康王统治期间，社会安定、百姓和睦、刑错四十余年不用，史称“成康之治”。周懿王继位后政治日趋腐败，国势不断衰落，由于西戎屡次进攻，被迫将都城迁犬丘（今陕西兴平东南）。周厉王前后，私有土地日益发展，公元前 841 年的国人暴动预示着奴隶制危机的到来，王权从此衰落。周宣王不籍千亩，标志着井田制的崩溃。公元前 771 年周幽王被犬戎和申侯杀死，次年周平王东迁洛邑，东周（公元前 770 年—公元前 256 年）开始。东周是中华文化史上的第二个关键时期，是文化发展最繁荣和最辉煌的时期。史书又将西周和东周合称为两周。其中东周以“三家分晋”为节点，又分为春秋（公元前 770 年—公元前 476 年）和战国（公元前 475 年—公元前 221 年）两个时期。华夏族群的自我认同和命名，始于春秋“诸夏”。“诸夏”之名有西周渊源，周王室自称“夏”，“诸夏”即分享周室礼仪与荣誉之诸国。中国历史上第一次出现跨氏族的族群观念。周王朝继承了夏商两代，是古代奴隶制度社会的鼎盛王朝。

二、夏商周时期中华优秀传统文化的思想政治教育内容

（一）德治

周公重视夏商两朝灭亡的历史教训，修正商依靠神权的思想，在此基础上提出“明德慎罚”的口号与思想。“德”在殷代已是一个政治概念。周公以此为轴，形成了“德治”思想，其中包括安民爱民、不孝不友等思想。

《周书·康诰》是西周时周成王任命康叔治理殷商旧地民众的命令，

其中记录着德治的思想内容。《尚书·康诰》记载，“往敷求于殷先哲王，用保乂民”“别求闻由古先哲王用康保民”。保即安，蕴含着安抚安定的意思。实现国家安定，安民是重要的政治目标，也是德治的基本精神。《康诰》开首就以周文王为例：“惟乃丕显考文王，克明德慎罚，不敢侮鳏寡。”惠鲜鳏寡的意思是施恩惠于年老而穷困无靠的人，这是周公爱民的思想体现，爱民要关爱每一个人，将爱送到弱势人群中去，这一思想在当时和后世产生了深远的影响，这也是民本的体现。从夏到商到西周，这一思想都在不断进步。《孟子·梁惠王下》高度推崇惠鲜鳏寡的精神：“老而无妻曰鳏，老而无夫曰寡，老而无子曰独，幼而无父曰孤。此四者，天下之穷民而无告者。文王发政施仁，必先斯四者。”儒家“仁”学的核心内容也已在周公这里找到了起源。以上种种，都可以视为周公思想的余绪。

不孝不友是西周时期的主要罪名之一。“不孝”即不孝敬父母，“不友”即不尊敬兄长。在以血缘关系为基础的宗法制度之下，孝道是宗法伦理的最基本的要求也是宗法体制中最核心的内容，是有“德”的重要体现。而“不孝不友”罪破坏了以“亲亲”“尊尊”为原则的宗法等级制，危害了家庭伦理和亲情关系，进而危害到整个宗法社会的政治体制和社会秩序，造成社会混乱，是最严重的犯罪，要加以处罚。在周公那里，虽然并没有正面论述孝、友的意义，但是通过对破坏孝友的态度可以看出他对此的高度重视。周公的“德治”不仅对于安定周初政治形势起到了关键作用，而且对于后世治世的思想也有着深远的影响。

（二）礼

“礼”是中华古代社会长期存在的，是维护血缘关系、宗法关系及等级制度的言行规范与精神遵从的总称。在西周时期，在现有基础之上对夏、商以来维护奴隶主阶级利益的各种行为规范，特别是其中的礼仪制度加以全面的整理、增删形成一套完备而严谨的典章制度和礼节仪式，这一活动被称为“周公制礼”。

抽象的精神遵从方面，包括“亲亲”和“尊尊”两个方面。“亲亲”就是强调男女有别、长幼有序；每个人都亲爱自己的亲属特别是亲敬以父权家长、族长、宗主为中心的亲属。因此“亲亲”实际是一条以孝为核心同时体现男尊女卑关系的宗法伦理原则，旨在维护家庭、家族及宗族内部的伦理道德秩序。而“尊尊”则要求下级对上级、小宗对大宗、臣民对君长绝对服从，以及尊敬严守社会等级秩序，严禁违法僭越。所以“尊尊”

实际是一条以忠为核心的等级差别原则，旨在维护整个国家的君臣贵贱秩序。“亲亲”的核心是“孝”；“尊尊”的核心是“忠”。同时，忠高于孝。《周礼》中对礼法礼仪做了记载，并将“礼”划分成吉礼、凶礼、军礼、宾礼、嘉礼，被称为“五礼”。吉礼是五礼之冠，主要是对天神、地祇、人鬼的祭祀典礼，主要内容有祀天神、祭地祇、祭社稷、祭山林川泽、祭四方百物等。嘉礼是人际关系、沟通、联络感情的礼仪。嘉礼主要内容有：饮食之礼，婚、冠之礼，宾射之礼，贺庆之礼等。宾礼是接待宾客之礼。军礼是师旅操演、征伐之礼。凶礼是哀悯吊唁忧患之礼。凶礼的内容有：以丧礼哀死亡、以荒礼哀凶札、以吊礼哀祸灾、以禬礼哀围败、以恤礼哀寇乱。

总的来看，周礼的内容具有国家意志性与规范性，对人们做出了明确的要求。作为典章制度，它是社会政治制度的体现，是维护上层建筑以及与之相适应的人与人交往中的礼节仪式。实际上这已作为一种规范调整着西周时期社会生活的各个方面，因此周礼也是西周时期法律规范的重要形式之一。

（三）仁

东周时期，原有正统思想受到了巨大的冲击，推动着思想变革，一股怀疑传统的思潮开始涌动。新的生机在怀疑中孕育，面对社会的动荡，诸子百家试图拯救社会。孔子创立了儒家学派，形成了一套以“仁”为核心的儒家济世思想体系。首先，在孔子那里，“仁”是一种政治理念，即仁政，这也是立国的基础和根本。施行仁政首先要为民利民。利民，就是要让老百姓富起来。孔子到卫国去，惊叹卫国民众之多。冉有问人多了以后怎么办，孔子回答说让他们富起来。孔子认为富起来的途径在于减轻赋税、减轻徭役并节约。从殷商直到清朝，3 500 多年的历史中，中国老百姓承受的负担主要来自赋税和徭役。《礼记 · 檀弓下》记载孔子经过泰山时，听到一个妇人哀哀哭泣。原来她公公、丈夫、儿子都被老虎吃掉了，但她还是不肯离开此地，原因是“这儿没有苛政”。孔子借此教育学生“苛政猛于虎。”这记载不一定可信，但一直被视为孔子的经典语录；至少它借孔子之口说出，在历史上影响巨大。关于减轻徭役，《论语》中记录了孔子的很多论述。孔子主张谨慎让百姓徭役，“使民如承大祭”，孔子认为役使百姓就像承当重大祭祀一样，而对待重大祭祀，需要严肃谨慎，这也是孔子对民的态度。因此对于百姓的徭役，也要十分谨慎，不可以随心所欲。可以说，轻徭薄赋不仅在富民方面起到作用，对于国家的开支方面也起着约束作用，因为赋税的大小与国家开支有紧密的联系。实行仁政要反对战争。季康子向孔子请教政理之道，问：“如杀无道，以就有道，何如?”孔子对曰“子为政，焉用杀？子欲善而民善矣。”孔子认为治理政事，是不必要杀人的，自己想行善，老百姓就会跟着行善。子路担任了蒲的地方长官，该地民风强悍，很难治理，子路向孔子请教对策。孔子开出的药方是：恭而敬、宽而正、爱而恕、温而断，没有谈到使用强权和暴力。在实行仁政方面，孔子更提倡温和的方式。另外还有启民智。孔子十分反对历史上的愚民行为。他认为治理政事要先之劳之，也就是先走在百姓前面做出榜样引导百姓，再让百姓辛勤工作。对于自身，“仁”是做人的原则，是为人处世与道德方面的要求。孔子认为“仁”是做人的首位也是做人的终极目标。

（四）道

春秋时期，道家学说面对各方面激烈冲突，老子对自然、社会、人生现象进行探索。道家学说以黄老之学的发生、发展、演变为对象，展现了人类哲学的自觉。

老子在对宇宙“道”的体悟的基础上，提出了“无为而无不为”的核心理念。在他看来，所谓德、仁、义、礼、智、慧等都是违弃“大道”的结果，因此，他认为人世间的思想原则是“无为”，人性要“清心寡欲”“上善若水”，以“返璞归真”。在人生价值观方面，道家将人与道、天与地统一起来，清楚地表现了更高的人生价值，自觉认识到人生自我存在的意义。外在的一切，是客观的，但又不是纯客观的对象；它既为其自身而存在，又为人类作为对象而存在。自然是这样，社会也是这样。道家更加注重个体的自我价值。道家强调个体在无为中体现其质朴的独立人格，凸显主体的自我的价值。道家学说的思想精髓，从宏观的方面说，就是“道”之学，从微观方面说，就是“为我”之学。道学本来就是人发明创立的，所以就不能不为人讲一番道理，这个道理就是告诫人们“为我”。面对人生的问题，老子主张人应更注重解答“人死”的问题。道家认识到人在现实生活中要承受那么多的痛苦和折磨，所以要无为慎行，这当然不是消极的，而是告诉人们更加主动地注重人生。对死的畏惧，反衬出对生的可贵，从而更加努力地追求人生的意义和价值。道家学说体现了对生命的关怀，是人本思想学说。

（五）兼相爱，交相利

兼相爱，交相利是墨子学说的重要内容与基本纲领，是墨家学派创始人墨翟提出的治国之策。“兼爱”，就是爱人如爱己，要天下之人都彼此相亲相爱。墨子认为，天下一切祸乱、夺取、哀怨、仇恨等事情产生的原因，均由不相爱引起。诸侯间不相爱会打仗，卿大夫间不相爱会互相攻夺，百姓间不相爱会互相伤害，君臣间不相爱会引起不惠不忠，父子间不相爱会造成不慈不孝，兄弟间不相爱家庭就不会和睦。所以，要把别人的国看成自己的国、别人的家看成自己的家、别人的身体看成自己的身体。如果天下人都相爱，就不会有弱肉强食、贫富相欺了。“交利”，是兼爱的目的和表现。墨子认为，爱别人的人，别人一定会爱他；使别人有利的人，别人一定会使他得利。如果憎恶别人，别人也会憎恶他；害别人的人，别人也会伤害他。所以，天下人相亲相爱，彼此能够“交利”，各自的利益就会得到满足。

为了在治国实践中实现“兼相爱”“交相利”的主张，墨子在内政上提出了“尚贤”和“尚同”，在对外关系上主张“非攻”。“尚贤”，就是选拔有德有能的人。不论其出身地位，“虽在农与工肆之人，有能则举之”。“尚同”即“上同”，是指人们的一切意见要统一于上级。从地方的一乡一里到天下，都要统一于他们的长官，下级要逐级统一于上级，直到天子统一于“天”。“非攻”是指反对大国攻小国、强国攻弱国的战争。这种战争会给民众带来无穷的灾难，是“天下之巨害”，而这种战争产生的根源，则是不相爱。

孔子、孟子、庄子、商鞅等许多古代先贤以自身的坚韧果敢、聪明智慧创作了一批经典著作，开始了他们的思想创造与社会批判，使中华民族文化得到了充分的展现和升华，中华优秀传统文化的基础基本被奠定。面对社会的变化，批判思想带来了这个时期思想的进步，带来了这个时期文化精神的扬升。在这个时期，先贤们为救世而拼搏，关怀意识、批判意识得到彰显，这些都是夏商周时期的中华优秀传统文化，具有思想政治教育功能的内容。

第三节　秦汉魏晋南北朝：中华优秀传统文化的统一与兴盛

从公元前221年秦始皇统一六国，建立起我国历史上第一个统一的封建王朝，到公元581年，隋文帝取代北周建立隋朝，共经历802年，为秦汉魏晋南北朝时期。秦汉大一统局面的形成，标志着中华文化共同体的形成，在中华文化史上具有划时代的意义。

一、秦汉魏晋南北朝时期历史简介

秦王嬴政先后灭韩、赵、魏、楚、燕、齐，完成统一大业。公元前221年，嬴政称帝，史称秦始皇。秦朝（公元前221年—公元前207年）是由战国时期的秦国发展起来的中华历史上第一个统一的封建王朝，秦朝结束了自春秋战国以来五百年诸侯分裂割据的局面，成为中华历史上第一个中央集权制国家，对中华历史产生了深远影响。秦朝对内在中央设三公九卿，管理国家大事；地方上废除分封制，代以郡县制；实行书同文、车同轨、统一度量衡。对外北击匈奴，南征百越，筑长城以拒外敌，凿灵渠以通水系。中央集权制度的建立，奠定了中华2 000余年政治制度基本格局，奠定了中华大一统王朝的统治基础，故称“百代都行秦政法”。公元前210年，秦始皇巡游途中病死于沙丘（今河北省广宗县）。其子胡亥即位，为秦二世。秦王朝虽在历史上拥有巨大影响力，但滥用民力，统一仅15年。公元前209年，陈胜、吴广斩木为兵，揭竿而起，天下响应，刘邦、项羽起兵江淮共抗秦。公元前207年，秦朝灭亡。

楚汉相争后，刘邦正式称帝，因曾被项羽封为汉王，便以“汉”为国号，后世称之为汉朝（公元前202年—公元220年）。汉朝是继秦朝之后的大一统王朝，分为西汉、东汉时期。秦末农民起义，刘邦推翻秦后被封为汉王。楚汉争霸，刘邦战胜项羽并称帝建立汉朝，定都长安，史称西汉。汉文帝、汉景帝推行休养生息国策，开创“文景之治”；汉武帝即位后推行推恩令、“罢黜百家，独尊儒术”、加强中央集权，派张骞出使西域沟通中原与西域各国的联系，开辟丝绸之路，北击匈奴，东并朝鲜，攘夷扩土成就“汉武盛世”；至汉宣帝时期国力达到极盛，设立西域都护府，将西域纳入版图，开创“孝宣之治”。公元8年，王莽废汉孺子，定都长安，史称新莽，西汉灭亡。公元25年，刘秀重建汉朝，定都洛阳，史称东汉。刘秀统一天下后息兵养民，史称“光武中兴”；汉明帝、汉章帝沿袭轻徭薄赋，天下安平、百姓殷富，开创“明章之治”；汉和帝继位后励精图治，选贤纳谏，劳谦有终。军事上迫使匈奴西迁、派班超经营西域、丝绸之路延伸至欧洲。公元100年，罗马帝国遣使来朝，东汉国力趋于极盛，史称“永元之隆”。汉朝有着当时世界上最先进的文明，是强大的帝国。华夏族自汉朝以后逐渐被称为汉族。

190年，汉朝的中央集权制度崩溃，军阀四起，天下大乱。208年发生赤壁之战，曹操被孙刘联军击败，奠定了三国鼎立的雏形。220年，汉朝丞相曹丕迫使汉献帝禅让帝位，定都洛阳，国号“魏”，史称曹魏，标志着汉朝时代的正式结束。221年刘备称帝，定都成都，史称蜀汉。229年孙权称帝，定都建邺，国号“吴”，史称东吴。

曹魏后期的实权渐被司马懿掌控。263年，曹魏的司马昭发动魏灭蜀之战，蜀汉灭亡。266年，魏国权臣司马炎迫使魏元帝禅让帝位，建国号为“晋”，史称西晋，三国时代结束，晋朝时代开始。280年，晋灭东吴，统一全国。至此，三家归晋。

晋朝（265年—420年）上承三国，下启南北朝，属于六朝之一。分为西晋（265年—316年）与东晋（317年—420年）。其中西晋为中国历史上大一统王朝，东晋则属于六朝之一。280年，西晋灭孙吴而统一天下，但是和平稳定的局面只维持了短短的十几年。晋惠帝继位后朝廷渐乱，领有军权的诸王纷纷争权，史称八王之乱。晋朝元气大伤后，内迁的诸民族乘机举兵，造成五胡乱华的局面，大量百姓与世族开始南渡。316年，西晋灭亡，北方从此进入五胡十六国时期。

317年，晋朝宗室司马睿于建康称帝，东晋建立，据有中华南方的领土。中原的世族及平民陆续南迁，形成中华北方侨民和南方土著聚居的局面。东晋初期，王导等人采取镇之以静策略，稳定局势。皇权衰落，朝廷大权主要由世族掌握，由于军权外重内轻，朝廷控制力弱，不少方镇心怀野心，先后发生了王敦之乱、苏峻之乱及桓温专政。虽然部分士族当权者有恢复之心，前后几次北伐，但是朝廷担心野心家借此扩张势力，因此大多消极支持。383年，前秦出动举国之师，意图灭亡东晋。面对亡国之祸，东晋君臣一心，凭借淝水决战奠定胜局。谢玄等将领乘胜追击，成功收复大批失地，致使前秦崩解，引发了北方军事和政治格局的变化。然而，东晋后期发生朋党相争及桓玄作乱，平民负担沉重，之后又发生孙恩、卢循之乱。谯纵亦据蜀地自立。最后刘裕崛起，平定诸乱，凭借军事力量夺得帝位，进入南北朝时期。

南北朝（420 年—589 年）由刘裕篡东晋建立南朝宋开始，至 589 年隋灭南朝陈为止，上承东晋、五胡十六国，下接隋朝。因为南北两势长时间对立，所以称南北朝。南朝包含宋、齐、梁、陈四朝；北朝（439 年—581 年）包含北魏、东魏、西魏、北齐和北周五朝。

南朝皇族主要是寒门或庶族，因为军权逐渐由寒门或庶族掌握，所以他们能够篡夺皇位。初期经济逐渐恢复，北周武帝宇文邕军力强盛。由于战略错误与北朝军力强盛，使得疆界逐次南移。皇帝与宗室为了皇位时常血腥斗争。南朝梁受到梁武帝改善，国力再度强盛。晚年国家糜烂，侯景之乱使南朝实力大减，并四分五裂，独霸政局的侨姓世族完全崩溃。虽由南朝陈的陈文帝统一南朝，但国力已衰，只能依长江抵御北朝。北朝承继五胡十六国，为胡汉融合的新兴朝代。北魏皇室为鲜卑族，汉族官员受五胡文化影响，多与胡人通婚，鲜卑皇室也受到汉文化的熏陶。北魏被北方的柔然牵制，直到突厥并吞柔然后才全力对付南朝。后期在六镇民变和农民暴动之后实力大衰。北魏分裂东魏及西魏后，不久分别被北齐及北周取代。北齐主要由六镇集团组成，初期军力强盛。北周鲜卑军比北齐少，政治地位不如南朝陈。最后借由宇文泰开创的关陇集团，吞并政治日趋腐败的北齐。周武帝去世后，汉人杨坚掌握朝廷，通过授禅北周静帝建立隋朝，经营八年之后，发兵灭南陈统一中华。隋朝统一天下后，合并关东与江南从而形成新汉族，开创出兼具开放性和包容性的隋唐帝国。

这一时期是中华历史上政权更迭最频繁的时期，长期的封建割据和连绵不断的战争，使这一时期中华文化的发展受到影响，但丰富的思想政治教育内容没有受到影响而得以流传。

二、秦汉魏晋南北朝时期中华优秀传统文化的思想政治教育内容

（一）求真务实与积极进取

秦汉时期是中华大一统封建国家的建立时期，也是以汉族为主体的中华民族和中华民族精神的重要形成时期。中华民族在经历了种种艰难曲折、求索奋斗之后，终于结束了长达数百年的分裂与战乱，以空前强盛的

帝国姿态屹立于世界的东方，迎来了中华民族空前的大一统与文化的大融合与大繁荣。伴随着秦汉大一统局面的实现，社会政治经济文化出现了前所未有的稳定与繁荣昌盛的局面，整个社会表现出奋发昂扬的精神。

秦汉时期统一的思想是经过长期探索形成的，这培育着人们求真务实和积极进取的精神。秦始皇、汉武帝都建立起赫赫功绩，可以集中体现这时期的进取精神。秦始皇时修建的宏伟的万里长城、庞大的兵马俑军阵都充分体现了这种精神。数学、天文、历法、医药、农学、冶金、制陶、建筑、造船、造纸等科学技术的蓬勃发展与成就，无不体现探索、求真、求实的精神。秦汉时期，霍去病“匈奴未灭，无以家为”，班超投笔从戎，乐羊子之妻以“志士不饮盗泉之水，廉者不受嗟来之食”激励其夫远寻师学。汉光武帝时，老将马援自请抗击进犯北边的匈奴、乌桓。这些都是积极进取精神的具体表现。

（二）爱国主义

中华民族的爱国主义传统源远流长。早在两千多年前，就已经出现爱国的观念和爱国的思想。《战国策·西周策》有文：“周君凯能无爱国哉！”《汉纪》也有“欲使亲民如子，爱国如家”的记载。爱国主义是一个国家、一个民族凝聚人民的重要思想基础和不断追求进步的强大精神动力。爱国主义是人们千百年来对祖国和民族最深厚的感情，是中华民族政治品质和道德面貌的一个重要特征，也是中华民族意识的灵魂。以爱国主义为核心的中华民族精神，是中华民族五千年来生生不息、发展壮大的强大精神动力，也是中华人民在未来的岁月里薪火相传、继往开来的强大精神动力。

《史记》是中国第一部纪传体通史，由汉代的司马迁花了 13 年的时间写成，是所有史书中用时最长的。《史记》所弘扬的爱国主义精神是通过人物传记的形式表现出来的。在《史记》的人物传记中，司马迁生动地描写了许多不同历史时期、不同阶级、不同阶层的爱国英雄人物形象。《史记》上记轩辕，下运当代，犹如一幅巨大的历史画卷。司马迁借人物形象描写抒发自己的情感，表现了浓厚的爱国主义思想。司马迁以巨大的热情，谱写了一曲又一曲的爱国主义赞歌，歌颂了我国历史上一大批爱国的民族英雄和对国家、对民族有重大贡献的杰出人物。在这些杰出人物中，最著名的爱国人物之一无疑是屈原，他是忠君爱国、关注民生的代表。在《史记》中，司马迁还赞扬了反抗强暴、为国献身的爱国主义精神以及抗击侵略、保卫祖国的爱国主义情怀。这些都是中华优秀的传统文化瑰宝，丰富了思想政治教育内容。

（三）自然观

人与自然的关系是人类社会发展的永恒主题，它关系到人类的生存与发展的许多方面，现代高新技术的发明与应用，给人类带来了巨大的进步，标志着人与自然关系的拓展和深化。但是，由于价值观念的误导和科技的异化，也给人类带来了无穷的灾难，如生态危机、环境污染、资源匮乏等，这标志着人与自然的冲突达到空前激烈的程度。如何化解这个矛盾，使人与自然关系相互协调，从信念和价值理论上与大自然构建和谐的关系，我国古人做过许多艰苦的研究和探索。西汉皇族淮南王刘安及其门客收集史料集体编写而成的哲学著作《淮南子》抓住了人的自然天道观这个“道”家学说的精髓，认为“道”主要指的是自然和社会规律，在《淮南子》中专设《原道训》《道应训》两篇，论述大道的精义。

《原道训》中阐述了万物生存发展与环境的关系，提出了适者生存的观点，人们要善于适应和利用环境资源，而不是违背它。指出人干出的事情，都要符合“道”的规律，发表的言论与“德”相通，安适而不自傲，上下和谐就能获得成功。“道”又称“一”，“一”有“和”的作用。天地运行而相互通联，万物总合而统一于“道”，这就是“道”的规律。正如《老子》中所说：“一生二，二生三，三生万物。”“一”产生“二”，即天地；“二”产生“三”，即阴、阳、和气；“三”又产生了万物，万物背面是阴气，前面是阳气，阴阳二气交流便成为和气。无形的“道”产生了有形的万物，并与万物共处；“道”产生万物而不据为己有，化成万物的形象而不主宰。《淮南子》用先秦哲学家老子在描述世界生成时用的“万物负阴而抱阳，冲气以为和”的理论，来论述存在于统一体之中的阴与阳不仅不能消解，还要保持相互平衡的这个自然规律。《淮南子·主术训》中指出，不遵守自然规律，即使神仙、圣人也难把事情办好。

保持人与自然和谐，让自然为人类服务，是《淮南子》的主要观点之一。“一方水土养一方人”这是《淮南子》所反映的人与自然要保持和谐关系的重要思想。在历史上，各地自然地理条件、经济、人文社会环境的区别，塑造了各地不同人群的体貌、性格特征和民情风俗。古人定居在不同自然地理环境里，要生存与发展必须懂得因地制宜发展经济，才能获得足够的生活资料，否则将被环境所淘汰。《淮南子·齐俗训》中说：“其（指尧）导万民也，水处者渔，山处者木，谷处者牧，陆处者农。地宜其事，事宜其械，械宜其用，用宜其人，泽皋织网，陆阪耕田。”这就是说，尧治理国家时，指导不同区域的人（即陆地、水边、山林、谷地、沼泽）进行农、林、牧、渔业生产活动，然后人们再用他们生产出的产品进行交换，互通有无。

为了获取更加理想的生产、生活资料，古人还有强烈的环境保护意识。在《时则训》里记载了国家设定的具体措施，严格规定动物在孕期、植物在生长期时，不准随意捕杀和砍伐，必须按规定进行。在《主术训》中还介绍了先王法规，打猎的时候不捕尽兽群，不捕杀幼鹿，“不涸泽而渔，不焚林而猎”。在地广人稀的春秋时期，虽国土资源较丰富，但人们都能够遵规守法，自觉地保护生态资源。而在两千多年后的现代社会，毁林垦荒，围湖造田，捕食野生动物，污染水资源，电鱼、炸鱼等破坏生态环境和生物资源的恶性事件屡禁不止。这是现代人的短视行为。

（四）儒学

魏晋时玄学并未取代儒学而成为社会的统治思想，以儒学为主干的中华文化没有间断。东晋南北朝时期，儒、释、道三教并存与纷争，儒学开始了在纷争中求生存，在融合中求发展，并努力保持自己的传统品格和宗主地位。这个过程一直从东晋延续到唐宋，尤以东晋南北朝时期更为典型。但只是打破了儒学的垄断，没有动摇儒学的地位，从而保证了中华文化的基本趋向。

中华文明垂数千年而不断，历诸朝更迭而不衰，始终保持连续性与统一性，这与儒学在魏晋南北朝时期能得以保存、延续和在三教纷争中曲折发展有极大关系。首先，玄学风行，道教生长，佛教盛兴，并没有中断儒学发展的连续性。儒学一面努力保持自身的传统品格，一面又通过对佛、道的渗透，使佛教中国化，使道教未脱离传统的现实性品格，从而保持了以儒学为主体的中华文化连续不断。其次，民族文化的连续性也是与中华民族的统一性相关的。魏晋南北朝时期是汉代统一王朝分裂后第一次出现的民族分裂时期，其间历三百年之久，且战乱频仍，兵戈不休。有过魏蜀吴三国的鼎立、东西两晋的分裂，有北方少数民族入主中原相互兼并、更替的十六国时期，更有南北朝的对峙。历史上诸多变迁，然终不能在总体上引起中华文化的断裂、跳跃，始终使中华文化保持着统一发展，这显然与儒学的作用有关。因为，这一时期，儒家的纲常伦理，仍然是各个朝代治国安邦的实质上的指导思想。统治者制定律令、朝纲朝仪主要依据的还是儒学典籍、保持的儒家传统；以忠、孝为核心的儒家道德，仍被尊为最高道德原则；社会教育仍以儒学作为事实上的法定内容，在民族分裂时期，儒学还曾发挥过形成华夏民族团结和融合的凝聚力、加速少数民族汉化和社会封建化进程的特殊作用。由于儒学有着为适应中国的封建农业经济、封建专制主义的政制度而形成的超稳定结构和自身特有的涵容力，遂能在汉唐三教并存纷争、互黜互补的复杂思想格局中重新凸显，最终于宋明时期以新儒学的形式，超越众学，再度振兴于世，从而保持了中华文化的统一和连续性发展，创造了文明发展史上绝无仅有的奇迹。

第四节　隋唐两宋辽夏金元：中华优秀传统文化的辉煌与发扬

魏晋南北朝时期，儒、玄、佛、道多元文化相互冲突与融合，推出了气势恢宏的隋唐文化。隋唐时期的宏伟壮阔造就了该时期史诗般的文化。以安史之乱为转折点，中华文化出现了大的流转，由唐文化转向了宋文化。宋朝自建立之始，就被外患所困扰。唐太宗李世民以“天可汗”的尊称威慑周边民族，长期与辽、西夏、金等游牧民族政权相对峙。直到元朝建立，大河上下、长江南北在中华历史上第一次统一于一个草原游牧民族之手。该时期的中华文化，在跌宕起伏的大变动中经受了血与火的锻铸，拥有了包容万千的生命活力。

一、隋唐两宋辽夏金元时期历史简介

公元 581 年，北周静帝禅让于丞相杨坚，北周覆亡。隋文帝杨坚定国号为“隋”，定都大兴城（今陕西省西安市）。隋朝（581 年—618 年）是中华历史上承南北朝，下启唐朝的大统一朝代。公元 589 年，隋军南下灭陈朝，统一中华，结束了自西晋末年以来中华长达近 300 年的分裂局面。隋文帝励精图治，开创了开皇之治繁荣局面。

隋末天下群雄并起，唐国公李渊趁势在晋阳起兵，于 618 年称帝，建立唐朝（618 年—907 年），定都长安。唐太宗继位后开创贞观之治，为盛唐奠定基础。唐高宗承贞观遗风开创“永徽之治”。690 年，武则天改国号为周，705 年神龙革命后，恢复唐国号。唐玄宗即位后缔造全盛的开元盛

世，使唐朝达到全盛。天宝末年，全国人口达八千万左右。安史之乱后接连出现藩镇割据、宦官专权现象，国力渐衰。历经唐宪宗元和中兴、唐武宗会昌中兴及唐宣宗大中之治，国势复振。878 年爆发的黄巢起义，破坏了唐朝统治根基。907 年藩镇将领朱温篡唐，唐朝覆亡。唐朝疆域空前辽阔，极盛时东起日本海、南据安南、西抵咸海、北逾贝加尔湖。在攻灭东突厥、薛延陀后，唐太宗被四夷各族尊为天可汗。唐朝又借羁縻制度征调突厥、回鹘、铁勒、契丹、靺鞨、室韦等民族攻伐敌国，并允许日本、南诏、新罗、渤海国等藩属国学习自身的文化与制度，出现万国来朝的局面。唐朝接纳各国交流学习，经济、社会、文化、艺术呈现出多元化、开放性等特点，诗、书、画、乐等方面涌现出大量名家，如诗仙李白、诗圣杜甫、诗魔白居易、书法家颜真卿、画圣吴道子、音乐家李龟年等。唐朝是当时世界上最强盛的国家之一，声誉远播，与亚欧国家均有往来。唐以后海外多称中国人为“唐人”。

后周禁军将领赵匡胤通过陈桥兵变夺取帝位，建立宋朝（960 年—1279 年）。赵匡胤为避免晚唐藩镇割据和宦官专权乱象，采取重文抑武方针，加强中央集权，并剥夺武将兵权。宋太宗继位后基本统一全国。1004 年宋辽澶渊之盟达成，宋朝逐渐步入治世。宋仁宗以后宋朝社会危机日益严重，宋神宗即位后任用王安石进行熙丰变法，取得一定成效。此后宋朝陷入新旧党争中。1125 年金朝大举南侵，导致靖康之耻，北宋灭亡。1127 年，康王赵构于南京应天府即位，建立南宋。绍兴和议后与金国以秦岭—淮河为界，偏安一隅。宋孝宗、宁宗时期两度北伐，均以失败告终。1234 年，宋联蒙灭金。1235 年，宋元战争爆发，至 1276 年元军攻占临安。1279 年崖山海战后，南宋灭亡。宋朝是中国历史上商品经济、文化教育、科学创新高度繁荣的时代。有学者推算，1000 年中国 GDP 总量占当时世界经济总量的 22.7%。此外，宋朝时期，儒学复兴，出现程朱理学；科技发展迅速，四大发明中的火药、印刷术和指南针是科技方面最辉煌的成就；政治开明，且没有严重的宦官专权和军阀割据；市井文化勃兴，新的文化样式应运而生；兵变、民乱次数在中国历史上也相对较少且规模较小。北宋人口迅速增长，在 1124 年达到 12 600 万。

辽朝（916—1125 年），是中华历史上由契丹族建立的朝代。907 年，辽太祖耶律阿保机成为契丹可汗，916 年始建年号，建国号“契丹”，定都上京临潢府（今内蒙古赤峰市巴林左旗）。947 年，辽太宗耶律德光率军南下中原，攻占汴京（今河南开封），于汴京登基称帝，改国号“大辽”，改年号为“大同”。983 年复更名“大契丹”。1007 年，辽圣宗耶律隆绪迁都中京大定府（今内蒙古赤峰市宁城县）。1066 年，辽道宗耶律洪基复国号“大辽”。1125 年被金朝所灭。辽末，辽宣宗耶律淳建立北辽，与西夏共同抗金，后被金灭。辽朝亡后，辽德宗耶律大石西迁中亚楚河流域建立西辽，定都虎思斡耳朵，1218 年被蒙古所灭。辽朝宗室耶律留哥与其弟耶律斯不分别建立了东辽和后辽，最后东辽灭后辽，东辽则于 1269 年被蒙古所灭。1222 年西辽贵族在今伊朗地区建立了小政权后西辽，1309 年被伊尔汗国吞并。辽强盛时期疆域东到日本海，西至阿尔泰山，北到额尔古纳河、外兴安岭一带，南到河北中部的白沟河。

1038 年，李元昊称帝建国，建立西夏（1038 年—1227 年），因为它在西北，故称为西夏。早期与辽、北宋，后期与金并立。1038 年，西夏赢得了宋夏战争和辽夏战争，形成了三国鼎立的局面。从夏毅宗到夏崇宗时期，权力掌握在梁氏母党手中。西夏因朝廷与母党的对峙而陷入内乱。金朝兴起后，西夏向金朝称臣。夏仁宗时期，发生了自然灾害和任得敬分国事件，但变法后，天盛时期出现繁荣。漠北大蒙古国崛起，西夏保义二年（1227 年）被蒙古消灭。西夏地域覆盖宁夏、甘肃、青海东北部、内蒙古西部、陕西北部。

金朝（1115 年—1234 年），是中华历史上由女真族建立的统治中华北方和东北地区的封建王朝，由完颜阿骨打所建。西与西夏、蒙古等接壤，南与南宋对峙。金太祖完颜阿骨打统一女真诸部后起兵反辽。1115 年在上京会宁府（今黑龙江省哈尔滨市阿城区）立国，国号金，建元“收国”。1125 年灭辽朝，1127 年发动靖康之变灭北宋。1130 年，宋高宗赵构向金帝上降表称臣。1153 年，海陵王完颜亮迁都中都（今北京）。金世宗、金章宗统治时期政治文化达到巅峰，金章宗在位后期急剧由盛转衰。金宣宗继位后，内部政治腐败、民不聊生，外受大蒙古国南侵，被迫迁都汴京（今河南开封）。1234 年，金在南宋和蒙古南北夹击下覆亡于蔡州。金朝鼎盛时期疆域包括东北、华北、关中以及俄罗斯远东地区。南至大散关至淮河一线，与南宋对峙；西北与西夏并立；东北地区达外兴安岭，东临日本海。金朝初期采取贵族合议的勃极烈制度，后逐渐由二元政治走向单一汉制。

元朝（1271 年—1368 年），是中华历史上第一个由少数民族建立的大一统王朝，统治者为蒙古孛儿只斤氏。传五世十一帝，从 1206 年成吉思汗建立蒙古政权始为162年，从忽必烈定国号元开始历时98年。元朝退出中原后的北元政权一直持续到1402年。1206年，成吉思汗统一蒙古各部，建立大蒙古国。先后攻灭西辽、西夏、花剌子模、金朝等政权。蒙哥汗去世后，引发了阿里不哥与忽必烈的汗位之争，促使大蒙古国分裂。1260年忽必烈即位称帝，建元“中统”，定都开平府（上都）。1271年，忽必烈取《易经》“大哉乾元”之意改国号为“大元”，次年定都大都。1279年，彻底灭亡南宋流亡政权，结束了自唐末以来的长期分裂局面。之后元朝持续对外扩张，进攻日本、缅甸、越南、爪哇等，但均遭失败。元朝中期皇位继承紊乱、政变频繁，政治始终未上正轨，而且汉化迟滞，发展不前。后期政治腐败，权臣干政，民族矛盾与阶级矛盾日益加剧，导致元末农民起义。元朝商品经济和海外贸易较繁荣，与各国外交往来频繁。在文化方面，出现了元曲等文化形式，更加世俗化。

二、隋唐两宋辽夏金元时期中华优秀传统文化的思想政治教育内容

（一）博大胸怀

隋唐以强盛的综合国力为根基，以朝气蓬勃的世俗地主阶级知识分子为主体，隋唐文化首先体现出来的是一种无所畏惧、积极进取、兼容并包的宏大气派。例如，唐太宗与以魏徵为首的儒生官僚集团，不仅在政治上实行“开明专制”，还积极鼓励文艺创作道路的多样性，在意识形态上奉行三教并行政策，不推行文化偏执主义。唐朝对待文化人也较为宽容，学派之间可以自由争论，诗人作诗也少有忌讳。唐代文化的宏大气魄还体现在以博大的胸怀广为吸纳异域文化上。都城长安作为世界性大都市，成为中外文化交汇的中心。隋唐时期，中华与尼泊尔、印度、巴基斯坦、印度尼西亚、缅甸、斯里兰卡以及中亚、西亚等国都有着广泛的文化交流。南亚的佛学、医学、历法、语言学，中亚的音乐、舞蹈，西亚和西方世界的祆教（波斯人琐罗亚斯德所创）、摩尼教（波斯人摩尼所创）、景教（基督教的聂斯脱里派）、伊斯兰教等为代表的宗教以及医术、建筑艺术、马球运动等，犹如八面来风，一齐拥入唐帝国。隋唐文化吸收外来文化的博大胸怀为世人所赞叹，英国学者威尔斯在《世界简史》中比较欧洲中世纪与中华盛唐的差异时指出：“当西方人的心灵为神学所缠迷而处于蒙昧黑

暗之中时，中华人的思想却是开放的，兼收并蓄而好探求的。”①

(二) 关注现实关怀民生

隋唐时期是文化的隆盛期，与南北分裂时期许多统治者的昏聩残暴、不恤民生相对照，隋唐统治者一般相对比较关怀民生，重视民意。这是生产力发展与阶级斗争提高了人的社会价值的结果。隋文帝杨坚建国后，颇能轻徭薄赋，整顿吏治，尽除苛暴之法，并躬行俭约。后来隋炀帝杨广倒行逆施，是有名的残暴荒淫的君主，很快将国家引向败亡。而这正成为唐代统治者的殷鉴。唐太宗君臣论政，不断提到“为君之道，必须先存百姓”“舟所以比人君，水所以比黎庶，水能载舟，亦能覆舟”之类的道理，发挥儒家“民为邦本”“民贵君轻”的观念，并赋予它们更积极的现实内容。唐太宗为以下历代君主打下了样板。唐前期的君主如武则天、在位前期的唐玄宗以及著名大臣如狄仁杰、张说、宋璩、姚崇、张九龄等，都相当地珍惜民命，重视民生，因此在治国上多能注意因人之心，去其苛刻。“安史之乱”以后，唐王朝走下坡路，开明的君主不多，多数时间朝政腐败，矛盾丛生，政出多门，好行不义。但是重视民生的观念仍是强大的思想潮流。不断有政治家、思想家出来呼吁重视生人之意，要求因人之性，遂人之欲。

人自身地位的提高，在唐代法律上有明显的反应。就法律地位说，一个自耕农与达官显贵已没有什么原则上的不同（官员犯罪可以通过“八议”来减免刑罚，是另一回事）。而对“贱”的罪责，虽在犯主及殴良人之类场合有歧视规定，但又有“诸官户、部曲、官私奴婢有犯，本条无正文者、各准良人”的条文，就是说，他们的人身权利已得到更多的保障。

文学领域的表现就更为突出。唐代诗、文、小说以及民间文学的重大突破，在于作家们以“穷年忧黎元”（杜甫）、“唯歌生民苦”（白居易）的执着精神，他们揭示现实矛盾，痛陈民生苦难，对民众表现出诚挚的关怀与同情。增强与民众的血肉联系，是唐代文学生命力之所在。这也体现为隋唐五代文化内容上的重要特征。进入隋唐时期，哲学、史学、文学、艺术等众多文化领域都对六朝贵族文化的颓靡虚玄、彩丽竞繁进行批判，号召恢复与发扬先秦盛汉的经世济民、褒贬讽喻的传统，在内容与形式两方面进行改革。从而在文化建设的方向与重点上实现了重大的转变。如前所

① 威尔斯. 世界简史 [M]. 叶青，译. 北京：社会科学文献出版社，2008：3.

述，新一代文化的创造者们主要是出身庶族的士大夫，他们接近民众，关心现实，与六朝贵族文人的精神面貌有很大差异。他们能敏锐地感应到历史发展造成的阶级变动、历史潜流之下民众生命力的运动。因而能站在时代思想的前列，把重视人生与关注现实的精神贯彻到文化创造中去。

（三）注重气节和节操

理学是中华历史上重大的新理论建构，在学术主旨和学风上有显著变化。理学认为，宇宙本体为道德修养的最高境界和原则，主张积极入世并在现实中达到崇高的道德境界。理学大师朱熹改造了秦汉儒家编纂的《大学》，强调了“修身”方式。“古之欲明明德于天下者，先治其国；欲治其国者，先齐其家；欲齐其家者，先修其身；欲修其身者，先正其心；欲正其心者，先诚其意；欲诚其意者，先致其知，致知在格物。”这样，从“格物”到“致知”，理学便将外在的伦理规范内化为一种主观要求。理学的兴起使儒学重新获得独尊地位，成为中华封建社会后期最精致、最完备的理论体系，对后世影响甚大。理学强调通过道德自觉达到理想人格，强化了中华民族注重气节和德操、注重社会责任与历史使命的文化性格。例如，张载“为天地立心，为生民立命，为往圣继绝学，为万世开太平”的庄严宣告，顾炎武的“天下兴亡，匹夫有责”的慷慨陈词，文天祥的“人生自古谁无死，留取丹心照汗青”的铿锵誓言等，都渗透着理学的精神价值和道德理想。

（四）唯物主义

北宋最早出现的理学家周敦颐和张载具有朴素唯物主义的思想。周敦颐提出了关于宇宙起源和发展的学说。太极在他看来是物质的，由其本身运动变化，“化生万物”，这种关于万物生成和发展的说法是唯物的。这里，在形、神关系的看法上，他也坚持唯物主义的看法。周敦颐的理学实际是一种朴素的唯物主义的关于宇宙形成和发展的学说，这是我国古代朴素唯物主义哲学的进一步发展。它的提出就是对唯心主义的进一步的批判。不过周敦颐的朴素唯物主义还是有缺点的，因为理学既然是从维护封建统治出发的，在一牵连到封建社会道德问题时，他就不免陷入唯心主义的范畴。为说明封建道德的永恒性，周敦颐认为自然界也具有道德的意义，他说，“天”用阳的势力产生万物，是体现了“仁”的道德，用“阴”的势力使万物成长，是体现了“义”的道德。由此他也就为维护封建统治、束缚人民的封建道德教条找到了永恒不变的所谓理论的根据。

张载的朴素唯物主义观点认为宇宙间一切客观存在的现象都是“气”的一部分，他认为具体事物的形成是由于“气”的凝聚，各种具体事物的消灭，意味着“气”的消散并回到“太虚”状态。因而就明确肯定了“气”只有聚散，没有生灭，也就承认了“气”在时间上的永恒性，在空间上的无限性。他所理解的“气”，已接近了我们所理解的“物质”的概念，因而就有力地打击了唯心主义认为“虚能生气”和万物从虚中产生的遂论。除此以外，在认识论上张载也坚持唯物主义思想，并在论述中也具有辩证法的因素。但是不得不承认的是，张载学说也具有缺点，总的来说是由于他的阶级局限性导致的。两人提出的相关命题对于当时思想界的发展与后代的传承都起到了奠基作用。

（五）对外开放

元朝时期，中国是当时世界上最强大最富庶的国家之一，疆域北逾阴山，西极流沙，东尽辽左，南越海表，声誉远及于欧、亚、非三洲。元朝水、陆交通非常发达。当时水路用的船舶，从设备、运载量到航行技术都是最先进的。陆路方面，建立了完善的驿站系统，从元大都和其他城市到中亚、波斯、黑海和黑海之北的钦察草原以及俄罗斯和小亚细亚各地，都有驿道相通。古老的“丝绸之路”也重新繁忙起来，成为通往西方的重要通道。发达、便利的交通，促进了中外政治、经济、文化的交流。西方各国的使节、商人、旅行家和传教士往来中华络绎不绝。1275 年至 1291 年，威尼斯旅行家马可波罗遍游中华各大城市，并在元朝做官。他回国后口述了《马可波罗游记》，向西方人介绍中华的繁荣与富庶，激起了西方人对中华文明的向往。之后，达伽马、哥伦布、麦哲伦等远渡重洋，开辟新航道来追寻中华文明。元朝对外部世界的开放，使异邦的先进科技流入中华科技界。波斯、阿拉伯的天文历法、医药、数学，尼泊尔的建筑艺术等传入中华。例如，天文学家郭守敬，充分吸取阿拉伯天文学成果，制定了中华历史上使用时间最长的授时历，该历以 365.242 5 天为一年，与地球绕太阳公转一周的时间只差 26 秒，与国际通行的公历完全相同。同时，由于蒙古人西征等原因，中华文化向西方传播的速度也大大加快。中华四大发明之一的火药，传入阿拉伯，再传入欧洲。中华的印刷术、历法、数学、茶叶、丝绸、绘画等通过多种途径，在俄罗斯、阿拉伯和欧洲各国广为传播。国内民族联系的增多，中外文化关系的增进发展，使外来侨民及其后裔也都有机会展示才华，从而为丰富中华文化做出贡献。

第五节　明清：中华优秀传统文化的承前与启后

中华传统文化的发展演变，经历了一个由生长到全盛再到衰落的过程。自1368年朱元璋建立明朝，到1840年鸦片战争前的清朝，这一时期是中华封建社会的末期，中华传统文化也发展到了盛极而衰的最后阶段。明清之际的思想家黄宗羲，将该时期称为“天崩地解”的时期。从文化形态上来看，该时期不仅宣告了封建文化的没落，同时又是寻找和建构新的思想文化体系的开始。

一、明清时期历史简介

明朝（1368年—1644年）是中华历史上最后一个由汉族建立的大一统中原王朝，共传十二世，历经十六帝。元末爆发红巾起义，朱元璋加入郭子兴队伍。1364年朱元璋称吴王，建立西吴。1368年朱元璋称帝，国号为大明，因皇室姓朱，又称朱明，定都于应天府；1420年朱棣迁都至顺天府，以应天府为陪都。明初历经洪武之治、永乐盛世、仁宣之治等治世，政治清明、国力强盛。中期经土木之变由盛转衰，后经弘治中兴、嘉靖中兴、万历中兴国势复振，晚明因东林党争和天灾外患导致国力衰退，爆发明末农民起义。1644年李自成攻入北京，崇祯帝自缢殉国。明朝宗室在江南建立南明，随后清朝趁乱入关，击败大顺、大西、南明诸政权。清朝（1636年—1912年）成为中华历史上最后一个封建王朝。清朝官方评价明朝为“治隆唐宋”“远迈汉唐”。

清朝共传十二帝，统治者为爱新觉罗氏。从努尔哈赤建立后金起，总计296年。从皇太极改国号为清起，国祚276年。从清兵入关，建立全国性政权算起为268年。1616年，建州女真首领努尔哈赤建立后金。1636年，汉满蒙三族共呈劝进表，皇太极称帝，改国号为大清。1644年，驻守山海关的明将吴三桂降清，多尔衮率领清兵入关。入关后20年时间里，平定大顺、大西、南明等政权。后又平定三藩之乱、收复台湾，完成全国统一。康雍乾三朝走向鼎盛，在此期间，中华的传统社会取得了前所未有的发展成就。土地增垦，物产盈丰，小农经济的社会生活繁荣稳定，综合国力强盛。而鸦片战争后多遭列强入侵，进行了洋务运动和戊戌变法等近代化的探索和改革。清朝时期，统一的多民族国家得到巩固和发展，清朝统治者统一蒙古诸部，将新疆和西藏纳入版图，积极维护国家领土主权的完整。乾隆年间，中华作为统一的多民族世界大国的格局最终确定。极盛时期的清朝，西抵葱岭和巴尔喀什湖，西北包括唐努乌梁海，北至漠北和西伯利亚，东到太平洋（包括库页岛），南达南沙群岛，包括 50 多个民族，国家空前统一。1912 年 2 月 12 日，北洋大臣袁世凯诱使清帝溥仪逊位，颁布了清帝退位诏书，清朝从此结束。

明清时期，中国传统文化发展到了高度成熟期。随着儒学走向衰败，以及民族交往与融合的进一步加深，出现了大规模的民族文化交流，中国传统文化更加色彩斑斓，发展迅速。由此，中国传统文化发展进入了大规模的全面总结期。

由于资本主义萌芽，具有反封建意识的启蒙思潮也开始出现。以黄宗羲、顾炎武、王夫之等为代表的一批思想家，对封建专制主义和愚昧主义进行了尖锐的批判：批判宋明理学，注重经世致用；反对传统的“重农抑商”，主张大力发展工商业；抨击科举制度，主张创办学校，吸收自然科学的成果。他们想把中国传统文化与外来文化加以“会通”，有一种赶超西学的民族自信心。明清时期，杰出的科学家们创作了一批有关医学、水利、农业、天算等的科学巨著，例如李时珍的《本草纲目》在植物学分类和药物学方面达到当时世界先进水平；北京故宫、圆明园和长城是代表卓越建筑艺术水平的杰作；文学上产生了《水浒传》《三国演义》《西游记》和《红楼梦》四大古典名著；清朝乾嘉时期，形成了注重考据的学派——乾嘉学派。考据学派的出现，为中国传统学术文化的传承以及向前推进奠定了基石。

二、明清时期中华优秀传统文化的思想政治教育内容

（一）经世致用

明清之际，中国社会处于“天崩地坼”的激荡时期，明末农民起义和紧接着的清兵入关，最终颠覆了明王朝的统治。清初一些学者在总结明亡的教训时，痛感宋明理学的清谈误国，力倡经世致用的实学。《辞源》中对“经世”的解释为治理世事；另外，对“经济”的解释为经国济民；“致用”为尽其所用。由此可见，经世致用是以关注社会现实为出发点，面对社会矛盾，用所学知识解决问题，达到治国安民目的的思想方法。经

世致用的思想方法体现着求实、务实的思想特点，并展现着“以天下为己任”的情愫与情怀。

经世致用思想的历史至少可以追溯到先秦思想家孔子。孔子所创立的儒家思想，是中华文明的精髓，仔细分析儒家思想，可以看到，传统儒学本身就是一种“入世哲学”，孔子不遗余力地宣传他的思想，目的就是要改变春秋末年社会动乱、礼崩乐坏的局面，恢复他理想中的社会秩序。另外，作为一种思想体系，儒家思想的一个重要特点就是不尚思辨。它不像其他哲学思想那样，用极强的思辨性去解释诸如世界的本原问题、今生与来世的问题或是人世与鬼神的关系等问题，而是很实在，甚至可以说在教人们如何做人、如何行事，教统治者如何治国方面很实用。

（二）民主与平等的君臣关系

被誉为“东林七君子”之一的黄宗羲目睹了明王朝的腐朽衰败，切身体会到了清王朝专制的残暴凶残，这一切促使他不得不对封建君主专制制度重新加以认识、思考。在此基础上，黄宗羲深刻认识到程朱理学是封建政治趋于腐朽和招致亡国的思想根源，进而猛烈地抨击封建君主专制制度，率先提出“天下为主，君为客”的民主思想，进一步指出“盖天下之治乱，不在一姓之兴亡，而在万民之忧乐”，主张通过“天下之法”来取代皇帝的“一家之法”，从而限制君权，保证百姓的基本权利。黄宗羲抨击封建君主专制制度的政治主张，不仅对他后来的反对封建专制制度的斗争提供了理论指导，而且推动了全社会的思想启蒙运动。黄宗羲堪称多才博学，经史百家、天文、算术、乐律以及释、道等领域无不研究，在史学上的成就尤其之大。哲学和政治思想方面，他是敢于从“民本”的立场来抨击封建君主专制制度的勇士，被后世尊称为“中华思想启蒙第一人”。

黄宗羲在《明夷待访录》首篇《原君》中阐述了世人设立君主的目的在于“使天下受其利”“使天下释其害”，即君主的主要职责在于负担起“抑私利、兴公利”的责任。关于君主的权力和义务之间的关系，黄宗羲特别强调君主的义务才是首要的，其权力是从属于义务而存在的，权力只是为履行君主的义务才拥有的，即权力是次，义务才是主。在黄宗羲的政治理论中，认为君主是天下的公仆，“古者以天下为主，君为客，凡君之所毕世而经营者，为天下也”。他赞美尧舜之世，反对“以君为主，天下为客”的今世，认为“以君为主，天下为客”的统治关系是造成天下不得安宁的根本原因。天下之人，把专制君主“视之如寇仇，名之为独夫”。

在君主的淫威笼罩一切并得到理学家百般辩护的专制时期，这个结论确如晴天霹雳，猛烈震动着黯然窒息的思想界。黄宗羲进一步提出，要革除“家天下”这项专制制度，就必须限制君主的权力，首要的问题是要对君臣关系有一个辩证的认识。

黄宗羲主张“原夫作君之意，所以治天下也。天下不能一人而治，则设官以治之；是官者，分身之君也”，即君臣关系在本质上只是“名异而实同”，二者的职责都是治理国家，只是权限不同。因此，黄宗羲认为君主应该协同大臣切实履行他们治理国家的义务，而不是处处独尊、高高在上，即要做到“使天下受其利”“使天下释其害”。君主如果履行不好其本分职责，就该退位让贤。至于为臣者，应该明确自己是君之师友，而不是其仆妾。黄宗羲认为做大臣的应该有一个清醒的认识，即“我之出而仕也，为天下，非为君也；为万民，非为一姓也”。黄宗羲的君臣观对传统如“君为臣纲”“君要臣死，臣不得不死”的封建纲常，无疑是有力的冲击。黄宗羲这一系列直指封建君主专制制度的思想理论的提出，在当时民主思想还尚未深入人心的时代背景下，极其难能可贵。

第五章　中华优秀传统文化的思想政治教育功能

党的二十大报告指出："中华优秀传统文化源远流长、博大精深，是中华文明的智慧结晶。"[①] 中华优秀传统文化积淀着中华民族最深沉的精神追求，是中华民族独特的精神标识，已成为中华民族的基因。"中华传统文化是'天人合一'之学、是人际和谐之学、是身心平衡之学、是道德践行之学、是理想人格之学、是内圣外王之学、是安身立命之学、是人生智慧之学。这是中华优秀传统文化独有的基本功能，也是中华文化为世界发展提供中国方案的根本之所在。"[②] 五千年来，中华优秀传统文化仍是中国人日常生活的重要组成部分。习近平总书记指出："中华优秀传统文化已经成为中华民族的基因，植根在中国人内心，潜移默化影响着中国人的思想方式和行为方式。"[③] 在思想政治教育功能的发挥方面，中华优秀传统文化展现着特性和能力。

第一节　为中国人民与中华民族生生不息提供强大精神滋养与支撑

2020 年，英国广播公司推出了一部短小精悍的杜甫诗集纪录片，名为 *Du Fu: China's Greatest Poet*（《杜甫：中国最伟大的诗人》）。该纪录片用

① 习近平. 高举中国特色社会主义伟大旗帜 为全面建设社会主义现代化国家而团结奋斗：在中国共产党第二十次全国代表大会上的报告［M］. 北京：人民出版社，2022：18.

② 教育部课题组. 深入学习习近平关于教育的重要论述［M］. 北京：人民出版社，2019：244.

③ 习近平. 习近平谈治国理政：第 1 卷［M］. 北京：北京外文出版社，2018：170.

59分钟的时长，讲述了“诗圣”杜甫跌宕起伏的59年人生，片中讲“中国有着世界上最古老的、迄今仍在世的诗歌传统，绵延超三千年，比荷马史诗《伊利亚特》和《奥德赛》更古老”。随后纪录片对杜甫进行了至高评价——There is Dante，there's Shakespeare，and there's Du Fu（世上有但丁，有莎翁，还有杜甫）。为何给杜甫这么高的评价？我们要从杜甫的生平说起。

杜甫出生于官僚家庭，只可惜家族声势渐微，但杜甫的教育没有落下，他饱读诗书，日日想入朝堂、侍君王、报国家。长安城艺术繁盛，艺术不分形式、不分阶层，但求创造力，幼年的杜甫观赏开元盛世唐宫第一舞人公孙大娘的演出，写下诗句：

昔有佳人公孙氏，一舞剑器动四方。
观者如山色沮丧，天地为之久低昂。
霍如羿射九日落，矫如群帝骖龙翔。
来如雷霆收震怒，罢如江海凝清光。
绛唇珠袖两寂寞，晚有弟子传芬芳。

唐玄宗天宝十四年，安禄山起兵叛唐。次年六月，叛军攻陷潼关，唐玄宗匆忙逃往四川。七月，太子李亨于灵武继位，是为唐肃宗，改元至德。杜甫闻讯，只身一人投奔肃宗朝廷，结果不幸在途中被叛军俘获，解送至长安，后因官职卑微才未被囚禁。唐肃宗至德二年春，身处沦陷区的杜甫目睹了长安城一片萧条零落的景象，百感交集，便写下了这首传诵千古的名作《春望》：

国破山河在，城春草木深。
感时花溅泪，恨别鸟惊心。
烽火连三月，家书抵万金。
白头搔更短，浑欲不胜簪。

随后，杜甫南下前往成都，居住于草堂，写下《春夜喜雨》：

好雨知时节，当春乃发生。
随风潜入夜，润物细无声。
野径云俱黑，江船火独明。
晓看红湿处，花重锦官城。

杜甫的一生，那些跌宕起伏的际遇，那些由此诞生的天才杰作，就在中国的山水、外国人的视角和脚本中，被栩栩如生还原出来。虽然简洁，但是回味无穷。

这部纪录片既为西方介绍了这位来自中国的伟大诗人，也通过探访现代中国试图找寻杜甫与我们当下生活的关联。中国诗歌有着三千多年的历史，是最为古老、至今仍在的文化精粹。英国广播公司对杜甫的高度评价，其实也是对中华文化的认可。杜甫的诗本身，质朴中带着唯美，乡愁中藏着古典。他生于盛唐末期，卒于乱世，一生坎坷却从来眼含别人的凄苦，记录着现实，发出一声声真挚的呼号。片中邀请的哈佛大学教授赞誉杜甫的诗歌“是中国文字里最伟大的诗歌”。战争、腐败、饥荒和自然灾害，杜甫的诗有着宏大的主题，却分明又述说的是常人的故事。杜甫的写实主义，写尽了现实残酷、人间不易。杜甫，或者说他的诗歌，正是变化的现实洪流中潜藏的某种永恒，为我们源源不断地提供着某种信念与信仰，为中国人民和中华民族的生生不息提供了强大的精神滋养与支撑。

一、涵养个人精神世界

“中国传统文化博大精深，学习和掌握其中的各种思想精华，对树立正确的世界观、人生观、价值观很有益处。”① 优秀传统文化是一个民族的灵魂，是人民共同的精神家园。用中华优秀传统文化涵养个人精神世界就是运用中华优秀传统文化塑造个人的优良品格和崇高精神，构建起人的精神支柱。“一个民族、一个国家，必须知道自己是谁，是从哪里来的，要到哪里去，想明白了、想对了，就要坚定不移朝着目标前进。”② 思想政治教育的服务对象是人，要想最大限度地发挥中华优秀传统文化的思想政治教育功能，在经济全球化、政治多极化、文化多元化的时代背景和现实洪流中，首先要注重对人的精神世界的培养。

（一）助力鸿鹄志

2021 年 7 月 1 日，在庆祝中国共产党成立 100 周年大会上，中国青年发出“请党放心、强国有我”的青春誓言，这立志的誓言和激动人心的场景让无数青年热泪盈眶，产生情感共鸣。王昌龄讲“黄沙百战穿金甲，不破楼兰终不还”；郑思肖讲“宁可枝头抱香死，何曾吹落北风中”；李白讲“长风破浪会有时，直挂云帆济沧海”；此外还有顾炎武“天下兴亡，匹夫

---

① 习近平. 在中央党校建校 80 周年庆祝大会暨 2013 年春季学期开学典礼上的讲话［N］. 人民日报，2013-3-3（01）.

② 习近平. 习近平谈治国理政：第 1 卷［M］. 北京：北京外文出版社，2018：171.

有责”的责任担当；文天祥“人生自古谁无死，留取丹心照汗青”的民族气节等。作为迄今世界上最久远、最稳定、最辉煌、最丰富的文化之一，中华优秀传统文化的精华在这些思想理念中体现出来。毛主席也表达“埋骨何须桑梓地，人生无处不青山”的壮志豪情，表达着立志走出家乡，不创造一番事业不还乡的抱负与志向。这些思想仍然如同星空，照亮并指引着今天的我们，滋养温暖我们的心灵，激荡我们的生命。

林则徐小时候就天资聪慧。一次，地方文人找林则徐的父亲对对联，上联是：“鸭母无鞋光洗脚”，让林则徐的父亲对下联。在旁边玩耍的小孩子林则徐抢先应对下联：“鸡公有髻不梳头”。又有一次，老师带领学生爬到海边山崖上，老师出题：“我们站在山上看大海”，请你们作一副对联，要求上下联中分别含有“海”字和“山”字，年龄最小的林则徐立刻答道：“海到无边天作岸，山登绝顶我为峰。”这两副对联表达了少年林则徐非凡的才气和远大志向。林则徐不仅敢于立志，而且读书刻苦，长大后成就了一番大事业，受到了后世的敬仰。历史和现实告诉我们，中华优秀传统文化让中国青年带着天生的立志基因，拥有更大的人生格局，这种优秀品格既可以涓流在修身齐家、自我实现的人生路上，又可以汇聚成国家发展、民族复兴中的万钧之力。

（二）培养爱国情

爱国主义是中华民族有机体中不可分割的重要构成部分，是中国人民的宝贵精神财富，是涵养人格精神世界的中华优秀传统文化。中国古代思想家们注重国家整体利益。孟子讲“乐以天下、忧以天下”；霍去病讲“匈奴不灭，何以家为?”；范仲淹讲“先天下之忧而忧，后天下之乐而乐”；陆游讲“位卑未敢忘忧国”；岳飞讲“精忠报国”，都集中表达了以国家兴盛为己任、忧国忧民的壮志豪情。责任和担当，是家国情怀的精髓所在。爱国主义这面旗帜既唤起、聚集和引导了一批前赴后继、以死明节的民族英雄，又使一代又一代的人民在爱国主义旗帜下团结进取，奋发图强，从而使我们这个饱经忧患的民族在五千年的历史长河中历尽战乱而不气馁、屡遭挫折而不懈怠，终于建立起了今天这样一个强大的新中国。

爱国主义在中国历史上激励了无数优秀儿女于国家危难之际奋勇向前，为保家卫国甘洒热血染春秋，维护了中国统一的政治局面，也成为我们坚守中华优秀传统文化立场，传承中华优秀传统文化基因，展现中华审美风范，维系中华大家庭团结的精神纽带，滋养着我们的爱国魂。

在历史的长河中，以爱国主义为核心的民族精神，始终与中华民族的物质追求发展相契合。作为精神特质，其所形成的思想观念和意识形态是区别于其他民族的显著标志，作为精神脉络，其生动描绘了中华民族历经几千年流变所形成的文化历史脉络。正是这些精神标识，在历史上帮助中华民族在生死存亡的紧要关头一次次转危为安，帮助中华文明在发展抉择的时代关头一次次化险为夷。以爱国主义为核心的民族精神和以改革创新为核心的时代精神，推动着中华文化的历史车轮滚滚向前。

（三）提高厚德载物修养

德，国之基也，人之本也。国无德不兴，人无德不立。德是中华优秀传统文化的基本内涵。“厚德载物”出自《易经》“天行健，君子以自强不息。地势坤，君子以厚德载物”。意思是以深厚的德泽育人利物，强调容人、容物，指人的胸怀宽广、气度宏大，具有深厚的道德修养。厚德载物在中华民族精神和优良传统中占据重要位置。它指明了一个有道德的人，应当像大地那样宽广厚实，像大地那样载育万物和生长万物；在做人与处世时，要心胸开阔，立志高远，要严于律己，宽以待人。

“厚德载物”是中华传统美德的代表。《史记》中记载，舜的父亲心术不正，继母两面三刀，弟弟桀骜不驯，几个人串通一气，要置舜于死地。然而，舜对父母不失子道，十分孝顺，与弟弟十分友善，多年如一日，没有丝毫懈怠，他的德行崇高，非常令人赞赏。有这样的胸襟与对道德的坚守，才能让他有机会得到先王的赏识，成为受人爱戴的贤明的君主。在中国历史上，从修身齐家到治国平天下，无不基于对“德”的不懈追求，并逐步形成包容、宽恕、柔和的厚德。中国共产党从中华优秀传统文化中汲取厚德载物的丰富精神文化内涵，并通过创造性转化和创新性发展，使厚德载物观念融入公民道德与社会主义核心价值观。党的二十大报告中提到，要“推动明大德、守公德、严私德，提高人民道德水准和文明素养”[①]，其实质就是要加强公民思想道德的建设，坚持以德治国的发展理念，树立立德为本、以德为先的道德观。

（四）立自强不息精神

“天行健，君子以自强不息；地势坤，君子以厚德载物。”“自强不息”包含着三重含义：一是拥有强意志力；二是彰显主体性；三是强调恒久

① 习近平. 高举中国特色社会主义伟大旗帜 为全面建设社会主义现代化国家而团结奋斗：在中国共产党第二十次全国代表大会上的报告［M］. 北京：人民出版社，2022：44.

性，生生不息。自强不息的精神内涵是坚持不懈的努力，指一个人的处境就算再糟糕，只要坚持不懈地努力和付出，就能够造就一个强大的自己，若想让自己强大，必须坚持，永不放弃。自强不息既是中华文明延续5 000多年的重要力量源泉，也是中华民族自立于世界民族之林的独特基因。对个人而言，“自强不息”是一种开拓创新的精神，是一种积极的人生态度、人生追求和人生境界。对国家和民族而言，“自强不息”是我们几千年来熔铸成的、屹立不倒的自强精神。

习近平总书记指出：“‘宝剑锋从磨砺出，梅花香自苦寒来。’人类的美好理想，都不可能唾手可得，都离不开筚路蓝缕、手胼足胝的艰苦奋斗。我们的国家，我们的民族，从积贫积弱一步一步走到今天的发展繁荣，靠的就是一代又一代人的顽强拼搏，靠的就是中华民族自强不息的奋斗精神。”① 自强不息作为一种奋斗精神，在中华民族发展的历史长河中沉淀下来，形成刚毅不拔的品质气节，使中华民族绵延不绝、永续发展。习近平总书记在党的二十大报告中多次以不同方式强调“自强不息”对中国共产党和中华民族的重大意义，一个民族之所以伟大，根本就在于在任何困难和风险面前都从来不放弃、不退缩、不止步，百折不挠地为自己的前途命运而奋斗。这是中华民族几千年来的一种基本精神，也是我们能够应对各种挑战、危机而生生不息的内在精神动力。随着历史的变迁，自强不息逐渐拓展与跃升为民族、社会、国家的独特品格与文化基因，成为中华民族生生不息、永不竭尽的强大动力，也成为中华民族精神的灵魂。中华民族从不屈服、永不言败的精神，正是生发于中华民族自强不息、刚毅不拔的气节。1914 年，梁启超在清华大学以“君子”为题演讲时，曾引用“自强不息”“厚德载物”等话语来激励清华学子。他指出，君子应该摒弃私欲，自强不息，不畏艰难险阻。同时，君子应该如大地般厚实和顺，以优良的品质担负起改造旧社会的重任。后来，“自强不息，厚德载物”八个字就逐渐演变为清华校训。

在关于涵养个人精神世界方面，值得提及的一点是，中华优秀传统文化对于解决社会道德问题、人生价值问题等问题，对抵制西方资产阶级道德以及极端个人主义、享乐主义和拜金主义的精神冲击具有抵御功能。传统文化中有关“见利思义”“义然后取”“不发不义之财”的价值观念，

① 习近平. 习近平谈治国理政：第 1 卷 [M]. 北京：北京外文出版社，2018：52.

“恭、宽、信、敏、惠”等待人的“忠恕之道”，“杀身成仁”“舍生取义”“富贵不能淫，贫贱不能移，威武不能屈”的道德标准，“穷则独善其身，达则兼济天下”的道德抱负等都可在正确思想指导下，适当助人解决遇到的问题，使人明辨是非，涵养自身的精神世界，促进人们在理想信念、道德观念上团结如一，确保中华优秀传统文化旗帜在世界高高飘扬。

二、为中华民族永续发展提供精神保障

习近平总书记在纪念孔子诞辰 2 565 周年国际学术研讨会暨国际儒学联合会第五届会员大会开幕会上的讲话中指出：“优秀传统文化是一个国家、一个民族传承和发展的根本，如果丢掉了，就割断了精神命脉。”[①] 中华优秀传统文化凝聚着中国人民和中华民族的精神力量，激发了民族成员的归属意识、进取意识和奋斗意识，以思想精神的形式展示中华民族的精神特质。这是中华民族能够在历史长河中薪火相传、顽强发展的重要原因。

（一）为中华民族战胜困难提供精神支撑

古埃及、古巴比伦、古印度、中国是世界四大文明发源地，但在漫长的历史发展过程中，古埃及、古巴比伦和古印度文明都灭绝了，只有中华文明经受住了各种考验和挑战，旧邦新命，生生不息，一直延续到今天。在几千年的历史流变中，中华民族从来不是一帆风顺的，遇到了无数艰难困苦，但中华民族创造了熠熠生辉、光耀世界的中华文明，培育和发展了独具特色、博大精深的中华优秀传统文化，它们在每一个历史阶段和时代显现出的鼓舞支撑的力量价值，始终成为振奋人心、促进民族发展的精神力量，成为在前进道路上克服艰难险阻的动力源泉，为中华民族克服困难、生生不息提供了强大精神支撑。

习近平总书记在文化传承发展座谈会上强调，中华文明具有突出的统一性，从根本上决定了各民族文化融为一体、即使遭遇重大挫折也牢固凝聚，决定了国土不可分、国家不可乱、民族不可散、文明不可断的共同信念，决定了国家统一永远是中国核心利益，决定了一个坚强统一的国家是各族人民的命运所系。中华文化独特的价值体系，在轴心时代就已基本定型，作为中华民族的文化基因代代相传，直至今日依然是中华文化精神的

---

① 习近平. 在纪念孔子诞辰2565周年国际学术研讨会暨国际儒学联合会第五届会员大会开幕会上的讲话 [M]. 北京：人民出版社，2014：11.

基本内核，植根在中国人内心。

在“全国抗击新冠肺炎疫情表彰大会”上，习近平总书记指出：“抗疫斗争伟大实践再次证明，社会主义核心价值观、中华优秀传统文化所具有的强大精神动力，是凝聚人心、汇聚民力的强大力量。”① 中国人历来抱有家国情怀，崇尚天下为公、克己奉公，信奉天下兴亡、匹夫有责，强调和衷共济、风雨同舟，倡导守望相助、尊老爱幼，讲求自由和自律统一、权利和责任统一。在这场惊心动魄的抗疫大战和艰苦卓绝的历史大考中，在以习近平同志为核心的党中央坚强领导下，14 亿中国人民显示出高度的责任意识、自律观念、奉献精神、友爱情怀，铸就起团结一心、众志成城的强大精神防线，创造了人类同疾病斗争史上又一个英勇壮举！伟大抗疫精神充分展现了中华文明的深厚底蕴，彰显了中华优秀传统文化的强大思想政治教育功能。作为人类历史上从来没有断流的文化，中华优秀传统文化中的优秀价值观在应对自然灾害、外敌入侵，抑或是外部封锁方面，使得中华民族浴火重生、凤凰涅槃，成为中华民族战胜困难、砥砺前行的力量之源、情感之源和信心之源。

（二）为增强文化自信提供精神源泉

文化是一个民族的灵魂，中华优秀传统文化所独具的精神品格可以为提升文化软实力和增加文化自信提供精神动力。“文化自信是一个国家，一个民族发展中最基本、最深沉、最持久的力量。”② 文化自信，是道路自信、理论自信、制度自信的基础，是文化强国战略的前提。五千年绵延不绝的中华优秀传统文化是文化血脉的延续，是建立中国文化自信的有力支撑。

中华优秀传统文化是坚定文化自信的底色。“中华优秀传统文化是我们深厚的文化软实力，是我们文化发展的母体，积淀着中华民族最深沉的精神追求。文化自信是一个民族、一个国家和一个政党对自身文化价值的充分肯定和积极践行，并对其文化生命力持有的坚定信心。”③ 正是出于对中华传统文化的自豪感，中华民族才能坚定文化自信。源远流长的中华传统文化虽历经磨难却已经深深积淀于中国人的思维模式和价值取向中，成

---

① 习近平. 习近平谈治国理政：第 4 卷 [M]. 北京：北京外文出版社，2022：103.

② 习近平. 习近平谈治国理政：第 4 卷 [M]. 北京：北京外文出版社，2022：103.

③ 教育部课题组. 深入学习习近平关于教育的重要论述 [M]. 北京：人民出版社，2019：238.

为我们坚定文化自信的文化根基。中华传统文化强调“公家之利，知无不为，忠也”“吏不廉平，则治道衰”“君子之守，修其身而平天下”等，其中蕴含的自强、公忠、廉洁、修身等理念具有鲜明的民族特色和时代价值，是中华文明传承至今没有中断的根基，是我们坚持文化自觉的底气、坚定文化自信的底色。

中华传统文化的包容性、开放性、融合性特质使中华民族在世界文化多元格局下保持文化自信。在几千年的历史流变中，中华文化经历辉煌、衰败未曾中断发展至今，历史和现实说明中华文化具有开放包容、兼收并蓄、融会贯通的特质。汉唐时期佛教文化的传入、宋明时期阿拉伯文化、波斯文化的传入，中华文化不仅没有被削弱反而在吸收借鉴外来文化精华的基础上再创中华文化的辉煌，以开放、包容的态度接纳，结合本民族文化进行转化，为外来文化打上中国烙印，进而为中华优秀传统文化增添新的活力。中华优秀传统文化发展至今，依旧保持鲜活的创造力和强大的生命力，这得益于中华文化的包容开放、兼收并蓄的特质。这种特质使中华民族在西方文化霸权、文化渗透的背景下依旧能坚定文化自信，为世界文明多样性发展贡献中国力量。当代中国人要完成自身所肩负的历史使命和文化使命，就要回到文明源头，从“中华民族的根和魂”中寻找精神力量和思想支撑，从对传统文化的创造性转化、创新性发展中开辟出中华文化的新境界，始终做到文化自信。

（三）为铸牢中华民族共同体意识提供内生源动力

中华优秀传统文化是中华民族之精神命脉，其深厚的历史积淀和历史渊源奠定了铸牢中华民族共同体意识的历史根基。中华优秀传统文化是铸牢中华民族共同体意识的内驱动力。中华优秀传统文化是各族人民在几千年的社会实践中逐渐形成的。中华优秀传统文化承百代之流、汇古今之变，它所具有的强大感染力、生命力是铸牢中华民族共同体意识的深层源动力。并且，中华优秀传统文化是铸牢中华民族共同体意识的思想源泉。中华优秀传统文化具有强大的生命力和包容性，为增强各族人民的文化认同提供了思想之源，为铸牢中华民族共同体意识提供了文化基础。中华优秀传统文化具有民族特色的发展与民族共同性的发展，存在着相辅相成、相互促进、共同发展的关系。中华民族“多元”“一体”是辩证统一的关系，体现出各民族之间血脉相连的精神纽带，体现出共同的文化认同、民族认同、国家认同。各民族的“多元”“枝叶”充分体现了各族人民百花齐放的文化多元性，也体现了中华优秀传统文化兼收并蓄的思想。中华民族一体多元的格局是一体包含多元，多元组成一体，二者互不可分的辩证统一关系。铸牢中华民族共同体意识旨在尊重差异性、包容多样性、增进共同性。中华优秀传统文化是中国各族人民血脉相连、情感交融的沃土，既体现了各民族的文化特征和精神风貌，也为中华优秀传统文化提供了源源不断的生命滋养。

铸牢中华民族共同体意识涉及政治、经济、文化等各个方面。铸牢中华民族共同体意识是中国共产党的民族工作在新时代的创新和发展，也是学习贯彻习近平新时代中国特色社会主义思想主题教育的重要内容。中华优秀传统文化是以人民为中心发展思想的理论来源之一，习近平总书记强调人心是最大的政治，共识是奋进的动力。中国共产党带领全国各族人民在抵御外来侵略、推进中国特色社会主义事业过程中凝聚中华民族的价值共识。在这一过程中，中华优秀传统文化是中国各族人民凝心聚力的重要纽带。中国各族人民共同共通的文化促使各族人民互嵌共生、团结一心，共同追求美好生活。

第二节　为个人、家庭、社会、民族的行为选择提供导引

中国人的行为选择不能离开本民族优秀文化而孤立存在。中华优秀传统文化影响并浸染着每个中国人的世界观、人生观、价值观，潜移默化地影响着中国人的思维和行为方式，具有“日用而不觉”的特性。所谓“日用而不觉”，就是对于那些蕴含在优秀传统文化中的道理、道德，即使不用强调，百姓也能自然而然地认同和接受，并按照这些道理、道德行为处事。中华优秀传统文化通过价值观念显示出对个人、家庭、社会、民族实践行为的导引功能，引导社会成员向设定的路径和预期的方向共同前进，达成个人与国家、社会行为的一致性。中国优秀传统文化是中华民族繁荣昌盛的见证，为个人、家庭、社会、民族塑造着行为价值取向，彰显着思想政治教育功能。

一、助力深入理解并实践社会主义核心价值观

核心价值观的背后，积淀的是一个国家和民族的价值理念和文化传

统。社会主义核心价值观背后，体现了中华民族的价值理念和中华优秀传统文化，特别是中华优秀传统文化中的道德理念。党的十八大报告用“富强、民主、文明、和谐，自由、平等、公正、法治，爱国、敬业、诚信、友善”24个字分别从国家价值目标、社会价值取向和公民价值准则三个层面概括了社会主义核心价值观。社会主义核心价值观与讲仁爱、重民本、守诚信、崇正义、尚和合、求大同的中华传统道德理念密切关联、一脉相承。

（一）引导积极参与国家建设

“富强、民主、文明、和谐”是国家的建设目标，是从国家的价值目标层面对社会主义核心价值观基本理念的概括，在社会主义核心价值观中居于最高统领层次。社会主义核心价值观在国家层面倡导的“富强、民主、文明、和谐”的价值目标，与传统文化中“国家一统”的理想追求、“天下为公”的政治信仰、“民惟邦本”的为民情怀、“以文化人”的教育理念、“和而不同”的处世智慧相通。

“富强、民主、文明、和谐”是国家的建设目标，这四者紧密联系、相辅相成，构成了一个统一整体，对我们积极参与国家建设做出了指引。国家有了价值目标，国家发展、社会进步才有了方向和精神支撑，所以国家的价值目标在社会主义核心价值观中居于主导地位。富强、民主、文明、和谐反映了社会主义的本质特征、体现了人民群众的根本利益、承载着中华民族的精神追求。富强是从经济层面对国家价值目标的规定。富强包括两个方面，国家强大和人民幸福。社会主义的本质就是要解放和发展生产力，从而实现共同富裕富强，把富强作为国家的价值目标就要坚持以经济建设为中心、不断增强中国的综合国力、不断提高人民的生活水平、不断提高中国的国际地位，为实现中华民族伟大复兴的中国梦奠定坚实的基础。民主是从政治层面对国家价值目标的规定。民主的本义就是人民当家做主。中华人民共和国成立后，中国共产党在前人探索的基础上大力进行社会主义民主建设，坚持人民代表大会制度、坚持中国共产党领导的多党合作和政治协商制度，走出了一条中国特色的社会主义民主道路。把民主作为国家的价值目标，就是要不断完善社会主义民主，推进国家治理体系和治理能力的现代化保障和维护人民当家做主的权利。文明是从文化层面对国家价值目标的规定。发展社会主义先进文化，不断满足人民群众的精神文化需求是社会主义的目标所在，可以为经济建设提供强大的智力支持和精神动力。把文明作为国家的价值目标，就是要弘扬中华民族优秀传统文化，提高国家文化软实力，全面提高公民思想道德素质，建设社会主义文化强国。和谐是从社会和生态层面对国家价值目标的规定。和谐是人类自古以来追求的价值目标，包括人与人、人与社会、人与自然的和谐等多个方面。把和谐作为国家的价值目标就是要把民生放在更加突出的位置，坚持走以人为本、全面协调可持续的科学发展之路，在国际关系中要坚持合作共赢、实现共同安全，共建一个和谐世界。

（二）促进践行社会价值取向

“自由、平等、公正、法治”是社会要求的价值取向，也是我们对美好生活的生动表述，是从社会层面对社会主义核心价值观基本理念的概括。它反映了中国特色社会主义的基本属性，是我们党矢志不渝、长期实践的核心价值理念。社会主义核心价值观在社会层面倡导的“自由、平等、公正、法治”的价值取向，借鉴了传统文化中“道法自然，天人合一”的自然观念、“允执厥中”的思维方式和“隆礼重法”的治国思想。

“自由、平等、公正、法治”是从社会层面对社会主义核心价值观的高度凝练，对我们践行社会层面的核心价值观提供指导。自由是人的本质属性。自由是人摆脱限制和奴役成为自己的主人的一种社会状态，尊重和保护自由是社会主义的最终目标和根本要求。把自由作为社会层面的价值取向，就是要确保公民享有自由的权利，营造既有自由又有纪律的社会环境，为每一个人的全面发展创造良好的社会条件。平等是人的最基本权利。平等是人类追求的一种理想社会状态，是处理一切社会关系的最基本准则。人类社会的每一次变革都包含着平等的价值诉求，每一次发展都是在向平等的价值目标靠近。把平等作为社会层面的价值取向就是要尊重和保障人权，通过平等的社会机制和价值引导保障每个人都能够有实现梦想的机会。公正是国家、社会应然的根本价值理念。从本质上说，公正是调节人们之间社会关系的一种价值评价标准，是利益关系的衡量尺码。公正也是社会发展进步的重要标志，是人类社会的美好追求，也是马克思主义的价值追求。把公正作为社会层面的价值取向就是要加快建立社会公平正义保障体系，努力营造公正的社会环境，让人民群众公平地共享改革发展的成果。法治是治国理政的基本方式。法治就是依照法律治理国家、管理社会，是社会有序运行的重要保障，也是社会走向现代文明的基本标志。把法治作为社会层面的价值取向就是要制定各项法律、完善法律制度，坚持法律面前人人平等的原则，在党的领导下依照法律管理国家事务、社会事务，在全社会形成遵纪守法的良好风气。

（三）遵守公民基本道德规范

“爱国、敬业、诚信、友善”是公民基本道德规范，是从个人行为层面对社会主义核心价值观基本理念的概括与凝练，它覆盖社会道德生活的各个领域，是公民必须恪守的基本道德准则，也是评价公民道德行为选择的基本价值标准。社会主义核心价值观在个人层面倡导的“爱国、敬业、诚信、友善”的价值准则，是对传统文化中“天下兴亡，匹夫有责”的爱国思想、“经世致用，知行合一”的实践理性、“言而有信”的诚信观念、“仁者爱人”的忠恕之道的传承和弘扬。

“爱国、敬业、诚信、友善”的价值准则着眼于公民应当遵循的基本行为准则，凝聚了全社会的道德共识，涵盖了社会公德、职业道德、家庭美德、个人品德等方面，继承了中华民族传统美德、中国革命道德和社会主义新时代道德的优秀传统，具有基础性、广泛性和普遍性。爱国是国家和民族对公民的基本道德要求。它是一种对祖国强烈和真挚的情感，一种为祖国勇于担当和奉献的精神，同时也是维护民族团结、凝聚民族力量的纽带，是一个国家、民族生生不息、发展壮大的力量源泉。培育爱国的价值准则就是要继承和弘扬中华民族的优秀传统，坚持中国特色社会主义道路，凝聚实现中华民族伟大复兴中国梦的强大正能量。敬业是职业道德的基本要求。敬业是指恪尽职守、热爱劳动、乐于奉献，是一种积极向上的人生态度，同时充分体现了社会主义职业精神。把敬业作为公民个人层面的价值准则，就是要引导和激励每一个公民把实现中国梦的远大理想融入自己的工作，辛勤劳动、敢于担当、勇于奉献。诚信是社会和谐稳定的基石，是维持社会秩序的纽带，是人际关系和谐的良药，是推动科学发展的动力，也是民族团结进步的阶梯。诚信是社会主义核心价值观的重要内容，把诚信作为公民个人层面的价值准则就要大力加强诚信建设，不断完善各种必要的法律和制度，杜绝失信行为产生的渠道，让诚信真正内化于心、外化于行。友善是人们和谐、团结与合作的重要基础。友善强调要形成社会主义的新型人际关系，引导公民做到互相尊重、互相关心、互相帮助、和睦友好。把友善作为公民层面的价值准则就是以社会和谐、共同发展为目标，提倡对他人、社会、自然的爱，提倡人与人之间平等相待、友好相处、团结互助，在全社会褒扬友善之举、吹动友善之风，让友善成为社会和谐的润滑剂。

从现实视角看，立足中华优秀传统文化、理解并践行社会主义核心价值观是现实发展的迫切需要。应当看到，新中国成立特别是改革开放40多年来，我国经济发展、社会进步、生活水平提升，国际影响力和综合国力大大提高。然而，这个时期出现的相关社会问题和社会现象，诸如道德滑坡、价值失范、礼仪缺位、诚信缺失、社会腐败等现象，也不得不让我们深思。面对这样的现实，我们更要高度重视中华优秀传统文化，挖掘中华优秀传统文化的思想政治教育功能，为培养出时代所需的人而努力奋斗。

二、引领行为风尚

中国人自古以来认为天地万物自有规律，任何事物都不是孤立存在的，都是在相生相克的运动中不断协调平衡的。这种整体性的认识和万事万物具有关联的唯物辩证思想深刻地影响着中国人的行为方式。中华文明虽历经丧乱但仍传承不绝、自成一体，成为人类文明史上最伟大的奇迹之一，根本原因就是中华优秀传统文化的力量，是由中华优秀传统文化中凸显的人本意识、层次分明的价值体系，以及价值评判标准和价值观念规制的中国人为人处世的行为规范决定的。中华优秀传统文化价值体系中对个人、家庭、社会、民族精神目标的高尚追求，价值评判标准中对个人内在价值和外在价值的辩证认识与评价标准，价值观念中“天人合一”的认知视角、鲜明的立场观点和道德准则，决定了其具有引领行为风尚的思想政治教育功能。

（一）形成以“礼”待人的良好氛围

“非礼勿视，非礼勿听，非礼勿言，非礼勿动。”“自天子以至于庶人，壹是皆以修身为本。”我国传统文化历来认为不管是“三皇五帝”，还是平民百姓，都要用“礼”来规范自身的言行举止。“礼”既是社会的典章制度，又是个人的行为规范。经过几千年的传承发展，“礼”已经完全融入中国人的日常生活。从出生到死亡，在人生的每一个重要阶段，中国人都有“礼”相伴。可以说，“礼”是中国人特有的人生形态。

2 000多年前，孔子就语重心长地教导弟子“克己复礼”。800多年前，朱熹在经过缜密的理性思考后直言“天理人欲，相为消长”“克得人欲，乃能复礼”。500年前，两袖清风的王阳明慨叹“破山中贼易，破心中贼难”，他谆谆告诫学生“能克己，方能成己”。由于性别、年龄、职业、身份不同，也由于所处的社会环境和时代背景不同，人们对行为规范的要求也不尽相同。但中国优秀传统文化自古以来倡导并遵循的行为规范就是“克己”“修身”，就是严格约束自己的内心和行为，使言行举止符合“礼”的标准和要求，符合伦理道德的要求，符合追求至真至善至美的标准和要求。这种行为规范浸润在中华优秀传统文化中，从根本上体现了中国人的理想、追求和信仰。“礼”与中国人相伴始终，在每一个特定的时间节点上都有相应的礼仪性活动。它紧紧围绕人生，关注个体生命，甚至因具有了某种超越性而成为信仰。正是经过“礼”的涵养与教化，社会上才能够出现越来越多文质彬彬的君子。

（二）形成以“孝”为“美德”的良好景象

千百年来，“孝”一直作为伦理道德之本、行为规范之首而备受推崇。孝道文化，是中国人的脉络根蒂，是东方科学智慧之源，是中国人自己的信仰，是天地对人间最慈善的叮咛。孝道首先指社会要求子女对父母应尽的义务，包括尊敬、关爱、赡养老人，为父母长辈养老送终等。正所谓“百善孝为先”，孝被看作“百行之先”“为仁之本”，它已经深深地植根于中华民族每个成员的内心深处，影响着人们的社会生活和行为习惯。事亲行孝历来是做人的根本，是中华民族的传统美德，是家庭和睦、社会安定、民族团结的基本要素。孝道文化是中华优秀传统文化的重要组成部分，是中华民族爱国主义情怀的感情基础和道德基础。德国社会学家马克斯·韦伯曾把中国儒家伦理与西方基督教伦理做过比较分析，他认为，中国人“所有人际关系都以孝为原则”。孝亲敬老的道德观念不仅存在于广大人民群众之中，而且就像血溶于骨髓一样融于民族意识，成为一种社会公德乃至美德被社会所公认和奉行。在我国，有文字记载的以孝道为核心的尊老养老道德观念，至少已有三千多年历史。新时代，习近平总书记也论述了很多关于孝道的内容，但是习近平总书记的孝道更多体现在他的身体力行、率先垂范当中，体现在他“老吾老以及人之老”的大孝、大爱、大义当中，更体现在他持续推进老龄事业发展的治国理政的务实举措当中。今天我们要让孝老爱亲深厚的道德资源凝聚起人心，要让尊老、敬老强大的道德力量构筑起和谐社会，这将为我们实现人民对美好生活的向往，实现中华民族伟大复兴的中国梦奠定深厚的基础。

此外，“孝”还作为另一种“精神”在历史中发挥作用。先秦时期，孝道形成与确立。汉魏隋唐时期形成“以孝治天下”的局面。宋元明清时期，孝道走向极端化、愚昧化。到了近代，孝道不断发展与社会相适应。新民主主义革命时期，人们的时代意识、社会意识逐渐增强，许多人冲破“孝”的困囿，站在时代前列，以天下和社会为己任，为民族尽其大孝。比如，在抗日战争时期，国共两党都曾以儒家忠孝道德作为动员力量，作为团结民众抗击日本帝国主义侵略的精神力量和思想武器。1939 年 4 月 26 日，《为开展国民精神总动员告全党同志书》指出：一个真正的孝子贤孙，必然是对国家民族尽忠尽责的人，这里唯一的标准，是忠于大多数与孝于大多数，而不是反忠于少数和孝于少数。违背了大多数人的利益就不是真正的忠孝，而是忠孝的叛逆。在这里，孝成为维护民族团结、兴旺的“美德”，成为中华民族凝聚力的核心。

（三）促进人与自然和谐共生

“我们中华文明传承五千多年，积淀了丰富的生态智慧。‘天人合一’‘道法自然’的哲理思想，‘劝君莫打三春鸟，儿在巢中望母归’的经典诗句，‘一粥一饭，当思来处不易；半丝半缕，恒念物力维艰’的治家格言，这些质朴睿智的自然观，至今仍给人以深刻警示和启迪。”[①]《论语》记载孔子“弋不射宿，钓而不纲”，不捕射归巢的鸟，不用网将大小鱼捞尽，而是只钓鱼，意思是说要有节制地合理利用资源，维护生存环境的可持续性。传统儒家认为自然界是互相联系、互相作用的有机整体，人类作为有机整体中的重要一分子，应该遵循自然规律，“以时禁发”，唯有如此，方能达到“天人合一”的理想境界，要按照大自然的节奏、万物生长的规律来安排人类行为。

中华民族向来尊重自然、热爱自然，强调把天地人统一起来、把自然生态同人类文明联系起来，按照自然规律活动。在漫长发展进程中，中华民族高度重视人水和谐，在尊重自然规律、因势利导的基础上，建起了许多大型生态水利工程。“水利”一词，较早见于《吕氏春秋》，主要指防止水害灾难和利用水力资源的事业。重视水利，与我国经济社会发展的独特历史特征密切相关。历史上，农业在我国经济社会发展中居于主要地位，而我国农业又以灌溉农业为主，对灌溉、防灾等水利工程的社会需求较大，因而建成许多水利工程。比如，先秦时期的引漳十二渠、芍陂、都江堰，以及完成于元代的京杭大运河等，在很长的时间里支撑着我国农业生

① 本书编写组. 习近平的小康情怀［M］. 北京：人民出版社，2022：571.

产和经济社会发展，有的至今仍在发挥重要作用，其中蕴含着丰富的生态智慧。

我国古代大型生态水利工程之所以能经受住漫长的历史和实践的检验，一个重要原因在于，保持满足人的需求与尊重自然规律之间的平衡，做到既保护自然又利用自然，在保护中利用，在利用中保护。福建省的天宝陂始建于唐代，这座集引水灌溉、排洪排涝和蓄淡拒咸于一体的大型生态水利工程，位于河流弯道下游河势较高处，既可拦蓄淡水，又可抵御咸潮上溯。同时，利用弯道环流原理，水砂分离，引清水自流灌溉，在航运、引水、灌溉、泄洪、排沙等方面发挥了重要作用，体现出顺应自然、因势利导的高超生态智慧。这种生态智慧，集中体现在坚持整体性、系统性的自然观，将人与自然作为一个生命共同体来看待。

党的二十大报告指出："大自然是人类赖以生存发展的基本条件。尊重自然、顺应自然、保护自然，是全面建设社会主义现代化国家的内在要求。必须牢固树立和践行绿水青山就是金山银山的理念，站在人与自然和谐共生的高度谋划发展。"① 建设人与自然和谐共生的现代化，是我们应对时代挑战的必然选择。在 200 多年的现代化进程中，西方发达国家创造了巨大的物质财富，但也加速了对自然资源的攫取，带来严重的生态环境问题，人与自然的深层次矛盾日益显现。恩格斯说："不要过分陶醉于我们对自然界的胜利。对于每一次这样的胜利，自然界都报复了我们"②。这种一味追求经济增长而破坏环境、过度索取资源的方式，不适合当前的发展阶段。我国作为拥有 14 亿多人口的发展中大国，人口众多，资源环境承载力弱、约束性强。党的二十大报告指出："中国式现代化是人与自然和谐共生的现代化。"③ 要整体迈进现代化社会，走大量排放大量消耗的粗放式发展道路显然是行不通的，资源环境承载力也不可持续，因此必须走人与自然和谐共生的现代化道路。

---

① 习近平. 高举中国特色社会主义伟大旗帜 为全面建设社会主义现代化国家而团结奋斗：在中国共产党第二十次全国代表大会上的报告［M］. 北京：人民出版社，2022：49-50.

② 中共中央马克思恩格斯列宁斯大林著作编译局. 马克思恩格斯选集：第 4 卷［M］. 北京：人民出版社，1995：383.

③ 习近平. 高举中国特色社会主义伟大旗帜 为全面建设社会主义现代化国家而团结奋斗：在中国共产党第二十次全国代表大会上的报告［M］. 北京：人民出版社，2022：23.

三、为实现中国梦而作为

“博大精深的中华优秀传统文化是我们在世界文化激荡中站稳脚跟的根基。”① 如今，中华优秀传统文化凝聚在中国梦中，在新征程上向着中华民族伟大复兴的中国梦阔步前行，我们更需要发挥中华优秀传统文化的思想政治教育功能，助力实现我们的中国梦。

（一）助力中国推进现代化

任何国家的现代化都无固定模式，但不可否认的是，任何国家的现代化都无法脱离本民族的优秀传统文化，否则现代化就会成为无源之水、无本之木。事实上，中华优秀传统文化中的丰厚思想遗产，比如以德治国、民惟邦本、和而不同、重德重教、天下为公、革故鼎新等，正在经过创新转型成为我们治国理政的重要文化资源，成为推动现代化的强大动力。任何国家的现代化都是以其文化传统和价值观作为指导的。现代化的中华优秀传统文化底蕴具体体现在中国式现代化的内容与特征之中。人口规模巨大的现代化：要求在“历史耐心”中稳中求进；全体人民的共同富裕是“均富”与“民本”理念的当代发展；物质文明和精神文明相协调为“中和”思想在新时代的赓续；人与自然和谐共生要求从“天人合一”到“生命共同体”；走和平发展道路即“美美与共，天下大同”的文明张力②。现代化唯有通过民族化的形式才能实现，优秀传统文化也只有经过现代化的洗礼方能发展，所以优秀传统文化与现代化并非矛盾对立，而是并行不悖、相得益彰的。中国特色社会主义的现代化只能从中华民族的优秀传统出发，在尊重和肯定中华优秀传统文化的基础上探寻现代化可行之路。

（二）推动人类命运共同体的实现

坚持推动构建人类命运共同体，是实践和升华中华优秀传统文化中“大同理想”的集中体现。从先秦时期开始，中华文化就以追求“世界大同”和“兼济天下”为己任，中华民族对大同世界的憧憬蕴含着最早的人类命运共同体理念。《礼记·礼运》曰：“大道之行也，天下为公。”大同世界就是一个人类平等、天下和合、四海一家的世界。《尚书·尧典》载：“克明俊德，以亲九族，九族既睦，平章百姓，百姓昭明，协和万邦。”良

---

① 习近平．习近平谈治国理政：第1卷［M］．北京：北京外文出版社，2018：164.

② 赖海榕，郑济洲．中国式现代化的中华优秀传统文化底蕴［J］．毛泽东研究，2022（6）：23-34.

好的治理使人亲密团结，使天下和平、万国安宁、各得其所。《周易》讲的“万国咸宁”，《论语》讲的“四海之内皆兄弟”，荀子讲的“四海之内若一家”，张载讲的“民吾同胞，物吾与也”，都体现了中华民族历代先贤智慧卓识的天下观，与马克思关于“世界历史”条件下通过发展分工和普遍交往而超越民族狭隘性的思想高度契合，为今天构建人类命运共同体的实践提供了丰富的思想文化资源。习近平总书记系统阐释了国与国之间命运共同体的意义、区域内与区域外国家之间命运共同体的价值，这些都是对古代大同理想的现代阐释和实践，得到了世界上绝大多数国家和民众的认同。

中华优秀传统文化是中华民族的身份标识，是华夏儿女保持族群认同和精神团结的文化符号。在经济全球化、政治多极化、文化多元化的时代背景下，我们既要保持民族文化底色，守住民族精神阵地，又要参与人类文明交流互鉴，为世界文明进步做出应有贡献。传统文化所关注的人与自然、人与人、人与自我的和谐关系，所追求的真善美的人生境界，表明它是一种道德践履之学、内圣外王之学、安身立命之学和人生智慧之学。其中蕴含的大思想、大智慧，可以慰藉心灵、涵养德性、纯洁情感，为解决当代人的思想意识与价值困惑提供智慧。习近平总书记在传承传统文化精髓的基础上提出“人类命运共同体”的新思想和新发展理念，为走向世界大同和推动世界和平发展提供中国方案，便是最好的例证。

第六章　中华优秀传统文化思想政治教育功能发挥的价值意蕴

中华传统文化是中华民族发展过程中，在特殊的自然环境、经济模式、政治结构、意识形态等方面的作用下所形成的文化习惯和文化积淀。它存在于中华民族的思维模式、价值观念、知识结构、伦理规范、作为方式、审美情趣、风俗习惯等主题形式中，经过多年的演变和扬弃，已深深融进中华民族的思想意识和行为规范之中，成为制约社会历史发展、支配人们思想和日常生活的强大力量。发挥中华优秀传统文化的思想政治教育功能对思想政治教育工作的开展有积极促进作用，能为大学生增强文化自信提供动力，为社会主义核心价值观的培育提供理论来源，为中华优秀传统文化的发展增光添彩，为实现学校立德树人目标踵事增华。回应时代与现实的呼唤，清晰阐释发挥中华优秀传统文化思想政治教育功能之所以必要、之所以可行。

第一节　中华优秀传统文化思想政治教育功能发挥的必要性

新时代下，多元文化加速碰撞，中华优秀传统文化丰厚的内涵与思想的影响力显得格外突出。发挥中华优秀传统文化的思想政治教育功能逐步成为构筑民族与国家思想的灵魂支点，传承中华优秀传统文化、创新思想政治教育工作、提升青少年文化自信、构筑中华民族共有精神家园逐步成为新时代中华文化发展的必然走向。

一、传承中华优秀传统文化的必然要求

党的二十大报告强调“推进文化自信自强，铸就社会主义文化新辉

煌”“以社会主义核心价值观为引领，发展社会主义先进文化，弘扬革命文化，传承中华优秀传统文化，满足人民日益增长的精神文化需求，巩固全党全国各族人民团结奋斗的共同思想基础，不断提升国家文化软实力和中华文化影响力”①。中华优秀传统文化的丰富哲学思想、人文精神、价值理念、道德规范等，蕴藏着解决当代人类面临的难题的重要启示，可以为人们认识和改造世界提供有益启迪，可以为治国理政提供有益启示，也可以为道德建设提供有益启发，不论在过去还是现在，都有永不褪色的价值。随着中国特色社会主义进入新时代，如何推动中华优秀传统文化更好地适应新时代的发展需要，是一个现实而又紧迫的问题。

传承中华优秀传统文化，必须坚持创造性转化、创新性发展。传统文化在其形成和发展过程中，不可避免地会受到当时人们的认识水平、时代条件、社会制度的局限性的制约和影响，因而也不可避免地会存在陈旧过时或已成为糟粕的东西。所以，坚持什么样的立场、采取什么样的态度，是传承中华优秀传统文化的首要问题。习近平总书记提出的“创造性转化、创新性发展”，集中体现了我们党对文化建设规律认识的不断深化，是我们正确对待中华优秀传统文化的总开关，必须深刻领会“两创”方针的重大意义、基本内涵和实践要求，用以指导传承中华优秀传统文化的全部工作。要坚持不忘本来、吸收外来、面向未来，古为今用、推陈出新，有鉴别地加以对待，有扬弃地予以继承，使中华民族最基本的文化基因与当代文化相适应、与现代社会相协调，绽放出新的时代光彩。要按照时代特点和要求，对那些至今仍有借鉴价值的内涵和陈旧的表现形式加以改造，赋予其新的时代内涵和现代表达形式，激活其生命力；要按照时代的新进步新进展，对中华优秀传统文化的内涵加以补充、拓展、完善，增强其影响力和感召力。传承中华优秀传统文化，必须认真汲取其中的思想精华和文化精髓。同时，守正出新才能历久弥新。我们要秉持客观、科学、礼敬的态度，不复古泥古，不简单否定，坚持古为今用、推陈出新、去其糟粕，用中华民族创造的一切精神财富来以文化人、以文育人。在世界百年未有之大变局背景下，要想在世界文化的激荡中厚植根基、站稳脚跟，就离不开对中华优秀传统文化的传承与弘扬。要将中华民族优秀传统文化全面融入国民教育、文化创造、生产生活，构建中华文化课程和教材体

① 习近平．高举中国特色社会主义伟大旗帜为全面建设社会主义现代化国家而团结奋斗：在中国共产党第二十次全国代表大会上的报告［N］．人民日报，2022-10-26（01）．

系，加强对传统文学艺术的扶持，坚持不忘本来、吸收外来、面向未来，在继承中转化，在学习中超越，创作更多既体现中华文化精髓、反映中国人审美追求、传播当代中国价值观念又符合世界进步潮流的优秀作品，让中华文化展现时代风采。

思想政治教育是社会主义教育事业的重要阵地，是新时代中华优秀传统文化教育工作的重要支撑。同时，中华优秀传统文化融入思想政治教育使教育过程变得更加具有吸引力。文化具有很强的渗透性、长久的生命力，在此基础上传播思想观念可以使学生产生兴趣，将其积极性和创造性思维充分调动起来，使思想政治教育变得更加生动而富有感染力。思想政治教育需要在立德树人以及社会主义核心价值观教育中把中华优秀传统文化的精神标识提炼出来、展示出来，把中华优秀传统文化中具有当代价值、世界意义的文化精髓提炼出来、展示出来，深入挖掘和阐发中华优秀传统文化讲仁爱、重民本、守诚信、崇正义、尚和合、求大同的时代价值，使之成为涵养社会主义核心价值观的重要源泉，使中华民族最基本的文化基因与当代文化相适应、与现代社会相协调，把跨越时空、超越国界、富有永恒魅力、具有当代价值的文化精神弘扬起来。思想政治教育在落实立德树人根本任务之时，能将价值塑造、知识传授和能力培养三者融为一体，使学生更加完整地认识中华优秀传统文化中包含的不同领域，更加深切地认识到中华五千年文明的源远流长与博大精深，进而引导和激励新时代中国青年不断深化文化认同、提升文化自觉、坚定文化自信，为守护中华民族的精神命脉奠定文化基础。因此，要系统全面研究中华优秀传统文化与中国特色社会主义先进文化的内在渊源，厚培青年学生对中华文化的价值认同与情感认同。中华优秀传统文化中饱含的自强不息的进取精神、舍生忘死的爱国情怀、孝悌忠信的荣辱观念都是中华文明得以不断延续、不断发展的重要精神力量，是新时代坚定青年理想信念和加强爱国主义精神文明教育的绝佳素材。基于中华优秀传统文化思想核心与新时代学校思想政治教育目标的内在一致性，善于挖掘中华优秀传统文化中的中华精神、中华价值、中华力量，将优秀传统文化教育融入学生思想教育教学过程，培养青年学生艰苦奋斗、坚韧不拔的精神品质和强烈的爱国主义情怀，积极有力践行社会主义核心价值观。在此过程中不断增强中华优秀传统文化的生命力和影响力，让传统文化在当代焕发出新的生机。

二、创新思想政治教育工作的必然选择

思想政治教育工作关乎办学方向、关乎育人根本，具有丰富而深刻的内涵。中国特色社会主义进入新时代，在实现中华民族伟大复兴的关键时期，党和国家对高素质人才的需要比以往任何时候都更加紧迫，思想政治教育发展迎来了大有可为的历史机遇期。但是，当今世界经济发展迅猛，价值观多元化，传播方式多样化，意识形态的斗争处于暗流涌动的状态，因此文化的安全在国与国之间的竞争中显得尤为重要。在思想文化交锋这个没有硝烟的战场上，社会主义先进文化必须占领主阵地，牢牢把握话语权。思想政治话语传递出一个国家的理想和信念，文化是一个国家理想和信念的最高表达。要积极推进我国优秀文化成果和民族精神进入思想政治教育话语，将文化传承的使命融入思想政治教育工作，使当代青年更好地了解中华民族历史基因，在民族传统道德中汲取文化力量，提升思想道德建设，培养文化自信，提高青年素养。

随着全媒体时代的到来，文化信息量迅速增长，人们的生活节奏普遍加快。原先以“天”来计算的信息传播速度已经裂变为“小时”甚至“分钟”。互联网和网络技术的发展使我们的社会陷入了“碎片化”困境。人们通过各种网络平台获取信息，这些网络平台代替了以前的传统媒体。在“碎片化”信息时代，人们虽然快捷、方便地得到了他们需求的社会信息，极大提高了效率，满足了人们的精神文化需求，但是反过来，这些“碎片化”信息也具有不完整、浅表性、分裂性特征，甚至还被商业价值操控的流量文化蒙蔽，给人们带来知识体系的碎片化缺失，这是“碎片化”信息社会我们面临的新问题。民众在对信息自主选择性增强、视野不断开阔的同时，对于海量信息的甄别和消化的能力却开始下降，无法快速有效地获得真实且高价值信息，人们普遍渴望在单位时间内的投入能获得更高的回报，渴望得到高品质文化的浸润与高效思想政治教育的灌输。马克思指出：“生产者也改变着，炼出新的品质，通过生产而发展和改造自身，造成新的力量和新的观念，造成新的交往方式，新的需要和新的语言。”① 思想政治教育要取得良好的育人效果，就必须考虑现实生活中人们面临的具体情况，适应现代社会快节奏的生活方式，在有限的时空范围内

---

① 中共中央马克思恩格斯列宁斯大林著作编译局. 马克思恩格斯全集：第46卷（上）[M]. 北京：人民出版社，1979：494.

提高效率、加快速度，用高品质的文化去感染人、说服人和教育人。

近年来，随着工业化社会的发展和现代科技的进步，在资本驱动和逐利原则的刺激下，大型网络平台纷纷问世，其作为人民群众日常接触的主流平台也承担了一定的思想政治教育介体功能。但是其“以最少成本换取最大效益”的商业思维却促生了泛娱乐主义思潮，极大地影响了思想政治教育介体的实效性作用。泛娱乐主义思潮以消费主义文化、享乐主义文化为核心，以现代媒介为主要载体，内容浅薄空洞，通过戏剧化的滥情表演，试图放松人们紧张的神经，使受众产生快感。这种娱乐方式不断引入新的技术，如人工智能、元宇宙等，泛娱乐化介体在满足人类在知识文化、情感感受、社会认同等方面的需求时，会进一步对人的行为、意识、社会交往产生影响，思想政治教育客体所感知的都是符号化、数字化、图像化后的“娱乐内容”的虚拟呈现形式，这种生发于直观的、刺激性的，模糊了公与私、虚与实的界限的泛娱乐化内容吸引了大批受众的关注度，也极大地影响了受众的思辨能力。因此，以追逐物质利益为目的而过度娱乐化的商业平台与权威性、庄重性的思想政治教育介体展开了激烈交锋。思想政治教育活动作为政治性的活动，其教育介体的严肃性，系统化地压制了娱乐，同时也引发了受众对这种政治性活动产生反感，表现为对思想政治教育的抑制与逃离，这或许是无意识的集体行动，但它仍表现为行动上的拒绝和心理上的逃离，最终形成思想政治教育泛娱乐化不断加深和扩大的恶性循环。这就进一步表明传统单纯的说教式的思想政治教育已经不适应今天发展的形势，无法满足人们提升思想文化素养的更高要求，为此，思想政治教育必须结合实际，从文化入手，提高文化含量、突出文化高度、彰显文化魅力。

中华优秀传统文化有着深厚的思想底蕴，深入挖掘其中的思想教育资源，丰富思想政治教育内容，增加思想政治教育的厚度和人文精神，提高育人质量，不仅是工作机制的创新，也是青年一代的思想需求①。如今经济全球化快速发展，人类已经进入信息时代，西方文化和新潮的观念大量涌入，文化全球化的发展早已不可阻挡，在这种形势下人们的价值取向和思想观念必然会受到影响，变得愈加多元化。特别是青年“追赶时代”，思维更加活跃，眼界更加宽广，思想状况也随之更加复杂多变，青年文化

① 赵旻．中华优秀传统文化育人功能与价值的创造性转化［J］．思想教育研究，2018（8）：124-127.

出现了多元价值倾向，如功利价值观、世俗价值观、虚无主义价值观等，这无疑为当前思想政治教育提出了新的挑战。我们必须要将思政教育和传统文化教育有机结合起来，对这些正在形成价值观和人生观的青年学生进行引导，宣扬中华民族的传统美德和文化，对他们的民族自信心和自尊心进行有效的培养，从而树立牢固的社会主义信念，抵抗西方价值观的侵袭，不断为社会主义事业而奋斗。

三、提升青年文化自信的现实需要

文化自信是一个民族、一个国家以及一个政党对自身所禀赋和拥有的文化价值的充分肯定和积极践行，并对其文化的生命力保持坚定的信心和发展的希望。文化自信是大学生全面发展的精神之钙。树立文化自信能够更好地帮助大学生深入了解中华优秀传统文化的本质内容与内生魅力，深化当代大学生的民族认同感与国家复兴信念，在精神层面支撑大学生的全面发展，从而塑造符合中国特色社会主义事业建设需求的高素质人才。当代青年是走在新时代前列的生力军，他们接收到的信息多种多样，同时还面临着多元文化思潮相互激荡、外来文化和本土文化之间的冲突与碰撞愈演愈烈、中华优秀传统文化与社会主义文化受到各种冲击的局面。树立坚定的文化自信，既是彰显文化主体性的重要途径，也是中国人民伟大的精神支柱。树立坚定的文化自信，是党和国家对中国年轻一代提出的迫切要求，也是当代青年提高自身综合素养的当务之急。

新时代下，青年文化自信的重要表现是对社会主义核心价值观的内在自信。社会主义核心价值观是中国共产党和中国人民在继承中华优秀传统文化、借鉴人类文明优秀成果，特别是在社会主义革命、建设、改革中逐步形成和发展起来的价值观念和价值追求，反映了社会主义制度的本质属性和价值取向。但是，没有对社会主义核心价值观的强大自信和定力，就无法形成和增强文化自信。当前，部分青年尚未树立起正确的价值观，由于受到道德式微、功利腐化、享乐主义等消极影响，出现了“金钱至上”“及时行乐”等错误的价值取向，缺乏对国家、社会、家庭及自我的责任意识，过于看重个人价值而忽视集体价值的实现。个别青年有“文化”，却缺少“文化内涵”，即青年接受了良好的科学文化知识教育，但是在深层次上对文化的育人功能、对人的深层次认识不深、感悟不够，对文化所承载的核心价值观认知肤浅。从价值信仰来看，部分青年在谣言、蛊惑性言论、历史虚无主义论调的影响下，容易出现价值信仰动摇、文化安全观念弱化等问题，在网络活动中盲目转发和散布不实、有损文化自信、违背社会主义核心价值观的信息，急于表达不成熟观点和个人情绪，表现出了对于价值观的矛盾心理。从根本上讲，青年价值观的异化发展，主要源于文化自信不足。文化自信是最基本、最深沉、最持久的力量，有利于使青年形成稳固、不易动摇的社会主义核心价值观，持续对青年的长期发展、终生进步发挥积极作用。然而，由于受到外部复杂环境的影响，青年的文化自信发生动摇，价值观出现偏颇，不利于其在复杂社会思潮之下保持思维清醒与独立。

在中国特色社会主义新时代中，坚持文化自信是实现民族伟大复兴的信念，而推动优秀传统文化与高校思想政治教育工作融合，既可满足当代大学生在成长中的精神文化需求，又可使其对我国社会主义文化事业充满自信。文化自信与思想政治教育有着千丝万缕的关系，思想政治教育的核心目标就是要增强民族的文化自信，增强民族凝聚力和向心力，永葆发展的青春和活力。文化自信的保持和增强始终是思想政治教育追求的目标，思想政治教育也始终围绕文化自信来展开。

一方面，文化自信为思想政治教育底气提供三维支撑。从理论支撑来看，文化自信为思想政治教育工作者提供了强大的心理动力。思想政治教育是为民族繁荣和发展培养建设者和接班人的伟大事业，其政治方向和政治立场至关重要。如果有民族的文化自信，就能时刻保持思想政治教育的正确方向和基本立场。民族文化是民族的立足之“本”、民族文化发展之“根”，始终是思想政治教育价值追求和发展方向。如果有民族的文化自信，就能为思想政治教育者提供强大的心理动力和不竭的精神活力，就会对其他文化有一个正确的取舍态度。从实践支撑来看，文化自信为思想政治教育内容的选择提供了依据，为思想政治教育效果评量制定了新的标准，为思想政治教育现实发展指明了方向。文化自信要求我们的思想政治教育要尽量多地选择那些能增强本民族文化自信的教育内容。这一文化导向也符合思想政治教育“正面教育”的原则。从长远来看，如果我们的思想政治教育能够增强受教育者的文化自信，那么西方文化的“西化”“分化”的政治图谋就会化为泡影，中华传统优秀文化、我们党领导下的革命文化就能在新时代得到继承和传扬。从历史支撑来看，文化自信揭示了思想政治教育发展的历史规律，也总结了思想政治教育的历史经验和教训，它为思想政治教育指明了历史发展方向。

另一方面，思想政治教育能为增强青年学生文化自信提供途径。作为祖国未来的继承者与建设者，许多青少年群体由于阅读甚少，对我国的精神瑰宝知之不多，文化素养的缺乏使他们在文化方面产生了一定的迷思。从认知的角度来讲，人对客观事物从基本概念入手，到产生判断，进而由已知而探索未知，这个过程需要有成熟的阅读经历。对文化的认知并非凭空产生的，要由阅读再到思考进而成型。虽然青少年群体在接受学校教育以及日常生活中能获得一些文化知识，但自主阅读这个不可或缺的基础能力却普遍十分薄弱，缺乏对中华优秀传统文化深刻的认知力和理解力，无法品味传统文化的价值，更没有在对文化认同感和自信感的基础上挖掘和发展传统文化的能力。而思想政治教育传播者在传输知识的过程中可将自身知识形象深刻地传输给学生，启发、引领学生更好地感受我国优秀文化，可使学生真正走进我国文化，激发学生学习文化的兴趣，在探索文化奥秘的同时了解民族精神，进而理智看待多元文化，坚定自身政治立场，拥有一定的文化信念。

中华优秀传统文化是我们的根与魂，思想政治教育必须主动汲取中华优秀传统文化的养分，培育民族之根，涵养民族之魂，将青少年文化自信之灯点亮，以激发青少年的历史使命感和时代责任感，从而推动青少年把情感认同升华为理想信念，将表层感受深化为行动担当，主动担负起建立文化强国的历史使命。

四、推进中华民族共有精神家园建设的未来导向

中国特色社会主义进入了新时代，挖掘中华优秀传统文化中的思想政治教育价值，丰富新时代的思想政治教育，有利于推动社会主义精神文明建设，促进国家文化繁荣与发展。习近平总书记指出：“优秀传统文化是一个国家、一个民族传承和发展的根本，如果丢掉了，就割断了精神命脉。”① 中华优秀传统文化薪火相传、一脉相承，深深融入中华民族的血脉，是中华儿女共同的精神基因，是构筑中华民族共有的精神家园的重要基础。中华民族共有的精神家园植根于中华优秀传统文化的沃土之中，蕴含着各民族优秀文化，是海内外中华儿女共同的情感寄托和精神归宿。因

① 习近平. 习近平谈治国理政：第2卷［M］. 北京：外文出版社，2018：313.

此，构筑中华民族共有的精神家园，必须大力传承和弘扬中华优秀传统文化，把亿万人民团结在党的周围，把一切力量都凝聚起来，把一切积极因素都调动起来，不断拓展中华民族共有精神家园的宽度与厚度，为了共同的目标团结奋斗。

当今世界正经历百年未有之大变局，我国正处于实现中华民族伟大复兴的关键时期。面对复杂的国内外形势，我们更要团结一致、凝聚力量，确保中国发展的巨轮胜利前进。中华民族共有精神家园的建设是维护各民族根本利益的必然要求，是实现中华民族伟大复兴的必然要求，是巩固和发展平等团结互助和谐社会主义民族关系的必然要求，是党的民族工作开创新局面的必然要求。只有构建中华民族共有精神家园，才能构筑起维护国家统一和民族团结的坚固思想长城。只有各民族共同维护好国家安全和社会稳定，才能有效抵御各种极端、分裂思想的渗透颠覆，才能不断实现各族人民对美好生活的向往，才能实现好、维护好、发展好各民族根本利益。只有构建中华民族共有精神家园，才能有效应对实现中华民族伟大复兴过程中可能发生的风险挑战，才能为党和国家兴旺发达、长治久安提供重要思想保证。

精神家园是物质家园的对应性概念，是指在文化认同基础上产生的社会成员之间共同的心灵追求和精神依恋，是一个民族团体内部价值取向、情感认知、理想信念等趋同一致的精神纽带。一部中国史，就是一部各民族交融汇聚成多元一体中华民族的历史，就是各民族共同缔造、发展、巩固统一的伟大祖国的历史。铸牢中华民族共同体意识是一个系统工程，涉及理论与实践、历史与现实等多重维度，思想政治教育承担的任务就是要坚持正确的中华民族历史观。要向青少年学生讲清楚各民族共同开拓了辽阔疆域、共同书写了悠久历史、共同创造了灿烂文化、共同培育了伟大精神，让中华民族共同体意识入耳、入脑、入心。要将铸牢中华民族共同体意识融入课堂教学内容，让学生深刻了解，面对亡国灭种的空前危机，各族人民共御外侮、同赴国难，抛头颅、洒热血，共同书写中华民族艰苦卓绝、气壮山河的伟大史诗。在百年抗争中，各族人民血流到了一起、心聚在了一起，共同体意识空前增强，中华民族实现了从自在到自觉的伟大转变。要让学生深刻认识到，一百多年来，中国共产党团结带领中国人民进行的一切奋斗、一切牺牲、一切创造，归结起来就是一个主题：实现中华民族伟大复兴。只有中国共产党才能实现中华民族的大团结，只有中国特色社会主义才能凝聚各民族、发展各民族、繁荣各民族。团结奋斗是中国人民创造历史伟业的必由之路。

思想政治教育是精神文明建设的重要组成部分，能提高青少年的思想觉悟，转变青少年的思想，并为其树立正确科学的人生观、世界观和价值观，思想政治教育效果对整个社会主义精神文明建设起着举足轻重的影响。挖掘中华优秀传统文化的思想政治教育资源，对提高民族的道德素质有着重要的导向作用，对中华民族同心聚力、团结一致有着重要的推动作用。政治上的坚定来源于理论上的信心，只有深化青少年的中华民族共有精神家园的理论教育，才能从根本上铸牢青少年的中华民族共同体意识。因此，要紧密结合青少年的实际，坚持问题导向，夯实各学段青少年的中华民族历史文化教育，大力加强青少年马克思主义国家观、民族观、历史观、文化观、宗教观教育，注重四史教育，从理论上增进青少年对中华民族共同体的认同。思想政治教育要强化理论武装，完整、准确、全面把握习近平总书记关于加强和改进民族工作的重要思想，深刻理解核心要义、精神实质、丰富内涵和实践要求。坚持政治性和学理性相统一，深入开展研究，准确认识中华民族和中华文明的多元一体，深刻理解中华民族大家庭、中华民族共同体、铸牢中华民族共同体意识等理念，全面认识我们党团结带领中国人民接续奋斗，推动中华民族迎来从站起来、富起来到强起来伟大飞跃的光辉实践。将研究成果应用到课堂教学中，以丰富透彻的学理分析指引学生，以彻底的思想理论说服学生，用真理的强大力量引导学生。把理论与实践相结合，讲清楚坚持党的领导与推进中华民族共同体建设的内在逻辑，把“五个认同”教育摆在更加突出的位置，把爱我中华的种子埋入每个学生的心灵深处。总而言之，构筑中华民族共有精神家园与落实立德树人根本任务本质相通、互为目的，二者均为实现中华民族伟大复兴的基础。只有充分发挥中华优秀传统文化的思想政治教育功能，才能构建中华民族共有精神家园，才能增进各民族对中华民族的自觉认同，夯实我国民族关系发展的思想基础，推动中华民族成为认同度更高、凝聚力更强的命运共同体。

第二节　中华优秀传统文化思想政治教育功能发挥的可行性

中华优秀传统文化是中华民族的文化根脉，是深植于炎黄子孙内心的精神指引，是我国文化软实力的重要力量源泉。将中华优秀传统文化融入思想政治教育，有利于积极开展思想政治教育理论学习与实践教学，促进中华优秀传统文化与时代发展需求相融合，推动新时代素质教育目标的高质量完成。通过探究中华优秀传统文化的思想政治教育功能，有助于找寻中华文化的精髓，寻找出与思想政治教育融会贯通的内容，为实现中华优秀传统文化的现代价值和学校思想政治教育工作创新提供新的指向。思想政治教育与中华优秀传统文化在环境、目标、内容、方法等方面具有诸多相通之处，二者融合、交叉，具有高度可行性。

一、教育环境的共通性

中国传统文化作为中华民族在长期历史发展中形成的文明成果，对人们的思想行为起着重要的引导和规范作用。传统文化在教育上紧扣环境因素，强调家庭、学校、社会相互配合、相互促进，认为家庭、学校和社会在个体道德品质培养上担负着不同的功能，起着不同的作用，但又相互配合、相互促进，共同推动着社会道德的发展。现代思想政治教育场域也无外乎家庭、社会、学校，古代传统文化与思想政治教育的教育环境有共通之处，对于发挥中华优秀传统文化的思想政治教育功能有诸多便利之处。

一是重视家庭环境教育之相通。古人很重视家庭的作用，把家庭看作国家的基础。我国古代家庭教育，上至帝王官宦，下至平民百姓都以家庭作为教育子女与勉励家人的场所，使其提高道德品质修养，并获得一定的文化知识，以达到“修身齐家治国平天下”的目标。为实现这一目标，古代家庭教育主要围绕孝悌之德、廉洁勤政、克勤克俭、勤奋好学、立志成才、诚实守信和爱国主义等展开，尤以孝悌之德教育为重。因为孝悌之德作为伦理道德的起点，是“众善之始”，是古代家庭教育具有生命力的根源所在。孝悌之德不是仅停留于孝顺之举的行动层面，而是上升为一种由内及外、由亲及疏、由近及远、由小及大的扩展性极大的伦理规范。它既符合血缘关系而萌发的人的自然本性，又切合因养育关系而产生的人的情感需求，更使社会的统治长久而稳固。除此之外，廉洁勤政、克勤克俭、励志勉学的教育在古代家庭教育中也格外突出。诸葛亮在《诫子书》中写道：“夫学，欲静也；才，须学也。非学无以广才，非志无以成学。”古人要求子女要立圣贤之志，要立志以报其国。宋代赵鼎在《家训笔录》中也认为：“凡在仕宦，以廉勤为本，切莫骄奢怠情，破坏礼法。”因此，不论是广大劳动人民，还是上层社会中的开明志士都十分崇尚勤奋持政、节俭持家。在励志勉学教育方面，古人认为立志是修身之基，只有确立志向，才会明确努力的方向，才会克服各种艰难险阻向着目标前行。一个人如果没有志向，就会随波逐流，虚度年华，一事无成。康熙皇帝在《庭训格言》中，教诲子孙要清廉自守，仁爱百姓，永念祖先所积之福，无论治国还是齐家都要识大体、顾大局、明事理、得人心。另外，广为流传的“岳母刺字”的故事，也是中国古代家庭教育中教子立大志、教子与治国相联系的一个典型例证。由此可以看出，古代家庭在对子孙后代进行教育的过程中，根据一定的教育目的和教育活动规律，形成了一些正确合理的教育原则、理念和行之有效的教育方法，值得思想政治教育参考与借鉴。

二是重视社会环境教育之相通。中国古代教育家很早就认识到教育是整个社会系统中的一个子系统，许多教育问题实质上是社会问题，必须把这些问题置于整个社会系统中加以考察解决。良好的社会环境可以促使人性向善，而不良的社会环境则会导致人性向恶。在道德品质形成问题上，环境的影响十分重要。古代社会教育具有多种形式，既有官方开展的社会教育，也有民间力量进行的社会教育。官方社会教育的开展者，既有中央政府也有地方官员，主要通过以下途径开展社会教育工作。第一，任命专门从事教化活动的官吏，要求其积极对民众进行道德教化，从而使教化工作得以制度化。第二，将道德优秀者的“三老”、孝悌以及从事农业生产突出者的“力田”树为榜样，从物质和精神上予以大力表彰，力图通过他们对下层民众产生影响，以期形成良好的社会风俗习惯。第三，奖励名节。统治者大力提倡名节，极力征辟聘用那些讲究名节、能够严格遵守封建道德者，力图将其树为天下民众效法的楷模。第四，以图画、碑刻形式对民众进行封建忠孝节义等道德伦理观念的教育。这种形式具有形象、具体和可模仿的特点，在儒家核心价值观向基层社会的渗透中发挥了重要作用。第五，通过提倡尊老养老以强化“孝”的观念，从而使尊老养老逐渐形成一种社会风气，对稳定社会秩序起到积极作用。第六，统治者的示范教育。统治者的言行对于广大民众具有重要的示范教化作用。因此，他们能够用儒家的伦理道德原则规范自己的言行，在行孝、节俭等方面身体力行。这种道德示范教育对于化民成俗具有一定的积极意义。第七，发布诏书，宣传社会教化。这些诏书是面向全体国民的，故而能够深入基层社会，具有广泛性与普遍性的特点，有助于全社会形成以儒家伦理道德为核心的价值观。这在一定程度上起到了传播核心价值观、化民成俗的作用。从根本上来说，官方是古代社会教育工作的主体，中央政府和地方官员均在社会教育中起着主导作用。同时，民间的一些力量，例如游侠、隐士、宗教组织等，也以其自身的方式，在对民众进行社会教育中扮演着重要角色。他们所开展的这些活动，在一定程度上弥补了官方社会教育的不足。现代思想政治教育中，社会教育也是不可缺少的补充与延伸，应高度重视古代社会开展教育的方式，形成良好社会氛围，加强思想道德教育的风尚，推动思想政治教育高质量发展。

三是重视学校环境教育之相通。中国古代先哲高度重视学校教育工作，提出“教化”的思想，认为“教化”乃王者之大事，治国当以教育为先。《礼记》：“玉不琢不成器，人不学不知义，古之王者建国君民，教学为先。”把学校教育看作古已有之的经验，教学的内容以“明人伦”的道德规范为主。此后，道德教化均受到历代统治者和思想家的高度重视，官学和私学长盛不衰。作为教书化人之地，中国古代对学校自身建筑构造的要求是很高的，从选址、内部构造，到建筑装饰、景观布置，都蕴含了丰富的德育内涵。例如古代书院的选址十分讲究，除了注重自然的山水特征外，还特别强调历史文化古迹、名士遗踪等人文环境，以便“远尘俗之嚣，聆清幽之胜，踵名贤之迹，兴尚友之思”。文人的琅琅读书声、优美琴声与大自然的风声、雨声交织在一起，构成一幅有声有色、动人心弦的美好图景，也蕴含着开展学术研究所必需的独特精神和超越情怀。同时，中国古代学校在设计建设过程中，偏爱用梅兰竹菊、松柏莲荷等富有寓意的植物点缀庭院，这些植物是君子气节的代表，能够感染教化生徒的思想认识，发挥德育功能。在教学内容方面，以儒家典籍作为书院主要教材，是对生徒进行思想道德教育的重要方式之一，如“四书”“五经”中蕴含着丰富的道德修养思想。即子以四教：文、行、忠、信，诚者，天之道也；思诚者，人之道也。以儒家典籍作为书院的主要教材，使生徒在熟读儒家著作的同时，自然而然地接受思想政治教育，进而养成君子人格。古代学校的德育内容除“四书”“五经”之外，还有周敦颐的《太极图说》、朱熹的《朱子语录》、王阳明的《传习录》等书，这些对当前学校思想政治教育都有很大的借鉴意义。现代大中小学校作为思想政治教育的主阵地，对塑造学生高尚思想品德与人格负有主要责任，借鉴古代学校思想政治教育的经验，能够创新当代学校思想政治教育教学的思维理念，提高思想政治教育的效率。

总而言之，中华优秀传统文化本身就是思想政治教育存在的历史背景。中国作为一个文明古国拥有五千年悠久历史，它所蕴含的优秀传统文化源远流长、博大精深。中华传统文化具有时间上的延续性以及前后相继的关系。今天，我们之所以能清晰地了解两千年前的社会生活状况，能清晰地把握文化在每一个阶段的发展变化，能通晓大部分汉字的音形演变过程，正是由于传统文化发挥了记事、载道、化人的作用。每个人都生活在传统之中，谁也不能脱离传统而生存。当我们能够独立进行社会实践的时候，传统文化已经通过社会化教育的方式进入我们的思维习惯中了。马克思说：“人们自己创造自己的历史，但是他们并不是随心所欲地创造，并不是在他们自己选定的条件下创造，而是在直接碰到的、既定的、从过去继承下来的条件下创造。”① 中华传统文化就是这些“既定的、从过去承继下来”的历史条件。它是当代思想政治教育的重要文化背景，思想政治教育要实现科学化的发展就不能不重视传统文化的作用。当前思想政治工作就是要借鉴传统文化中重视家庭教育、社会教育、学校教育的经验，充分发挥家庭教育、社会教育、学校教育三者的作用，使其相互作用，相互补充，构建三者相互配合、相互促进、协同发展的综合教育机制。

二、教育目标的一致性

关于思想政治教育目标，当前存在两种观点，即“思想政治教育目标是指一定社会对教育所要造就的社会个体在思想政治品德方面的质量和规格的总的设想。其根本目的和任务是要培养全面发展的新人，提高人的素质，促使人们在改造客观世界的实践中改造主观世界，提高自己对客观世

① 中共中央马克思恩格斯列宁斯大林著作编译局. 马克思恩格斯选集：第1卷［M］. 北京：人民出版社，2012：669.

界的认识能力和改造能力"[①]。与"我国思想政治教育的根本目的是提高人们的思想道德素质，促进人的自由全面发展，激励人们为建设中国特色社会主义，最终实现共产主义而奋斗"[②]。以上两种观点表明思想政治教育的目标有二，一是提升思想道德素质，二是激励人们为实现共产主义而努力奋斗。而"文化的实质在于以潜在、无形的力量对人们的思想观念和行为方式施加深刻影响，以达到社会所要求的目标"[③]。因此，从教化目标视角分析，中国传统文化倡导仁义礼智信、推崇道德规范的思想观念，符合新时代培养青少年思想政治品质的基本要求。发挥中华优秀传统文化的思想政治教育功能，能够提高学生思想道德品质，塑造学生高尚的灵魂，教育学生树立正确的世界观、人生观和价值观，使学生成长为让党放心、让人民满意的社会主义事业合格建设者和接班人。

第一，提高思想道德素质之目标一致。中华优秀传统文化具有以德育人、注重伦理道德的显著特征，在对人的教育培养当中，往往强调德才兼备、正心、明德、修身等。道德教育是中华文化的核心内容，中华民族的传统道德文化讲求修身正己，严格自律。培养崇高的道德理想是古时人才培养的核心目标之一。如儒家思想推崇"仁、义、礼、智、信"，要求人具备包括忠、恕、悌、智、勇、恭、宽、信、敏、惠等多种品质，涵盖了对人方方面面的规范。其中，"仁"的核心是"仁爱"，是人情淡漠的现代社会尤其需要培植的品质。"仁"讲求关心爱护与同情帮助，是一个人德行高尚的表现，包括善良、诚实、守信、友爱、谦恭、勤奋、包容、进取与尊重等，代表着中华子孙的核心价值取向，体现了丰厚的中华传统文化底蕴。"义"的核心在于利他，形成一种正确的义利观。随着社会生产力的进一步发展，社会分工的广度及深度将会进一步增加，人与人之间的利益相关性必然会进一步提高，社会的"利他"行为必然会进一步发展。"义"的教育内容就是：维护他人的利益和维护社会的利益，这些在本质上就是在更长的时间跨度上、更大的社会范围内、更高的价值层次上维护自己的利益，在人际交往活动中体现追求长远价值和整体价值的基本原则；"礼"是一系列程式化、仪式化的规则体系，内容十分庞杂，既包括

① 教育部社会科学研究与思想政治工作司组. 思想政治教育学原理［M］. 北京：高等教育出版社，1999：10.

② 陈万柏，张耀灿. 思想政治教育学原理［M］. 北京：高等教育出版社，2017：73.

③ 张岱年，程宜山. 中国文化论争［M］. 北京：中国人民大学出版社，2006：33.

国家的典章制度，也包括宗教仪式、社会习俗、礼仪规范，其社会功能主要有三个方面：一是“别嫌明微”，也就是明确不同社会身份和社会角色的人之间的一些必要的标志性区别，从而维持稳定的社会秩序；二是表达“恭敬”“辞让”“谦卑”之心，让人们有一种适当的形式，互相谦让，互相表达恭敬与尊重，从而使不同身份、不同角色的社会成员之间的关系愈发融洽，使之和谐相处，促进社会和睦安定；三是用以举行重大社交活动，以理顺、表达、阐述、调整和处理社会中各阶层、各集团、各家族及不同个人之间的价值关系，从而达到一定的社会管理目的。“礼”的核心内容是：约束和规范价值表现的具体形式和价值运动的具体程序，这些在本质上就是间接地约束和规范人与人之间的价值关系和价值运动的限制范围，从而有效地维护社会秩序，阐述、理顺和调整社会的各种利益关系，在人际交往活动中体现讲究形式与程序的基本原则。“智”是君子必备的一种重要品德，也是实现仁、义的重要手段，没有“智”，不可能做到仁和义。古时智写成知，也就是说，知者为智。《论语·子罕》中有云：“知者不惑，仁者不忧，勇者不惧。”意思是：有智慧的人不会对事情感到迷惑，仁爱的人不会忧愁和担心，勇敢的人没有什么恐惧的。智不仅指知识和智慧，还指明辨是非的能力，也就是要知道什么行为是对的，什么行为是错的，什么样的行为是符合“仁义”的，什么样的行为是符合“礼”的，所以智是仁义和礼的前提。所谓“信”，即诚信。儒家把诚信作为人的基本道德。《中庸》认为“诚”是“天之道”，“诚之”是“人之道”。这等于是把“诚”作为至高无上的价值源头来看待。《大学》也以“正心诚意”作为“修身”的前提。孔子说：“人而无信，不知其可也。”“民无信不立。”与人交往要“言而有信”，治理国家要“敬事而信”。君子应当“言行一致，诚实笃信。”“言忠信，行笃敬”才能行于天下。“信”的道德要求，内涵很丰富，包括：说话算数，言行如一；尊重事实，反映真相；信守承诺，忠于职守；勇于承担责任，认真履行义务；等等。传统道德文化是在中国特色社会主义新时代思想政治教育中指导公民生活实践的重要依据和尺度，有助于使现代人尊崇道德、互敬互爱、诚实守信、脚踏实地，使社会道德体系得到优化。

第二，激励人民为实现共产主义而努力奋斗的方向之一致。习近平总书记指出：“马克思主义传入中国后，科学社会主义的主张受到中国人民热烈欢迎，并最终扎根中国大地、开花结果，绝不是偶然的，而是同我国传承了几千年的优秀历史文化和广大人民日用而不觉的价值观念融通的。"① 中华优秀传统文化的价值观念同科学社会主义价值观主张具有高度契合性，这为马克思主义基本原理同中华优秀传统文化相结合提供了前提条件。如中国古代"天下为公"思想就体现了古代先贤们对美好世界的向往，其中蕴含着强烈的"共产主义"思想韵味。"天下为公"最早出自《礼运》，描绘了一个选贤任能、没有纷争、各得其所的大同世界。正如《礼运》所言："大道之行也，天下为公，选贤与能，讲信修睦。故人不独亲其亲，不独子其子，使老有所终，壮有所用，幼有所长，鳏寡孤独废疾者皆有所养。"按照东汉经学家郑玄的解释，"天下为公"的"公"即"共"的意思。所以"天下为公"，也即天下是全天下人共有的天下。天下为公、大同世界的理想，展现了一幅最崇高而远大的关于人类美好社会超越性的理想和愿景。两千多年来中国人不断追求社会公平正义探索共享发展道路，"天下为公"成为贯穿其间激励人们奋勇前行的精神动力。《汉书·谷永传》有言："臣闻天生蒸民，不能相治，为立王者以统理之，方制海内非为天子，列土封疆非为诸侯，皆以为民也。垂三统，列三正，去无道，开有德，不私一姓，明天下乃天下之天下，非一人之天下也。"明末清初思想家王夫之的《读通鉴论》也说："以天下论者，必循天下之公，天下非夷狄盗逆之所可尸，而抑非一姓之私也。"黄宗羲的《明夷待访录》说："天下治乱在万民之忧乐，而不在一姓之兴亡。"康有为也说："无邦国，无帝王，人人相亲，人人平等，天下为公，是谓大同。"到了近代，民主革命的先行者孙中山更是对"天下为公"情有独钟。1924 年，孙中山在其《三民主义》中说："真正的三民主义，就是孔子所希望的大同世界。"又说："我们三民主义的意思，就是民有、民治、民享。这个民有、民治、民享的意思，就是国家是人民所共有，政治是人民所共管，利益是人民所共享。照这样的说法，人民对于国家不只是共产，一切事权都是要共的。"从古至今，"天下为公"的理想从未熄灭，并一直作为一种理想社会激励着士民们。士人修身齐家，欲以一己之力兼济天下，百姓翘首以盼，始终相信那个大同社会的存在。"大道之行也，天下为公"，是萦绕在华夏子孙心中不灭的梦想。"天下为公"的理念与《共产党宣言》中提出的共产主义远景设想内在相通，与共产党人的奋斗目标深度契合。一百多

---

① 习近平. 坚持和完善中国特色社会主义制度推进国家治理体系和治理能力现代化［J］. 求是，2020（1）：4-13.

年来，中国共产党初心如磐、使命如山，为中国人民谋幸福，为中华民族谋复兴，为人类谋进步，为世界谋大同。“天下为公”的思想在古老的中国焕发出新的生机和活力，我国脱贫攻坚战取得全面胜利，实现全面小康，这是对“天下为公”的最好诠释。在中国人看来，这一文化理想，并非不切实际的幻想，而是可以拾级而上的大道。这表明，这些优秀的传统文化是与民族精神紧密联系的，更是一种“骨肉”关系，二者难以分割，应该在新时代得到开拓创新，并通过高校的思想政治教育工作，让当代大学生吸收其中的养分，培养当代大学生更高的民族自豪感与文化自信意识。新时代的思想政治教育需要继续秉持中华优秀传统文化所崇尚的思想，激励全体人民为实现共产主义而努力奋斗。

基于中华优秀传统文化思想核心与新时代学校思想政治教育目标的内在一致性，我们要善于挖掘中华优秀传统文化中的中华精神、中华价值、中华力量，将优秀传统文化教育融入学生思想教育教学过程，培养青年学生艰苦奋斗、坚韧不拔的精神品质和强烈的爱国主义情怀，积极有力践行社会主义核心价值观。

三、教育内容的契合性

中华优秀传统文化是中华民族文化的思想精华和中国人民宝贵的精神财富，蕴含着丰富的思想政治教育资源，是学校思想政治教育工作的思想宝库。思想政治教育内容是一个开放包容的系统，既有稳定性又有变动性，优秀的传统文化与思政教育能够优势互补，既能发挥教育的影响力和感召力，又能让青少年深刻领悟传统文化教育素材的魅力①。

第一，坚持以理想信念教育为核心的教育内容之契合。理想指引方向，信念给予力量，理想信念教育贯穿于我们党百年奋斗历程，始终是我们党百年思想政治教育的核心内容②。中华优秀传统文化是中华民族的精神命脉，它历经五千多年的洗礼和积淀，外在形态、构成要素和传承特征不断变化，但是，其中蕴含的一些精神内涵以及精神价值却传承至今，不仅不曾消亡，反而随着时间的推移、历史的发展在当代释放出更加耀眼夺

---

① 陈念，毕四通. 论思想政治教育内容结构的体系建构［J］. 思想教育研究，2021（12）：35-40.

② 胡鹏. 论新时代思想政治教育内容的“变”与“不变”［J］. 思想理论教育，2022，38（2）：87-92.

目的精神光芒。理想信念教育本质是“知根、植根、育根”的问题，塑造与培育青年学生坚定的理想信念，必须自觉地植根于中华优秀传统文化的沃土，同时不断吸纳现代文明的精华。人作为文化的一部分存在，不能只求物质上的满足，而必须求得精神上的完善。中华优秀传统文化的融合性特征，为青年学生理想信念培育了浓厚的人文环境和文化“植根”的精神土壤。比如儒家学派创始人孔子就是践行理想信念思想的先行者。在“礼崩乐坏”的西周末年，他极力推行刚健有为的品德和价值观念。一方面，孔子坚定地提出：“刚毅木讷近仁。”在《论语·子路》里，他认为要有临大节而不夺的精神品质，要有刚毅的表现，即“三军可夺其帅，匹夫不可夺其志也”。这便是有志有德之人所应有的典型品德，即他说：“不知命，无以为君子也。”后来他的学生曾参积极传承了这一思想，提出了“弘毅”说：“士不可以不弘毅，任重而道远，仁以为己任，不亦重乎？死而后已，不亦远乎？”另一方面，孔子的刚健有为思想与他的“乐而忘忧”“发愤忘食”的奋斗精神和人生态度紧密相连。他提出：“发愤忘食，乐以忘忧，不知老之将至。”并将这一人生态度坚持到暮年。再如《大学》中的八目——格物、致知、诚意、正心、修身、齐家、治国、平天下，这一教育体系蕴含的价值意旨、思维方式和理想规范具有极强的规范性、传承性和逻辑性。思想政治教育借鉴和吸收传统文化中的精华要素和有益经验，既可以为青年学生的理想信念教育提供引导路径，也可以弘扬和继承中华优秀传统文化，增强文化自信，形成民族文化认同和文化自觉。

第二，坚持以爱国主义教育为重点的教育内容之契合。在几千年的历史长河中，中华民族逐渐形成了强烈的国家意识，强调国家的统一完整、利益与尊严，并将这些爱国情感充分展现在优秀传统文化之中，使之成为宝贵的精神财富①。爱国主义思想，作为一种对客观存在的认识，同时又作为对待祖国的政治原则和道德原则，是一个历史范畴，它在不同的时代有不同的内涵，后一时代的人们总是把前一时代的优秀思想精华继承下来，而且有新的补充，发扬光大。经过世世代代的沉积、凝集、升华，中华民族的爱国主义思想总是围绕着家国天下、忧国忧民这个中心。家国天下情怀最早源于《孟子·离娄上》里“天下之本在国，国之本在家，家之本在身”里的“家国一体”思想，即自觉地把个体的生命体验与家庭、家

① 黄汀. 以中华优秀传统文化涵养青年奋斗精神 [J]. 人民论坛，2022 (23)：90-92.

族、国家紧密相连，自觉把自己放置于家国关系中来确定自己的人生价值。这种由个人而家庭、由家庭而社会、由社会而国家、由国家而天下的情怀，体现了一种与国家民族休戚与共的壮烈情怀。西晋葛洪“烈士之爱国也如家”（《包朴子·广譬》）、北宋文学家曾巩“爱国忧民有古风”（《和酬赵宫保致政言怀》之二）的诗句，也充分说明了这一点。中华传统文化从《孟子》的“穷则独善其身，达则兼济天下”，到曹植的“捐躯赴国难，视死忽如归”；从范仲淹的“居庙堂之高则忧其民，处江湖之远则忧其君”“先天下之忧而忧，后天下之乐而乐”，到顾炎武的“天下兴亡，匹夫有责”，再到鲁迅的“我以我血荐轩辕”，无不体现着中华儿女将个人命运与国家命运紧密相连的深厚责任感与历史担当。这种爱国情怀与责任担当通过生活方式、精神理念、国家制度等融入中华民族的精神道统，成为中华优秀传统文化中最为核心的价值理念，是中华民族历经磨难而生生不息的精神密码。思想政治教育中的爱国主义教育，是一种政治性的社会实践活动，其途径与方法是自上而下的指导、培育、规训、约束，其功能是维护社会的和谐稳定。中华优秀传统文化中的爱国主义教育恰好可以融入思想政治教育教学全过程，特别是在思想政治理论课、形势与政策教育、创新创业教育、法治法纪教育过程中，可以探索研究各个教育教学层面的爱国主义思想、行为与实践价值，教育引导大学生踏踏实实修好品德，成为有大爱大德大情怀的人。充分把握好中国传统文化节日、重大历史事件纪念活动等契机，充分利用博物馆、文化馆、烈士纪念馆等爱国主义教育平台，创新艺术表现形式和新媒体传播模式，持续开展社会主义核心价值观和中国梦主题教育，唱响爱国主义主旋律，牢固树立国家意识、集体意识、英雄意识。

第三，坚持以人格修养教育为依托的教育内容之契合。人格修养智慧是中国传统文化基本精神的内在实质和外在形态相统一的实践理性。中国传统文化的核心是以儒为主，以释道为补充，无论哪一家对道德伦理设定的最终落脚点皆旨在解决理想人格的构建问题，而他们又不约而同地主张在人格修养中选择一个模范人格作为追效的对象，尽管这三家对理想人格的设定存在着明显的差异，但是注重个体的处己立身，追求高尚的精神境界，却是中国传统人格观的共同特征。例如，古代开展的以正心笃志、崇德弘毅为重点的人格修养教育。所谓正心，即身有忿，则不得其正。有所恐惧，不得其正。有所乐好，不得其正。有所忧患，不得其正。此所谓心在其身也；所谓笃志，即方向要明确，要有远大的志向，对自己的未来有清晰的规划。《论语·子张篇》中曰：“博学而笃志，切问而近思，仁在其中矣。”朱熹说：“百学须先立志。”苏轼说：“古之立大事者，不惟有超世之才，亦必有坚忍不拔之志。”可见，立志是成才成功的起点，是克服困难、坚定向前的动力源泉，对一个人的一生具有重要意义。只有把“本”立好了，人生的“道”、学习的“道”才能自然而然地产生。“笃志”不是一件单一的事情，它始于立志，辅以明志，成于行志。“笃志”意在勉励人在博览全书、广泛学习的同时，注意挖掘自身的潜能并立下远大的志向，一心一意地坚守，直至实现人生理想。所谓崇德，即主张人要推崇君子高尚的品格，要能做到“君子坦荡荡”“君子泰而不骄”“修其心治其身”。在义利关系上，明确认为“君子喻于义”“君子义以为质”，需以高尚品德立于天地之间。在责任观上，要敢担责任，强调“天行健，君子以自强不息”，要有“为天地立心，为生民立命，为往圣继绝学，为万世开太平”的担当和进取精神。所谓弘毅，即做人要抱负远大，意志坚定。孔子曰：“主忠信，徙义，崇德也。”“先事后得，非崇德与。”曾子曰：“士不可以不弘毅，任重而道远，仁以为己任，不亦重乎，死而后已，不亦远乎。”总之，人格修养是个人的思维方式和价值理念形成的过程和最后具有的综合素质、达到的人生境界。修养作为动词来讲是修身的行为，作为名词来讲是修身达到的境界。但无论是通过修身来达到修养，还是修养本身就是目的，这一途径本身发挥的是文化中“文以载道”“以文化人”的功能。这些古代思想政治教育的内容对新时代中国人民的道德建设仍然有着重要的参考价值。思想政治教育就是要着力引导青少年学生明辨是非、遵纪守法、坚韧豁达、奋发向上，自觉弘扬中华民族优秀道德思想，形成良好的道德品质和行为习惯；就是要引导青少年学生正确处理个人与他人、个人与社会、个人与自然的关系，学会心存善念、理解他人、尊老爱幼、扶残济困、关心社会、尊重自然，培育集体主义精神和生态文明意识，形成乐于奉献、热心公益慈善的良好风尚。

青少年年轻有为，思想活跃，求知欲强，接触面广，同时青少年时期是人生观的成长期，是人生道路、人生理想和行为取向形成的极其重要的阶段。当今世界复杂多变的局势，经济全球化、信息膨胀化、文化多元化，这些对青少年观念行为都有着直接的影响。面对这种态势，如果认识不足、重视不够，或是没有及时进行引导教育，不正确的价值观就有可能趁乱而入、乘虚而入，导致大学生理想信念不足、国家意识淡薄、民族精神缺失，产生严重后果。因此，加强对青年学生理想信念教育、爱国主义教育、人格修养教育等，既是当务之急，也是长远之计。如此方可锤炼当代青年高尚的品德、超强的本领、坚毅的勇气，使得青年在实现中华民族伟大复兴的历史接力赛中，跑好自己的一棒。

四、教育方法的互鉴性

方法，是实现某种目标的手段与工具。思想政治教育的方法，是为达到一定的思想政治教育目标，所采取、运用的思想政治教育手段与技术，它是思想政治教育的要素之一①。中华优秀传统文化中隐藏着诸多教育方法，其符合思想政治教育的教育方法的本质内涵与价值诉求，将中华优秀传统文化中的教育方法融入思想政治教育，有利于积极开展思想政治教育理论学习与实践教学，促进中华优秀传统文化与时代发展需求相融合，推动新时代素质教育目标的高质量完成。

第一，中华优秀传统文化中的“道法自然，循序渐进”教育方法值得借鉴。“道法自然”是道家的核心理念，也是中国哲学追求的理想境界。道家的价值取向与历史唯物主义揭示的人类文化演进顺序相似，即在人与自然关系基础上解决人与社会关系的问题，进而使人的心灵需求得以妥善满足，这与思想政治教育讲求隐性教育的方式不谋而合。“道法自然”的教育方式要求在思想政治教育工作中尊重主体独立性，坚持因材施教，以期是其所是，成其所成。尊重学生的个性独立，在教育教学过程中使学生能够充分发挥其主体作用，摆脱以往“教”与“学”相脱节的教学模式，在新时代思想政治教育课堂教学中切实做到“学生为主体，老师为主导”。鉴于此，学校才能为学生提供独立思维的学习条件与学习环境，使得思想政治教育理论内化于学生心中，外化为学生行动，使得思想政治教育取得理想成果。此外，知识的积累过程是一个“循序渐进”的过程，思想政治教育更是一项循序渐进的系统工程。朱熹在他的道德教育的过程中提出了循序渐进、引导与防禁并重、知行结合的道德教育原则。朱熹强调道德教育的过程是一个循序渐进的过程。所谓循序渐进，是指道德教育要依据受教育者的身心发展规律和思想认识发展规律以及教育规律等依序施教。思

① 杨威，田祥茂．思想政治教育的“术”“道”“学”[J]．教学与研究，2023（3）：103-111.

想政治教育是一种集塑造教育、改造教育和养成教育于一体的综合性教育，必须顺应人的思想形成发展规律。受教育者的思想品德的形成要经历一个长期的过程，不可能期望一经教育，受教育者就发生思想品德的质的飞跃。人的思想品德的形成是从知到行的过程，即知然后行，行深化知，知行互动，最终达到知行统一的过程。但是，由认知到行为是不能直接转化的，其间还必须经过情、信、意三个思想品德要素。这个过程是思想品德要素之间不断平衡发展和适应，以及知与行从旧质到新质的循环往复、螺旋上升的矛盾运动过程。从心理学角度看，习惯的养成也需要不断重复和强化，所以，思想政治教育本身不可能一蹴而就，毕其功于一役，要尊重这一客观事实和规律就要坚持循序渐进的方法。将传统文化融入思想政治教育，还应该始终坚持遵循教育规律和学生成长规律，不断构建完善的教育体制机制，着力提升教师队伍传统文化素养。随着价值塑造层级和程度的不断深化，学生的成长需求也在不断变化，应构建与之相适应的传统文化分年级教育体系。在入学阶段，将传统文化纳入通识基础课，融入学业规划、人生规划等内容，引导广大青年珍惜韶华，合理规划大学时光，促进广大青年接触、了解传统文化。这一过程以诵读、札记等教育方式为主，将传统文化嵌入学生脑海，引导学生内化于心。在高年级阶段，传统文化教育逐步深入，围绕理想信念、社会担当、能力提升等方面，教育引导广大青年将个人命运与国家发展紧密相连。这一过程以讨论、辩论为主，通过思辨加深大学生对传统文化的理解认同。在毕业阶段，通过加强治学、修身、立业等方面的教育，引导学生合理谋划未来人生，以传统文化涵养积淀作为新的发端，将传统文化精髓作为推动个人发展的内生动力。只有遵循循序渐进的教学方法与原则，方能达到全过程育人的效果。不过，在所有学段要求中华优秀传统文化教育内容面面俱到，既不必要也无可能，而且也不符合时代发展的要求。我们在内容选择上要注重结构性，对不同学段的设计要有侧重点，做到有的放矢。如此方可彰显中华传统文化的魅力，强化中华传统文化的美感教育，让青少年在成长中耳濡目染，建立牢固的中华文化认同。

第二，中华优秀传统文化中的“教学相长，师为学君”教育方法值得借鉴。教学相长在孔子的思想里已有萌芽。孔子认为，学生可能有胜于教师之处。他说：“后生可畏，焉知来者之不如今也。”并提倡弟子应该“当仁不让于师”。他认为学生应对教师的教有所反应，并动脑筋思考问题。

他说："不曰如之何，如之何者，吾未如之何也已矣。"甚至对颜回"于吾言，无所不说"颇有微词，说："回也，非助我者也。"他对子夏在读《诗》时有所发挥，联想到"礼"须建立在"仁"的思想感情基础上而大加赞扬，说："起予者，商也，始可与言《诗》已矣。"孔子认为做教师必须要自己经常温习故业，在温习旧的知识当中去探求新的知识，并融会贯通，有新的领悟、新的发现，这样才能胜任教学工作。他说："温故而知新，可为师矣。"孔子的这些思想，后经《礼记》的《学记》篇用"教学相长"一词加以概括，成为儒家教育中有关教学原则的重要思想。《礼记·学记》有言："虽有佳肴，弗食，不知其旨也；虽有至道，弗学，不知其善也。是故学然后知不足，教然后知困。知不足，然后能自反也；知困，然后能自强也，故曰：教学相长也。"而"师为学君"指"能博喻然后能为师，能为师然后能为长，能为长然后能为君，故师也者，所以学为君也"。这表明，能够多方面启发诱导才能当好老师，能当好老师才能做官长，能做官长才能当人君。因此，老师就是学生跟随他学习为君之道的人。"教学相长，师为学君"揭示了教与学之间相互制约、相互渗透、相互促进的既矛盾又统一的辩证关系。教师的教与学生的学共同构成了教学过程的双边活动。教师是教学的领导者与组织者；学生是教学的对象和接受教育的客体。教与学都是不断深入、不断发展的同一过程的两个方面。教因学而得益，学因教而日进。教能助长学，反过来学也能助长教。这就叫作"教学相长"。同时，"教学相长"还意味着教师与学生之间的平等的相互促进的关系。"教学相长"作为教育者与受教育者的全新定位，重新审视了思想政治教育过程中教育者与受教育者共生、共存的关系。教育者在教育过程中扮演着指导者和启发者的角色，受教育者发挥着促进和参与的作用，无论是教育者还是受教育者，都不处于支配或者中心地位，双方是合作和平衡的关系。具体来说，在思想政治教育中，教育者与受教育者要重新回归到平等的地位，二者相互影响、互为主体。在共同成长理念下，教育者与受教育者在教学相长的过程中不断进行思想碰撞，以达到共同成长的目的。

第三，中华优秀传统文化中的"因材施教，导而弗达"教育方法值得借鉴。"因材施教"一词出自《论语·先进篇》，是我国古代大思想家孔子教育思想的精髓所在，也是两千多年来被后人推崇的、教育教学中重要的教学方法和教学原则。孔子把学生大致分为"上智""中人""下愚"三类。孔子说：“生而知之者，上也；学而知之者，次也；困而学之，又其次也；困而不学，民斯为下也。”颜回能“闻一知十”，子贡只能“闻一知二”，说明孔子早就注意到学生在智力方面有着差异。孔门弟子年龄参差不齐，不同年龄的学生有不同的需要，应区别对待，所以针对学生不同年龄层次的特点，孔子也有不同的教学侧重点。孔子说：“君子有三戒：少之时，血气未定，戒之在色；及其壮也，血气方刚，戒之在斗；及其老也，血气既衰，戒之在得。”他说过：“柴也愚，参也鲁，由也谚。”“师也过，商也不及。”又如“由也果”“赐也达”“求也艺”等。在他看来，人的性格可以分为三种类型：“狂者”“中行”“狷者”，“不得中行而为之，必也狂狷也！狂者进取狷者有所不为也”。所以仲弓为人狂傲，不能体谅别人，孔子就教他忠恕之道；司马牛话多而且急躁，孔子就告诫他做人要说话谨慎。“由也，千乘之国，可使治其赋也。”“求也，千室之邑，百乘之家，可使为之宰也。”“赤也，束带立于朝，可使与客言也。”孔子还说“雍也可使南面”“赐不受命而货殖焉，亿则屡中”。这些无不反映孔子对学生才能差异的洞察。“导而弗达”就是要善于通过诱导进行教育，引导学生而不牵着学生走。“道而弗牵，强而弗抑，开而弗达。道而弗牵则和，强而弗抑则易，开而弗达则思。和易以思，可谓善喻矣。”这表明老师只有启发学生而不代替学生做出结论，师生关系才会融洽，学生才能独立思考。因此，“因材施教，导而弗达”在教育中的含义是：在教学中，教师根据不同学生的认知水平、学习能力以及自身素质，选择适合每个学生特点的学习方法来有针对性地教学，发挥学生的长处，弥补学生的不足，激发学生学习的兴趣，树立学生学习的信心，从而促进学生全面发展。从“各因其材”中，我们也可以得知，因材施教，就是要承认差异、尊重差异、研究差异，让不同层次的学生得到不同程度的发展。即面向全体学生，尊重个体差异，促进学生个性特长的健康发展，变不可能的同步发展为可能的异步发展；在“自主、合作、探究”学习中，让学生各展其长，各尽其能，各得其所，最终实现全面发展。时下，我们的教育更多地注重“个别化”的教学，更多地关注“英才教育”，缺失了在学生个性特长和道德品质上的“因材施教”，总是以不变的眼光看待一切，“学习好就一切皆好”，“一好”代替“三好”，成了评选“三好学生”的潜规则。这种在教育教学方法上“一刀切”“一锅煮”“齐步走”，甚至拿学生的特点当缺点，把学生的个性展示视为自行其是的做法是十分不可取的，最终导致学校成为生物工厂，教育教学如同在流水线上批量生产，一批又一批学生被“克隆”为无个性、无特长的“标准件”，从而抹杀了学生的个性。“因材施教，导而弗达”在当代意义重大，启发思想政治教育要按照学生的个体差异、性格特点、兴趣爱好和目标追求，区分不同的教育对象，采取不同的教育方式，最终完成“立德树人”的任务。

第四，中华优秀传统文化中的“学思并重，触类旁通”教育方法值得借鉴。关于“学思并重”，孔子在《为政》中提出“学而不思则罔，思而不学则殆”，学习不加思考就会迷惘而无所适从，但思考必须建立在已有知识的基础上，否则就会变成空想。所以他又在《卫灵公》中说：“吾尝终日不食，终夜不寝，以思，无益，不如学也。”在“多见而识”的基础上，提倡学思并重。但他更重视的是理性自觉，即“触类旁通”，如他提出“闻一以知十”“下学而上达”等为学之方。孔子还善于运用问答法，促进学生独立思考。有时学生问一个问题他只简单回答，引起学生追问，这也是一种启发。如《子路》载，孔子到卫国去，冉有替他驾车，冉有接连发问，孔子先答“庶”，再答“富”，后答“教”，一步步引起冉有的追问与思考。又如《宪问》载，子路问：“如何成为君子?”孔子简单回答道，“修己以敬”。子路不满足又追问孔子：“像这样就够了吗?”孔子第二次回答：“修己以安人。”又引起子路的追问，孔子才第三次回答：“修己以安百姓。”孔子这样连续回答三次，既有针对性又有启发性。再如《颜渊》载，子贡问政，孔子说：“足食、足兵、民信之矣。”意思是说，粮食充足、军备充足、人民信任政府，做到这三点才算是治理好政事，从而引起子贡思考。子贡追问道：“如果迫不得已一定要去掉一项，先去掉什么?”孔子回答：“先去掉军备。”子贡又进一步追问：“如果迫不得已还要去掉一项，再去掉什么?”孔子答：“去掉粮食。”接着孔子说：“自古皆有死，民无信不立。”意思是说，唯有“民信”不能去掉，失去了人民的信任，国家就立不起来了。可见孔子的启发式教学是灵活而生动的。孔子这种以学习为基础，“学思并重、触类旁通”的学习方法，是符合唯物主义认识论的原理的，更值得思想政治教育借鉴。“思想子系统包括世界观、人生观、道德观、政治观等。教育对象能够在接纳和理解思想政治教育工作者传授的内容之后，能够举一反三、触类旁通，将其放在特定的情境中灵活运用，从中获取解决现实问题的智慧和能力，肯定思想政治教育内容在工作、学习、生活中给自身带来的价值。”[①] 新时代的中国青年，更加自信自强、富于思辨精神，同时也不可避免会在理想和现实、主义和问题、利己和利他、小我和大我、民族和世界等方面遇到思想困惑。作为立德树人的关键工程，思想政治教育必须引导学生“学思并重，触类旁通”，有针对性地讲清讲透学生思想上的困惑，使学生正确地认识时代、认识历史使命，争做堪当民族复兴重任的时代新人。

① 陈华洲，贠婷婷. 思想政治教育增值评价的理论内涵与实现路径［J］. 思想理论教育，2022（6）：52-58.

第七章　中华优秀传统文化思想政治教育功能发挥的目标与原则

中华优秀传统文化是思想政治教育的重要资源，通过深入学习和理解中华优秀传统文化，可以帮助人们树立正确的世界观、人生观和价值观，提升道德境界，增强社会责任感和历史使命感。所以，中华优秀传统文化的思想政治教育功能应该得到充分重视，这不仅是传承和弘扬中华优秀传统文化的重要途径，也是培养德智体美劳全面发展的社会主义建设者和接班人的必然要求。为了确保这一功能的有效发挥，制定中华优秀传统文化思想政治教育功能发挥的目标定位与主要原则至关重要。明确的目标和原则的指导可以更好地推进思想政治教育工作，培养受教育者的文化自信、道德品格和社会责任感，引导受教育者在学习和实践中深入了解和认同中华优秀传统文化，从而成为具备高尚道德情操、扎实文化素养和创新能力的时代新人。

第一节　中华优秀传统文化思想政治教育功能发挥的目标定位

目标能够为教育过程提供明确的方向和指引。目标的定位有助于增强教育者和受教育者之间的共同认知和凝聚力，促使双方在既定的目标定位下团结一致，朝着共同的目标奋勇前进。中华优秀传统文化思想政治教育功能发挥的目标定位包括总体性目标和具体性目标。总体性目标为整个教育过程提供了全局性的视角和长远的规划，这种规划不仅关注当前的教育需求，还考虑到未来的发展趋势和社会的整体需要。总体性目标的实现还需要与具体性目标相结合。具体性目标是对总体性目标的细化和具体化，它更加关注教育的实际操作和执行层面。通过实现具体性目标，可以逐步推进总体性目标的实现，从而确保中华优秀传统文化在思想政治教育中的功能得到充分发挥。

一、总体性目标

中华优秀传统文化思想政治教育功能发挥的总体性目标是从战略层面思考推动中华优秀传统文化思想政治教育功能发挥的预期效果。这既为下一层级的目标提供方向性指导，也为中华优秀传统文化思想政治教育功能的发挥描绘基本蓝图。

（一）理念先进

理念是人们对事物、现象或价值的认知和看法，是指导人们思考和行动的准则和信念。它能够直接影响个人、组织乃至整个社会的发展和进步。其中，先进的理念能够激励人们不断追求创新和变革，推动社会向更加美好的方向发展。第一，有利于运用其增强思想政治教育的吸引力和说服力。在当代社会，人们普遍受到多种价值观的冲击和影响，如果中华优秀传统文化无法与时代接轨，就难以赢得年轻一代的认同和信任。只有紧跟时代步伐，与时俱进，中华优秀传统文化才能更好地吸引青年，使其在接受教育的过程中产生共鸣，增强文化自信。第二，有利于提升中华优秀传统文化在国际交流中的竞争力。中国作为一个具有悠久历史和灿烂文化的国家，有责任向世界展示中华优秀传统文化的魅力和价值，让世界人民了解、认同中华优秀传统文化，提升中华优秀传统文化的影响力。反之，如果我们对待传统文化的理念滞后于时代，就难以在国际舞台上获得应有的尊重。

在发挥中华优秀传统文化思想政治教育功能的过程中，“理念先进”体现在以下四个方面。第一，秉持“发展”理念。中华优秀传统文化源远流长，蕴含着丰富的智慧和价值观念。然而，随着社会的变革和发展，人们的思想观念也在不断更新。因此，我们不能故步自封，应当秉持发展的理念，将中华优秀传统文化与现代社会的发展相结合、与社会主义核心价值观相契合，使其在新的时代背景下仍然具备时代价值，引领人们的思想和行为。第二，注重“实践”理念。中华优秀传统文化中蕴含着丰富的生活智慧和道德准则，对于指导人们的行为和选择具有重要作用。但是，单纯停留在理论层面的思想往往难以产生实际的影响。因此，要将中华优秀传统文化的思想观念与实际生活相结合，通过实践指导，体现出中华优秀传统文化对人们日常生活的解释力和引导力，让人们感受其魅力，从而形成正确的行为习惯和道德选择。第三，保持“包容”理念。中华优秀传统文化包罗万象，蕴含着多样的思想观念和价值体系，反映了中华五千年来不同历史时期和地域的文化特色。在中华优秀传统文化的传播和教育中，也要继续保持包容的理念，充分尊重和理解各种不同的观点和主张，以开放的态度对待差异和争议，从中寻找和提取适合现代社会的内容。只有具备包容性的优秀文化才能真正融入现代社会，获得人们的认同和接受。第四，注重“创新”理念。中华优秀传统文化虽然有着丰富的智慧和价值观念，但不能仅仅停留在传统的范畴中。我们要结合现代科技和文化的发展，创造新的文化形式和教育形式，以更好地传播和弘扬传统文化的精髓。只有不断创新的中华优秀传统文化才能与时俱进，适应社会发展的需求。

（二）内容充裕

内容是事物所包含的实质性事物，它关涉人类的知识、观点、思想和情感。中华优秀传统文化作为中华民族的宝贵精神遗产，蕴含着丰富的哲学智慧、道德规范和社会伦理，充分挖掘其中的思想政治教育内容具有重要意义。首先，有助于受教育者全面深入地了解和把握中华优秀传统文化的思想和精髓。只有内容完备，才能让人们全面理解中华优秀传统文化的核心价值观念，深刻领悟传统文化的丰富内涵，从而增强文化自信和认同感。其次，有助于培养受教育者的综合素养和思维能力。传统文化中蕴含着丰富的哲学思想和道德规范，教育者通过全面系统地传授这些内容，可以帮助受教育者形成更加完善的认知体系，提升其判断能力和思辨能力，培养批判性思维和创新能力。最后，有助于提升中华优秀传统文化在传播过程中的说服力。在发挥中华优秀传统文化思想政治教育功能的过程中，具备充足的内容，才能够全面、系统地解释一定领域或议题的各个方面，并且做到各个部分之间相互联系、相互支撑，经受得起各种质疑和攻讦。

在发挥中华优秀传统文化思想政治教育功能的过程中，“内容充裕”体现在以下五个方面。一是多元化的思想体系。中华优秀传统文化汇集了儒、道、佛等多元的思想体系，涵盖了丰富多样的智慧和观念。在进行思想政治教育时，需要充分呈现这些思想体系，让人们了解并体会不同思想观念的内涵和价值，帮助他们形成全面、多元的思维方式。二是丰富的艺术作品。中华优秀传统文化积淀了大量的文学作品和艺术成果，如诗词、戏曲、小说等文学作品，琴、棋、书、画四大技艺，都蕴含着丰富的人文情怀和审美情感。在传播和教育中，应当充分展示这些文化成果，引导人们从中感悟人生哲理，培养他们的审美情感、人文素养和道德水平。三是广泛的历史传承。中华优秀传统文化源远流长，历史悠久，涵盖了大量的历史传承和文化传统。教育者需要广泛介绍中华文化的历史渊源，包括古代的政治制度、社会风貌、科技成就等，让人们全面认知中华文化的历史积淀和历史发展，以史为鉴，培养正确的历史观、科技观。四是深厚的价值观念。中华传统文化蕴含着仁爱、孝道、忠诚、礼义等深厚的价值观念，这些价值观念贯穿于各个领域和层面。在进行文化传播和思想政治教育时，需要充分阐释和传达这些价值观念，引导人们树立正确的世界观、人生观、价值观，培养他们的道德情操和社会责任感。五是丰富的文化形式。形式是内容的载体。中华优秀传统文化涵盖了丰富多样的文化形式，如传统节日、民间习俗、宗教信仰等，这些形式在当下依然具有重要的教育意义。教育者充分介绍和传播这些传统文化形式，能够帮助人们了解和尊重中华优秀传统文化，增强其文化自信心和认同感。

（三）方法适配

方法是人们为达到某个目标而采取的手段和行为方式。毛泽东曾指出："我们不但要提出任务，而且要解决完成任务的方法问题。我们的任务是过河，但是没有桥或没有船就不能过。不解决桥或船的问题，过河就是一句空话。不解决方法问题，任务也只是瞎说一顿。"① 在发挥中华优秀传统文化思想政治教育功能的过程中，方法适配具有重要意义。首先，合适的方法有助于激发学习兴趣。不同人群具有不同的生活习惯、兴趣爱好和认知水平，因此根据不同教育对象的个性特点采取合适的方法，有利于满足人们的不同需求，激发和调动他们了解和学习中华优秀传统文化的兴趣。其次，合适的方法有助于提升教育效果。通过选择适应不同地域、不同群体的教育方法，有利于中华优秀传统文化思想政治教育的实施和受教育者的接受，使中华优秀传统文化的思想观点和道德观念在文化传播和教育中能够被有效传达，提升受教育者的认同度。

在传统文化思想政治教育的过程中，"方法适配"体现在以下四个方

① 毛泽东．毛泽东选集：第1卷［M］．北京：人民出版社，1991：139.

面。第一，教育内容适配。在运用中华优秀传统文化进行思想政治教育时，需要根据教育对象的年龄、认知水平和兴趣爱好，选择合适的教育内容。这些内容应当既符合中华优秀传统文化思想的核心价值观，又贴近教育对象的实际生活和学习需求。通过精心挑选和设计教育内容，教育者可以更好地引导受教育者理解和接受其中的思想。第二，教育方法适配。不同年龄段的受教育者有着不同的学习特点和接受能力，因此需要选择适合的教学方法。教育者可以结合宣讲、互动讨论、实践体验等多种有趣的方式，使不同年龄层次的受教育者理解和接受传统文化思想。各种教育方法的灵活运用，可以激发受教育者的学习兴趣，提高他们对中华优秀传统文化的认知度。第三，教育资源适配。教育资源利用得当，能够抓住受教育者注意力，调动受教育者的积极性。教育者可以根据不同地域、不同单位的资源条件，选择合适的教育资源。例如，文化名人较多的地区可以通过名人故事进行教育；文化遗迹较多的地区适合实地教育。通过多媒体手段呈现中华优秀传统文化的内涵和精神，可以更生动地展示传统文化的魅力，增强受教育者的学习兴趣和乐趣。第四，教学环境适配。营造富有中华优秀传统文化韵味的教育环境，可以极大地增强思想政治教育功能。教育者可以通过布置传统文化展示区、搭建文化体验场所等方式，营造浓厚的传统文化氛围，激发受教育者的参与热情，增强他们对中华优秀传统文化的感知和理解。总之，"方法适配"体现在教学内容、教学方法、教学资源和教学环境等多个方面。我们可以通过对这些方面的改善，更好地促进中华优秀传统文化思想的传承和弘扬，培养人们的传统文化素养和思想道德水平。

（四）载体多样

载体是能够传递和运载其他事物的事物。在发挥中华优秀传统文化思想政治教育功能的过程中，教育载体扮演着至关重要的角色。它是传达、传播和实践中华优秀传统文化思想政治教育内容的媒介和平台。载体对中华优秀传统文化思想政治教育功能的发挥有重要影响。首先，影响中华优秀传统文化传承和弘扬。各种传播载体和教育载体的设计和运用，有助于丰富中华优秀传统文化的传播渠道，提升中华优秀传统文化中核心价值观念、道德规范和思想精髓的有效性。其次，影响受教育者的学习效果和认知体验。合适的内容载体有助于受教育者建立对中华优秀传统文化的认知框架和情感链接，塑造积极向上的思想观念和情感态度。最后，影响文化氛围。中华优秀传统文化的文化产品、文化作品、文化活动充分融入人们日常生活的方方面面，有助于社会文化的繁荣与发展。

在发挥中华优秀传统文化思想政治教育功能的过程中，实现载体多样化包括以下七个方面的内容。第一，文字载体多样化。文字是文化传承和教育过程中最基础、最常用的载体形式之一。教育者可以通过教材、宣传手册、报纸文章、经典著作等文字形式来传达中华优秀传统文化的思想和价值观。第二，图像载体多样化。图像是利用人的视觉来保留和传递信息的载体形式。教育者可以利用图片、图表、漫画等图像形式来展示中华优秀传统文化的形象、符号、艺术作品等，使受教育者通过视觉感受来理解和认知传统文化。第三，音频载体多样化。音频载体是利用人的听觉来保留和传递信息的载体形式。教育者可以通过音乐、诗歌朗诵、讲座录音等方式传达传统文化的音乐、语言、声音等元素，让受教育者通过听觉来体验传统文化的内涵。第四，视频载体多样化。视频是一种生动、直观的载体形式。教育者可以通过纪录片、电影片段、动画等形式来展现传统文化的历史、人物、故事等，让受教育者通过视听来深入了解传统文化的发展历程和价值内涵。第五，体验载体多样化。要发挥中华优秀传统文化的思想政治教育功能，也可以通过受教育者的切身体验。例如组织受教育者参观文化遗址、参与传统节日活动、学习传统手工艺等，让他们亲身感受和体验传统文化的价值和魅力。第六，新媒体载体多样化。随着新媒体的发展，利用互联网、社交媒体等平台进行文化传播和思想教育已经成为普遍趋势。教育者可以通过微博、微信公众号、在线教育平台等新媒体平台进行中华优秀传统文化的传播和教育，满足受教育者多样化的学习需求。第七，实践载体多样化。教育者应当通过社区服务、志愿活动、传统文化实践等方式，将中华优秀传统文化的价值理念、思想政治教育的基本要求与受教育者的实际生活有机结合，让受教育者在实践中感受和传递中华优秀传统文化的价值。

二、具体性目标

中华优秀传统文化思想政治教育功能的发挥在总体性目标的指导下，使社会与个人的发展也具有预期性的具体性目标。在这里，我们将其分为中华优秀传统文化思想政治教育功能发挥的社会性目标与个体性目标。

（一）社会性目标

中华优秀传统文化思想政治教育功能发挥的社会性目标，指的是通过传承和弘扬中华优秀传统文化的核心价值观和思想理念，来影响和引导整个社会的发展方向、价值取向以及文明进步，促进社会的持续发展。

一是引领社会价值观。价值观决定着一个社会的道德标准和行为准则，对社会成员的行为、态度和选择产生着深远影响。一个具备共同价值观的社会更容易形成共识和凝聚力，增强社会成员之间的互信和合作，从而推动社会的协调发展。中华优秀传统文化源远流长，凝聚了千百年来中华民族的智慧和思想。这些传统文化的核心价值观念承载着中华民族的文化基因，具有深厚的历史积淀和文化底蕴。由于其历史渊源和传承延续，中华优秀传统文化在社会中具有权威性和认可度，能够对广大社会成员产生持久而深远的影响。

在发挥中华优秀传统文化思想政治教育功能的过程中，“引领社会价值观”体现在以下两个方面。第一，弘扬传统美德。中华优秀传统文化注重道德伦理和人文精神的培养，强调孝道、仁爱、礼仪等传统美德。通过思想政治教育，可以传承和弘扬这些传统道德观念，引导社会成员树立正确的价值观，促进社会公德的提升和社会风气的改善。第二，塑造国家意识与民族认同。中华优秀传统文化蕴含着深厚的国家意识和民族认同，强调对祖国的热爱和对民族文化的传承。通过思想政治教育，可以激发社会成员的爱国情怀和民族自豪感，促进民族团结和民族复兴的实现，引领社会形成团结奋进、爱国爱民的价值观。

二是促进社会和谐。社会和谐反映着一个国家或地区的整体发展水平，更是一种社会治理的现代范式，体现了各方利益的协调与整合，以及人与自然、人与人之间的和谐关系。在当今社会，社会和谐已经成为人们共同追求的目标。中华优秀传统文化深受历史文化、价值观念和行为规范等多方面因素的影响，其中蕴含着促进社会和谐的丰富内涵和智慧，在价值观念引领、家庭伦理支撑、社会秩序维护、包容性与平等方面发挥着重要作用。

在发挥中华优秀传统文化思想政治教育功能的过程中，“促进社会和谐”体现在以下三个方面。第一，强调和谐相处。中华优秀传统文化注重礼仪和人际关系，弘扬中庸之道、兼容并包的思想，主张各种价值观念的平衡和协调。这种包容性思想有助于化解社会中不同群体、观念之间的矛盾，促进社会各方面的共同进步与发展，推动社会向着更加和谐的方向发展，从而建立和谐社会关系。第二，倡导互助与共享。中华优秀传统文化强调邻里互助、助人为乐的精神，通过思想政治教育可以培养人们乐于助人、乐于分享的品质，促进社会成员之间的互助合作，实现共同发展。第三，弘扬公平正义。中华优秀传统文化注重公平正义的价值观，通过思想政治教育引导人们维护公平正义，关注社会弱势群体的权益，促进社会资源分配的公平合理，增进社会和谐。

三是增强社会凝聚力。社会凝聚力是社会成员在共同的价值理念、利益诉求和文化认同基础上形成的一种团结合作、互助支持的力量。一个凝聚力强大的社会，能够更好地实现稳定发展、应对各种挑战、提升国家整体竞争力。中华优秀传统文化通过弘扬传统的道德伦理、家国情怀、民族精神等，可以在社会成员之间建立起共同的价值认同和文化认同，促进社会各界人士之间的相互理解、信任与合作。这种共同的文化认同有助于凝聚社会力量，形成共同奋斗、互助支持的良好氛围，提升社会的整体凝聚力。

在发挥中华优秀传统文化思想政治教育功能的过程中，“增强社会凝聚力”体现在以下三个方面。第一，文化自信。文化自信是指一个国家、一个民族对自己的文化传统和文明成就充满自信和自豪感，认同自己的文化特色和核心价值观，具体体现在对本国文化的认同、尊重和传承上。中华优秀传统文化是中国几千年来历史和文化的结晶，承载着丰富的思想、价值观和艺术成就。这些中华传统文化的元素和精神内核为提升文化自信注入了强大的精神动力。第二，团结合作精神。中华优秀传统文化强调团结合作的重要性，倡导众志成城。通过传承这些精神，可以促进社会各界成员之间的团结合作，增强社会凝聚力。第三，弘扬民族精神。弘扬中华民族的优秀传统文化有助于激发民族自豪感和归属感，促进各民族之间的团结和共同发展，从而增强社会的凝聚力。一个凝聚力强大的社会能够更好地应对各种内外部挑战和风险，形成全社会的强大合力，推动国家的长期稳定和繁荣发展。

（二）个体性目标

中华优秀传统文化在思想政治教育中的个体性目标主要是指在个人层面上通过学习、领悟和实践传统文化，对个体产生的影响和作用。

一是塑造个体优秀品质。中华优秀传统文化为个体提供了丰富的道德准则和行为规范，引导个体树立正确的世界观、人生观、价值观，塑造高尚的品德品质。

在发挥中华优秀传统文化思想政治教育功能的过程中，“塑造个体优秀品质”体现在以下五个方面。第一，礼仪文明。中华优秀传统文化十分重视礼仪文明，倡导文明待人、懂得尊重。通过思想政治教育，可以培养个体的礼仪意识，提升个体的礼仪之道。第二，道德修养。中华优秀传统文化注重道德修养，倡导诚实守信、孝顺尊长、礼貌谦和等品质。通过思想政治教育，可以培养个体的良好道德品质，提升个体的道德修养水平。第三，忠诚孝敬。传统文化中强调忠诚和孝敬的价值观念，通过教育培养个体具有忠诚、孝顺的品质，促使个体在家庭和社会中承担应尽的责任。第四，自律自强。中华优秀传统文化崇尚自律和自强不息的精神，可以通过教育引导个体培养自律、自强的品质，提升个体的自我管理和发展能力。第五，谦虚谨慎。中华优秀传统文化倡导谦逊谨慎的处世态度，通过思想政治教育，培养个体的谦逊、谨慎品质，使个体更加理性和成熟地处理问题，能够使个体保持谦虚、谨慎的态度，不骄不躁，从而有助于个体形成健康的心态和处世态度。

二是丰富个体精神生活。随着现代化进程和生活节奏的加快，人们面临着诸多挑战，其中包括精神生活的碎片化和浅薄化。信息爆炸、社交网络的普及以及工作压力增大等因素使得个体的注意力更加分散，精神生活更容易受到外部干扰和影响。在这样的背景下，强调丰富个体精神生活的重要性显得尤为突出。中华优秀传统文化的包容性、智慧性和启迪性特质使得传统文化不仅是一种遗产，更是一种灵魂的滋养，能够为当代个体提供精神上的愉悦。

在发挥中华优秀传统文化思想政治教育功能的过程中，“丰富个体精神生活”体现在以下两个方面。第一，培养审美情趣。传统文化中包含丰富的文学、音乐、绘画等艺术形式，通过学习和欣赏这些艺术作品，个体可以培养审美情趣，提升对美的感知能力，丰富自己的精神生活。第二，精神归属感与满足感。中华优秀传统文化中蕴含了丰富的情感寄托，如对国家的忠诚、对亲情友情的珍视、对自然万物的敬仰等。这些情感寄托可以给个体带来温暖、安慰和力量，使个体在精神上感受到归属感和满足感。

三是提供心灵慰藉。人类是情感动物，每个人都会经历各种情绪和情感的波动。有时候，我们可能会受到挫折、失望、孤独、焦虑等负面情绪的困扰，这些情绪需要得到宣泄和释放。心灵慰藉提供了一种情感表达和宣泄的出口，让人们能够通过各种途径将内心的情绪和压力宣泄出去，从而获得情感上的宽慰和解脱。传统文化作为一个民族的灵魂和精神遗产，承载着丰富的哲学智慧、情感抒发和价值观念，为人们提供了多维度的心灵慰藉途径。

在发挥中华优秀传统文化思想政治教育功能的过程中，“提供心灵慰藉”体现在以下两个方面。第一，哲理智慧。中华优秀传统文化中蕴含着丰富的哲理智慧，如儒家的仁义道德、道家的自然观念等。这些哲理智慧可以为个体提供心灵的滋养，在面对困惑、痛苦或挫折时，这些思想为人们提供了对生命和境遇的深刻反思和指引，通过思考和理解传统文化中的智慧，帮助人们找到内心的平静和坚定。第二，情感抒发。中华优秀传统文化中有许多艺术形式和文学作品，如古诗词、戏曲、传统音乐等，这些作品表达了丰富的情感和人生体验。通过欣赏、演唱或参与其中，个体可以将自己的情感与传统文化进行交融，使情感得到宣泄和抒发，从而获得心灵的慰藉和平衡。

第二节　中华优秀传统文化思想政治教育功能发挥的主要原则

为了充分发挥中华优秀传统文化的思想政治教育功能，在将中华优秀传统文化应用于思想政治教育的过程中应遵循一定的原则。中华优秀传统文化思想政治教育功能发挥的主要原则，即在思想政治教育过程中，将中华传统文化的精华部分与思想政治教育进行融合，通过中华优秀传统文化的学习帮助人们树立正确的世界观、人生观和价值观，起到思想政治教育的功能和作用。中华优秀传统文化思想政治教育功能发挥的主要原则有方向性与针对性相统一的原则、主导性与主体性相统一的原则、批评继承与发展创新相统一的原则、立德树人与知识教育相统一的原则、显性教育与隐性教育相统一的原则。

一、方向性与针对性相统一的原则

方向性原则是开展思想政治教育应遵循的基本原则，在发挥中华优秀传统文化的思想政治教育功能过程中起着指导性作用。思想政治教育本身带有明确的政治倾向，以马克思主义理论为指导，以实现共产主义为目标是思想政治教育工作的本质要求，也是正确挖掘和利用中华优秀传统文化的重要基础。中国共产党以马克思主义理论为指导，将马克思主义基本原理与中国具体实际相结合，带领中国人民取得了革命的胜利，以及建设和改革的巨大成就，为中国的发展指明了正确的方向。党的历届领导人以马克思主义为指导思想，结合中国各个阶段的实际创造了毛泽东思想、邓小平理论、“三个代表”重要思想、科学发展观、习近平新时代中国特色社会主义思想，这些都是马克思主义中国化的重要理论成果。要使马克思主义理论及其中国化成果得到人民的深入理解和践行，还需要将其与富有民族特色的中华优秀传统文化相结合，将中华优秀传统文化应用于思想政治教育工作，为中国化的马克思主义提供丰厚的文化土壤。因此，要充分发挥中华优秀传统文化的思想政治教育功能，就需要高擎新时代中国特色社会主义的伟大旗帜，以习近平新时代中国特色社会主义思想为行动指南。中华优秀传统文化应用于思想政治教育过程中要始终以符合党的纲领、路线和政策为根本要求，使人们能够主动学习中华优秀传统文化，在正确的政治方向指导下对中华优秀传统文化进行创造性转化和创新性发展，服务于新时代中国特色社会主义事业的伟大实践，将个人价值与国家繁荣富强统一起来，坚定“四个自信”。

发挥中华优秀传统文化的思想政治教育功能在坚持马克思主义的政治方向基础上，还要注意教育方式方法的针对性与灵活性，实现方向性与针对性的统一。思想政治教育工作必须以与时俱进的马克思主义理论为方向性指导，这是保证中国的思想政治教育朝着正确的方向前进的必要条件。同时，坚持正确政治方向要讲究一定的方式方法，而不是将马克思主义理论生搬硬套在思想政治教育中。马克思主义理论是被实践证明了的真理，思想政治教育工作者要在吃透这一理论的基础上将其与中华优秀传统文化相结合，运用马克思主义理论识别与判断中华传统文化中符合正确政治方向的精华部分，再通过思想政治教育的方式将这一被验证过的优秀文化传递给人们，用富有中国特色的形式来表达和描述，促进人们理解和认可中华优秀传统文化，引导人们形成正确的价值导向。在坚持正确政治方向和民族特色的基础上，思想政治教育工作者还要根据教育对象的特点进行针对性教育。思想政治教育工作不仅要面对学生群体，还要面对工人群体、农民群体等。不同的教育对象有着不同的特点，需要根据不同教育对象的特点进行分析，通过科学的方法有针对性地将中华优秀传统文化潜移默化地传递给教育对象，渗透到他们的日常生活工作中，提升他们的民族自豪感和社会责任感，坚定中国特色社会主义的发展方向，增强人们的文化自信和道路自信。例如，对于青少年群体，可以通过开展丰富多彩的校园文化活动、组织社会实践等方式，引导他们接触和了解中华优秀传统文化，增强他们的文化自信和民族自豪感；对于成年人群体，则可以通过举办讲座、展览等方式，让他们更深入地了解中华优秀传统文化的精神内涵，引导他们在工作和生活中践行中华优秀传统文化所倡导的价值观念。

二、主导性与主体性相统一的原则

发挥中华优秀传统文化的思想政治教育功能要坚持主导性与主体性相统一的原则，即中华优秀传统文化应用于思想政治教育工作既要尊重教育者的主导地位，也要尊重受教育者的主体地位，思想政治教育工作中主导性与主体性任何一方的缺失都会影响中华优秀传统文化思想政治教育功能的发挥成效。

一方面，尊重教育者的主导地位是发挥中华优秀传统文化思想政治教育功能的前提条件。首先，教育者通过对中华优秀传统文化的深入理解和研究，将其有机地融入思想政治教育。中华优秀传统文化博大精深，源远流长，蕴含着丰富的思想和智慧。教育者需要深入挖掘其中的思想政治教育资源，如经典故事、人物传记等，将其与思想政治教育内容相结合，从而丰富教育内容，提升教育的吸引力和感染力。其次，教育者在课堂上积极引导学生学习和理解中华优秀传统文化。他们通过讲解、讨论、分析等多种教学方式，帮助受教育者深入了解中华优秀传统文化的内涵和价值，从而增强受教育者的文化自信和民族自豪感，提升受教育者的思想道德修养。再次，教育者通过自身的言行和人格魅力来影响和感染学生。他们以身作则，积极践行中华优秀传统文化的价值观，为教育对象树立良好的榜样。同时，他们关注教育对象的成长和发展，及时给予指导和帮助，引导教育对象将中华优秀传统文化的精神内化为自己的行为准则。最后，教育者承担着推动中华优秀传统文化传承和创新的重要使命。他们通过教育教学、学术研究、文化交流等多种方式，推动中华优秀传统文化的传承和发展，使之在新时代焕发出新的生机和活力。总之，教育者通过深入挖掘教育资源、积极引导教育对象学习、以身作则树立榜样，以及推动文化传承和创新等多种方式，为培养具有高尚思想道德修养和扎实文化底蕴的优秀人才做出了重要贡献。因此，在发挥中华优秀传统文化思想政治教育功能中要尊重教育者的主导性地位。

另一方面，中华优秀传统文化思想政治教育功能的发挥还需要尊重受教育者的主体性地位。思想政治教育工作不是简单地把教育内容从外部灌输到受教育者身上，而是应该从受教育者本身出发，重视受教育者的兴趣、习惯、心理状况等，激发受教育者自我教育的积极性，鼓励受教育者自我服务、自我管理，意识到自身在思想政治教育教学中的主体地位。中华优秀传统文化的受教育者来自社会的各个群体，由于生活的环境与经历不同，各个群体都有自身的主观价值判断标准，对中华优秀传统文化的接受程度也不尽相同，在接受中华优秀传统文化教育的过程中会产生不同的看法、做出不同的回应。所以，在中华优秀传统文化应用于思想政治教育的过程中，教育者不仅要考虑中华传统文化的内容体系，还要考虑受教育者的自身特点与需求，将受教育者置于教育的中心地位，充分理解和尊重受教育者，充分激发受教育者的内在学习兴趣，满足受教育者的内在学习诉求。受教育者在感受到教育者的尊重之后，在教育过程中会对中华优秀传统文化做出相应的回应，这也是受教育者在思想政治教育过程中主体性地位的表现。受教育者的主体性行为反馈到教育者方面，会使教育者及时调整教育内容和教育方式，受教育者也会对教育者调整后的教育内容和教育方式做出积极地反馈，从而相应地调动了教育者开展中华优秀传统文化教育的积极性和能动性，使中华优秀传统文化教育产生双向互动作用。所以，要将中华优秀传统文化的思想政治教育功能发挥落到实效，就要在教育过程中突出受教育者的主体性地位，推动实现中华优秀传统文化教育的外化和内化的双重有效性。

三、批判继承与发展创新相统一的原则

唯物辩证法认为，事物是不断发展变化的，而发展的本质是实践基础上的继承与创新的对立统一。批判继承与发展创新是一个问题的两个方面，继承是创新引导下的继承，创新是继承基础上的创新。中华优秀传统文化历史悠久，内容丰富，中华优秀传统文化思想政治教育功能的发挥离不开对中华传统文化的坚持和发展，如果舍弃中华优秀传统文化而盲目追求创新，则会陷入历史虚无主义的漩涡，中华优秀传统文化的思想政治教

育功能也丧失了其正确的方向和根基。同时，如果在发挥中华优秀传统文化思想政治教育功能的过程中固守中华传统文化内容，不加分析地一味保留，则会使中华优秀传统文化丧失生机与活力，最终也不利于中华传统文化的发展，其思想政治教育功能也无法得到真正发挥。所以，坚持批判继承与发展创新相统一是发挥中华优秀传统文化思想政治教育功能必须遵循的基本原则。

一方面，对中华传统文化的继承要秉持批判的态度，挖掘和保留中华传统文化中的思想精华和道德精髓。习近平总书记指出："不忘本来才能开辟未来，善于继承才能更好创新。对历史文化特别是先人传承下来的价值理念和道德规范，要坚持古为今用、推陈出新，有鉴别地加以对待，有扬弃地予以继承，努力用中华民族创造的一切精神财富来以文化人、以文育人。"① 中华传统文化是中华民族在一定历史时期形成的积淀，不可避免地受到当时的社会思想文化背景的限制，带有深刻的时代烙印。思想政治教育工作者在对待中华传统文化上，应根据时代的特点、受教育者的实际选择，吸收和融合中华传统文化中与思想政治教育相契合的精华部分，使之合理地运用于思想政治教育，发挥中华优秀传统文化的育人功能。所谓批判性的继承，就是挖掘和保留中华传统文化中符合时代发展趋势的、对受教育者的价值观塑造具有积极作用的精华内容。如传统文化中的"天下为公""任人唯贤"等传统政治观，"自强不息""厚德载物"等传统道德观，这些内容对于提升人民的思想道德素质、推动社会公正公平、促进社会和谐稳定、激发人们的创新精神和创造力等都具有重要的作用。在现代社会中，我们仍然需要这些传统观念的引导和支撑，以实现社会的持续发展和进步。而中国古代提倡的"三从四德""男尊女卑"等则是中华传统文化中具有时代局限性的糟粕，这些观念不仅违背了人权、平等和自由的原则，而且也与现代社会的价值观和道德标准背道而驰，应该予以剔除和摒弃。所以，思想政治教育工作者在利用中华传统文化来促进受教育者的思想进步和维护社会稳定方面，扮演着至关重要的角色。他们不仅需要深入了解中国的文化血脉，还需要以理性的态度和务实的精神去传承和发展这些文化，从而使中华优秀传统文化为思想政治教育工作服务落到实处，推动社会的和谐发展和文明进步。

---

① 习近平. 习近平谈治国理政［M］. 北京：外文出版社，2014：164.

另一方面，发挥中华优秀传统文化的思想政治教育功能还需要坚持创新的精神。创新是文化发展的不竭动力，只有不断创新，才能使中华传统文化焕发出新的生机与活力，在新的实践中推动中华传统文化的创造性转化和创新性发展，更好地适应时代发展的需要和人民的需求。习近平总书记指出："要使中华民族最基本的文化基因与当代文化相适应、与现代社会相协调，以人们喜闻乐见、具有广泛参与性的方式推广开来，把跨越时空、超越国度、富有永恒魅力、具有当代价值的文化精神弘扬起来"。[①] 发展创新是保持中华优秀传统文化活力的关键。中华优秀传统文化经久不衰、始终焕发出魅力就在于其具有推陈出新、革故鼎新的特征，始终以开放的姿态与其他文化求同存异，始终根据时代的发展需要而进行革新。因此，在将中华优秀传统文化融入思想政治教育的过程中，需要注重发掘其中的时代价值和现代意义，使传统文化在现代社会中焕发出新的生机和活力。同时，发展创新还是推动思想政治教育现代化的必然要求。在当代社会，思想政治教育的环境和对象都发生了很大的变化，需要不断更新教育理念、教育内容和教育方法。中华优秀传统文化可以为思想政治教育提供丰富的教育资源和深厚的文化底蕴，但同时也需要注重与现代教育理念和方法的结合，推动中华优秀传统文化的挖掘与完善，拓展思想政治教育的内容和方式，以实现教育的现代化和创新性。所以，推动中华优秀传统文化思想政治教育功能的发挥需要坚持发展创新的精神，将富有时代气息的新理念、新思想融入中华优秀传统文化元素，既保持中华优秀传统文化的本质特性，又体现中华优秀传统文化的时代张力，使之更好地服务于思想政治教育工作。

四、立德树人与知识教育相统一的原则

中华优秀传统文化思想政治教育功能的发挥需要坚持立德树人与知识教育相统一的原则。思想政治教育作为人才培养的主渠道，承担着培养德智体美全面发展的社会主义接班人的重要职责。中华优秀传统文化在培养人的思想道德素养上具有积极作用。中华优秀传统文化作为一种文化知识，以其育人功能被纳入思想政治教育知识体系，是思想政治教育完成立德树人任务的文化源泉。因此，发挥中华优秀传统文化思想政治教育功

---

① 中共中央文献研究室. 习近平关于社会主义文化建设论述摘编［M］. 北京：中央文献出版社，2017：201.

能，既要重视中华优秀传统文化的知识教育，又要以立德树人为根本任务并为之服务，真正做到立德树人与知识教育相统一。

一方面，立德树人是知识教育的根本目标。党的十八大报告指出："把立德树人作为教育的根本任务，培养德智体美全面发展的社会主义建设者和接班人。"① 思想政治教育工作的根本任务就是立德树人，培养德智体美劳全面发展的社会主义接班人是中国特色社会主义教育事业的核心所在。为了完成这一任务，思想政治教育工作者要把受教育者的德育放在首位，明晰思想政治教育是培养什么样的人、为谁培养人等根本性问题，培养受教育者良好的思想道德素质。中华优秀传统文化倡导真、善、美的统一，厚德载物、成德建业等是中华优秀传统文化的文化精髓，中华优秀传统文化在经历历史的变迁、时代的检验后将内蕴的文化道德品质传承下来，蕴含着强大的育人功能。由此而言，中华优秀传统文化内蕴的道德品质与思想政治教育工作的立德树人目标是内在契合的，中华优秀传统文化是思想政治教育完成这一任务的重要文化资源。文化知识教育是培养受教育者良好的思想道德品质的重要途径，而立德树人是文化知识教育的根本目的，文化知识教育不能仅仅停留于传递知识的阶段，而是要明确文化知识教育的方向是完成立德树人的目标，否则文化知识教育就失去了其作为手段的本来意义。因此，发挥中华优秀传统文化的思想政治教育功能必须明确将文化知识教育落实到立德树人的根本目标上来。

另一方面，知识教育是立德树人的重要手段。知识教育作为传递和弘扬中华优秀传统文化的重要手段，对于发挥中华优秀传统文化的思想政治教育功能具有不可替代的作用。立德树人这一目标的完成并不是一蹴而就的，而是要符合受教育者的认知规律，讲究一定的方式方法。人们接受教育是一个知情意行的过程，首要的是让人们接受并了解所要学习的知识，在对知识的了解与认知的基础上产生情感上的共鸣，真正理解并接受教育内容的价值和意义，产生对教育内容的信任与认可，从而内化于心、外化于行。在这一教育过程中，首要的是认知与了解，也就是知识教育。要发挥中华优秀传统文化的思想政治教育功能，首先是让受教育者对中华优秀传统文化的基本知识有一个大概的掌握和了解，让人们了解中华优秀传统文化得以形成和发展的历史地理环境，了解中华优秀传统文化几千年来完

---

① 中共中央文献研究室．十八大以来重要文献选编：上［M］．北京：中央文献出版社，2014：27．

善与发展的历史进程，熟知和了解中华优秀传统文化包括的基本内容体系。只有通过文化知识教育打牢人们的文化知识基础，才能让人们理解中华优秀传统文化的基本精神和丰富内涵，进而丰富人们的精神世界，在内化于心的基础上外化于行，培养知行合一的高素质人才，将立德树人的根本目标落到实处。

五、显性教育与隐性教育相统一的原则

发挥中华优秀传统文化的思想政治教育功能需要坚持显性教育与隐性教育相统一的原则。显性教育与隐性教育是思想政治教育工作中常用的教育手段与方式，显性教育与隐性教育各有特色、各有优势，只有将这两种教育方式结合起来才能发挥思想政治教育更大的价值，充分体现中华优秀传统文化思想政治教育功能的实效性。显性教育的特点是目的明确、系统全面、富有针对性，也正是其“显”的特点使得这一教育方式带有一定的强制性，往往引起受教育者的逆反心理。隐性教育的特点是隐而不露、润物无声、潜移默化、富有感染性，也正是其“隐”的特点使得这一教育方式针对性不强，往往保障不了思想政治教育的预期成效。所以，中华优秀传统文化思想政治教育功能的发挥需要促进显性教育与隐性教育的有机结合，二者绝不能相互取代，要根据二者各自的优势扬长避短，在二者的有机结合中找到中华优秀传统文化思想政治教育功能发挥的最大实效。

一方面，显性教育是隐性教育工作展开的前提。显性教育是大多数思想政治教育工作的主要手段，是指运用直接的、直观的、有计划的、有步骤的方式将教育内容传递给受教育者。部分高校运用中华优秀传统文化开展显性教育的方式是在学校开设中华优秀传统文化相关课程、举办相应的传统文化主题活动、开展传统文化相关论坛讲座等，具有明确的教育关系、教育目的和教育计划，这种显性教育方式教学成果显著，一直以来是各大高校发挥中华优秀传统文化思想政治教育功能的主要渠道。相比于显性教育，隐性教育往往需要依托于一定的空间或者载体对受教育者进行传统文化的熏陶，由于其效果产生缓慢且对教育者的教育艺术、受教育者的人格心理等要求较多，中华优秀传统文化思想政治教育功能的发挥效果难以得到有效保障。显性教育以极强的目的性和针对性将中华优秀传统文化知识传授于受教育者，教育对象在掌握一定的中华传统文化知识的基础上更容易接收到周围的环境、事件、载体中蕴含的中华优秀传统文化元素，

产生对中华优秀传统文化的共鸣与认可，增强以隐性教育方式提升中华优秀传统文化思想政治教育功能的成效。如果教育对象没有在显性教育的基础上获取一定的中华传统文化知识，其即使是处于富有中华优秀传统文化氛围的环境中也难以感知到中华优秀传统文化的魅力，所以，显性教育是隐性教育工作展开的前提。

另一方面，隐性教育是强化显性教育成效的方式。随着时代的不断发展进步，人们的思想与利益诉求不断多元化，教育环境与条件也发生了一些变化，简单单一的显性教育方式难以适应当前的社会环境变化，中华优秀传统文化的吸引力和感染力在这一单一的教育方式之下稍显不足。在这一情况下，需要在显性教育的基础上转化教育思路，探索更多的思想政治教育渠道，将中华优秀传统文化知识以一种更为适应时代要求、教育对象特点的方式融入思想政治教育。隐性教育相较于显性教育来说更为隐蔽和含蓄，能够将中华优秀传统文化元素融入人们的生活环境，使受教育者在无意识的状态下就能接收到来自传统文化的思想与价值观的触动，将中华优秀传统文化中的优良道德因素自觉转化为自身的行为选择，并且在这一方式下中华优秀传统文化思想政治教育功能的效果更为持久，功能发挥更为突出，所以，隐性教育是强化显性教育成效的重要方式。然而，要充分发挥中华优秀传统文化的思想政治教育功能，除了坚持显性教育与隐性教育相统一的原则之外，还要树立对显性教育与隐性教育关系的客观认识。显性教育与隐性教育之间不是非此即彼的关系，而是相互协调、相互配合的关系。在发挥中华优秀传统文化的思想政治教育功能时，要客观分析显性教育与隐性教育在中华优秀传统文化教育中的优势与弊端，扬长补短、趋利避害，找到显性教育与隐性教育的结合点，实现显性教育与隐性教育的有机结合和协调发展，推动中华优秀传统文化思想政治教育功能落到实处。

第八章　中华优秀传统文化思想政治教育功能发挥的路径与保障

中华优秀传统文化博大精深、源远流长，其蕴含的爱国主义情怀、自强不息精神等具有丰富的思想政治教育资源，对培育人的思想道德素质，塑造良好的世界观、人生观、价值观具有重要价值。中华优秀传统文化与思想政治教育二者之间存在着密切的内在联系，探索推进中华优秀传统文化思想政治教育功能发挥的重要途径，不仅有利于实现思想政治教育“立德树人”的教育任务，也有利于继承和弘扬中华优秀传统文化。所以，充分挖掘和发挥中华优秀传统文化的思想政治教育功能是值得深入研究的实践课题。而这一课题的研究是一项复杂的系统性工程，不仅需要社会、学校、家庭以及个人的协同配合，相互促进，发挥教育合力，还需要构建一套综合性的保障机制，以此来提升思想政治教育的效果和质量，推进中华优秀传统文化思想政治教育功能的实现。

第一节　中华优秀传统文化思想政治教育功能发挥的路径

中华优秀传统文化是思想政治教育的重要文化资源，也是人们不断汲取力量、塑造自我的文化源泉，依托中华优秀传统文化开展思想政治教育是实现思想政治教育完善与创新的必由之路。然而，个人在发展过程中并非是孤立存在的，而是能动地与家庭、学校、社会等因素相互作用，在这种相互作用中实现了个体的完善与发展。所以，发挥中华优秀传统文化的思想政治教育功能，在中华优秀传统文化的滋养下实现个人的完善与发展，需要社会、学校、家庭与个人的共同配合，实现教育合力，共同促进中华优秀传统文化思想政治教育功能的实现。

一、社会层面

思想政治教育是以人为载体而存在的塑造人的活动，而人是组成社会的基本单位，是思想政治教育的主要社会对象。思想政治教育就其实质来说是一种培养和塑造人的社会教育活动。良好的社会环境能够对人的学习和成长起到潜移默化的熏陶作用，因此社会要依托中华优秀传统文化，创造良好的传统文化社会环境，肩负起发扬中华优秀传统文化思想政治教育功能的社会责任。

（一）政府加强对中华优秀传统文化社会教育的重视和引导

政府对中华优秀传统文化社会教育的扶持与引导，是中华优秀传统文化发挥思想政治教育功能的关键因素。中华优秀传统文化思想政治教育功能发挥的主要依靠力量是政府，政府对中华优秀传统文化教育上的宣传以及制定的相关政策，能够为中华优秀传统文化提供强有力的发展与完善动力，为传统文化教育指明政治方向。因此，政府是社会多方面协调配合营造中华优秀传统文化教育环境的主心骨。政府要将中华优秀传统文化教育纳入日常工作，强化组织协调、健全政策导向，做好责任划分，保证中华优秀传统文化思想政治教育功能发挥落到实处。同时，政府要意识到中华优秀传统文化思想政治教育功能的发挥是一个系统工程，需要投入较大的资金与人力以获取持久的功能效应。具体来说，就是增加中华优秀传统文化思想政治教育相关产业在投入等方面的支持力度，在这些产业内部设立有利于中华优秀传统文化思想政治教育功能发挥的专项资金等，运用精神激励与物质激励的办法来增强人们的信心与动力，促进中华优秀传统文化教育的发展。依托社会各界的研究成果，联合科研院所、高校、企业等设立相应的中华优秀传统文化教育机构，针对当下中华优秀传统文化教育宣传乏力和转换不足等现实问题展开相应研究，通过资源整合，集思广益探索中华优秀传统文化思想政治教育功能发挥的突破口，立足现有的中华优秀传统文化教育资源，对中华优秀传统文化思想政治教育功能发挥的重要性与必要性、主要内容与发挥途经做学理性阐释。除此之外，还要在全面把握中华优秀传统文化内在逻辑与结构的基础上，结合时代要求，选取中华优秀传统文化中与现代社会发展相匹配的内容做适应性转化，将抽象的学理性理论阐释转换为切实可行的中华优秀传统文化思想政治教育功能发挥的行为准则，只有这样，才能助力于中华优秀传统文化教育的社会环境建设，这也是政府重视和引导中华优秀传统文化思想政治教育的重要体现。

（二）丰富具有中华传统文化特色的网络思想政治教育资源

随着社会经济的不断发展，挖掘和利用网络思想政治教育资源是中华优秀传统文化社会教育功能发挥的重要渠道。数字电视、数字网站等新兴媒体技术具有交互性、实时性、共享性等特征，是当下人们进行社会交往和获取知识信息的重要媒介。网络媒体逐渐成为人们生活中不可或缺的一部分，情感认知、道德思想的形成都离不开这些网络媒体的作用。因此，中华优秀传统文化要发挥其良好的思想政治教育功能，就需要社会教育善于运用多种传媒手段，结合时代发展要求和受众自身实际，深度了解和把握网络思想政治教育环境，丰富具有中华优秀传统文化特色的网络思想政治教育资源，提升中华优秀传统文化社会思想政治教育工作的广度和深度。

第一，开发中华优秀传统文化网络学习平台，倡导主流思想。搭建中华优秀传统文化网络学习平台，将网络学习平台作为宣传中华优秀传统文化的主阵地，邀请在中华优秀传统文化领域具有重大影响力的专家、学者来录制与中华优秀传统文化相关的课程视频，在课程视频学习中普及和宣传中华优秀传统文化知识。同时，平台还应设置政策学习与解读专栏，不仅上传党和国家为弘扬中华优秀传统文化而颁布的一系列政策文件，还要邀请相关专家和学者对这些政策文件进行解读，引导人们更科学、更自信地学习中华优秀传统文化，对中华优秀传统文化有一个客观而正确的认识。在网络平台上设置网络直播专栏，邀请非物质文化遗产传承人进行非遗的展演活动。开设“朗读者”“中国诗词大会”等视频专栏，用通俗易懂的讲述方式将中华优秀传统文化传递到网民心中。如果说网络课程、文件解读是对中华优秀传统文化的直观普及，那么网络直播和网络视频则是一种间接的传播中华优秀传统文化的方式，二者都是中华优秀传统文化社会思想政治教育的重要体现。第二，发挥大众传媒的舆论引导功能，优化中华优秀传统文化社会育人氛围。网络新兴媒体技术蕴藏着丰富的隐性思想政治教育资源，但网络新兴媒体技术是一个矛盾综合体，其既有对社会发展有利的一面，也有不利于社会发展的一面。其积极的一面在于其自身具有的快捷、方便和极具影响力的特点，可以大力宣传中华优秀传统文化，让人们在潜移默化中加深对中华优秀传统文化的认识，学习其中蕴含的思想道德品质，发挥中华优秀传统文化的育人功能。但也正是网络新兴媒体技术的这些特点，给恶意传播不良、不实传统文化信息的行为提供了便捷，比如谣言在极短的时间内快速传播，引起不良的舆论导向，造成恶劣的影响。因此，要积极运用大众传媒对中华优秀传统文化进行传播，及时发现和处理网络上有关中华优秀传统文化的不良言论和信息，加强网络舆论监督，倡导人们文明上网，为中华优秀传统文化的传播提供风朗气清的网络环境，增强中华优秀传统文化的社会育人功能。

（三）充分发挥传统文化社会实践活动的重要教育作用

中华优秀传统文化具有鲜明的实践性特征，在社会教育中融入中华优秀传统文化社会实践活动，有利于引导人们在理论与实践的结合中更深刻地理解中华优秀传统文化内蕴的思想道德精髓，进一步发挥中华优秀传统文化思想政治教育的功能。

第一，开展丰富多样的传统节日、民俗文化社会实践活动。传统节日和民俗文化蕴含着中华民族独特的情感，是发挥中华优秀传统文化社会教育功能的重要途径。传统节日是祖先们在漫长的历史长河中形成和积淀下来的民族习惯，蕴含着百折不挠的拼搏精神、精忠报国的爱国情怀、求真务实的实干精神等，具有重要的思想政治教育功能。政府、高校、社区要做好协调配合工作，深度挖掘传统节日在不同民族和地区中的特性，开展丰富多样的传统节日、民俗文化社会实践活动，如端午节组织划龙舟比赛、清明节高校组织学生到烈士陵园开展祭奠活动、重阳节举办诗歌朗读比赛等。这些以传统节日为主题的社会实践活动蕴含着丰富的道德哲理，也是一种重要的教育资源，人们在体验与参与社会实践活动中了解传统节日背后的故事，感受传统文化的魅力，引导自身的思想和行为习惯，达到社会思想政治教育的目标。第二，推动传统文化社会实践活动的常态化，实现中华优秀传统文化社会教育功能的长效化。中华优秀传统文化思想政治教育功能的发挥是一个系统性工程，只有在持续和常态化的工作中才能取得长效的成果，况且人们思想道德情操的养成、奉献精神的培养、文化知识的巩固也只有在常态化的社会文化实践活动中才能实现。以政府为主导，在高校、社区、社会媒体的协同配合下组织的传统文化社会实践活动，应以发挥中华优秀传统文化的育人功能为目标，以实践活动的开展形式多而不乱、内容杂而有序为原则，推动传统文化社会实践活动的常态化运行。传统文化社会实践活动贵在坚持、重在积累，活动的开展不应该是为了获取暂时的业绩，也不应该是为了完成上级任务，而应是在切实关注社会思想政治教育发展需求的基础上融合中华优秀传统文化中的积极成分，在不断坚持和积累中调整和完善传统文化社会实践活动的形式与内容，这不仅是发挥中华优秀传统文化社会实践活动教育作用的重要途径，更是中华优秀传统文化思想政治教育功能发挥的重要举措。

（四）强化中华优秀传统文化思想政治教育的制度体系建设

中华优秀传统文化思想政治教育功能的发挥还需要加强相应的制度体系建设，相关的单位和部门应承担起文化社会教育的责任，制定相关的制度政策，为中华优秀传统文化思想政治教育功能发挥取得预期目标与成效提供制度保障。邓小平指出："制度好可以使坏人无法任意横行，制度不好可以使好人无法充分做好事，甚至会走向反面。"① 中华优秀传统文化是中华民族的宝贵精神财富，具有深厚的思想政治教育功能。这种功能的发挥，不仅仅依赖于传统文化中蕴含的思想道德，还需要相应的制度体系来约束和规范人们的行为。内在的道德感染和外在的制度约束相辅相成，共同构成中华优秀传统文化发挥思想政治教育功能的完整机制。在这个机制中，道德感染为人们提供了精神动力和价值追求，而制度约束则为人们提供了行为规范和社会秩序。二者相互作用、相互促进，共同推动公民思想道德素质的提升。

第一，构建中华优秀传统文化社会教育的研究制度体系。社会各界、各单位和部门要积极推进中华优秀传统文化社会教育的制度体系研究，一方面，深化对中华优秀传统文化的科学内容、人文价值、道德培养等基本内容体系的研究，通过文籍整理、访问调查、考古挖掘等方式拓展和深化对中华优秀传统文化的认识，对中华优秀传统文化与中国梦、人类命运共同体等做衔接性阐释，推动中华优秀传统文化的创新性和学理性转化。另一方面，强化中华优秀传统文化思想政治教育功能发挥的方式途径研究。中华优秀传统文化博大精深、历史悠久，如何将内容丰富的中华优秀传统文化运用于思想政治教育，并将思想政治教育功能发挥到极致，是当前亟须解决的问题。思想政治教育并不只是限于学校这一平台，社会、家庭等都是中华优秀传统文化思想政治教育功能发挥的重要平台，需要整合高等

---

① 邓小平. 邓小平文选：第2卷［M］. 北京：人民出版社，1994：333.

院校、研究机构、文化企业等资源，建立相应的研究制度，探索与研究利于中华优秀传统文化思想政治教育功能发挥的模式与途径。第二，构建中华优秀传统文化社会教育的普及宣传制度体系。中华优秀传统文化的普及与宣传是中华优秀传统文化社会教育的主要手段，各级政府和教育部门要将中华优秀传统文化的普及和宣传制度体系的建设作为重要任务来抓。在中华优秀传统文化的普及教育上，制定相应的普及标准，按照一体化、分阶段的要求有序地将中华优秀传统文化融入启蒙教育、初级教育、高等教育、职业教育。此外，还要注意设立专门机构对中华优秀传统文化进行宣传普及。专门机构在中华优秀传统文化社会教育的普及宣传工作中发挥着组织、实施、指导和推动的作用，对于促进中华优秀传统文化的传承和发展具有重要意义。这些机构可以负责师资队伍的建设，提高教师的专业素养和教学能力，为普及宣传工作提供有力的人才保障。专门机构还可以通过创新宣传方式，采用现代化手段，增加宣传的覆盖面和影响力。第三，构建中华优秀传统文化社会教育的监督保障制度体系。社会各文化单位和部门要切实承担起中华优秀传统文化社会教育的领导责任，研究制定中华优秀传统文化社会教育的监督保障制度。在中华优秀传统文化社会教育的研究、宣传、普及等方面都制定相应的执行规定与标准，按照标准严格促进中华优秀传统文化的落实，加强统筹协调和宏观指导，划定责任防线，对在社会教育工作中取得成绩的机构进行奖励，对执行不力、贯彻不实的机构一查到底，一旦查实要进行严格处理，保证中华优秀传统文化社会教育落到实处。

二、学校层面

学校是中华优秀传统文化思想政治教育功能实现的主阵地。学校教育是一种系统性教育，能够将科学文化知识、社会道德规范等有组织、有目的地传授给学生，对学生的人际交往、思想道德、语言行为等具有重要的引导作用。因此，要发挥中华优秀传统文化的思想政治教育功能，就离不开学校的优秀传统文化教育。

（一）优化中华优秀传统文化课程体系建设

课程体系建设在学校思想政治教育中扮演着至关重要的角色。中华优秀传统文化作为思想政治教育的重要资源，其功能的发挥与学校课程体系的优化和完善密不可分。通过加强和优化课程设置、精选课程内容和精心编写教材，可以充分发挥课程体系建设在学校文化教育中的基础性作用，推动中华优秀传统文化在学校思想政治教育中的深入实施。

第一，加强和优化课程设置。文化是高校思想政治教育的有效载体，在高校思想政治教育中发挥着传递政治信息、影响人们思想和行为等的重要作用。不仅是高校的思想政治教育，所有学校的思想政治教育都应将文化作为思想政治教育的有效载体。加强和优化文化课程设置是中华优秀传统文化课程体系建设的重要部分，也是突出优秀传统文化教育价值的重要举措。加强和优化文化课程设置，一方面要发挥学校思想政治教育课的主渠道作用。学校思想政治教育课程开设历史悠久，有完备的课程体系和教学资源，是学校实现立德树人任务的关键性课程，具有重要的育人价值。中华优秀传统文化博大精深，具有丰富的育人资源，与学校思想政治教育的育人价值相契合，是中华优秀传统文化融入学校思想政治教育的重要依据。要结合不同阶段的教育对象，选择能够满足学生文化诉求的内容，将中华优秀传统文化有目的、有计划地融入学校思想政治教育，不断提升中华优秀传统文化在学校思想政治教育课中的比重。另一方面要设立中华优秀传统文化的必修课程与选修课程。必修课程应该涵盖中华优秀传统文化的基础知识，包括中华历史、文学、哲学、艺术等方面的内容。如开设“中华优秀传统文化概论”“论语”等公共必修课并且设定相应的学分和考核标准，从宏观上帮助学生系统学习和掌握中华优秀传统文化的基础理论，让学生了解中华文化的起源、发展、特点和价值，增强学生的文化自信和民族自豪感。选修课程可以更加深入地探讨中华文化的各个方面，如古代哲学、诗词、书法、绘画、音乐、舞蹈等。这些课程可以满足不同学生的兴趣和需求，拓宽学生的传统文化知识面，引导学生以中华优秀传统文化陶冶情操，提升自身的文化涵养，进而帮助他们深入了解中华文化的内涵和精髓。

第二，精选课程内容和精心编写教材。课堂教学作为学校开展传统文化思想政治教育活动的主要阵地，其核心在于教学内容的选取和教材的编写。为了优化中华优秀传统文化课程体系建设，并充分发挥其在思想政治教育中的价值，需要从精选课程内容和精心编写教材两个方面下功夫。一方面，精选传统文化教育课程内容。传统文化教育内容要有效地融入思想政治教育课程，就需要根据教育目标和教学规律合理选择和设置融入的传统文化内容。在小学阶段的思想政治教育中，思想政治教育的目标是帮助学生养成良好的道德习惯和树立正确的道德观念。由于小学生对知识的理解与消化存在一定难度，因此传统文化教育内容主要应为传统文化故事、寓言等，使学生在通俗易懂的故事和寓言中领悟道德礼节。在中学阶段的思想政治教育中，教育目标是道德规范的内化，所以，传统文化内容应是传统文化中的道德思想，以培养中学生的道德情感。在大学阶段的思想政治教育中，教育目标是道德素养的外化及道德自律，传统文化内容应是系统的传统文化知识，以帮助大学生自觉践行传统文化道德。另一方面，科学编写中华优秀传统文化教材。教学教材在教育体系中扮演着至关重要的角色，它们不仅是知识的载体，更是文化传承的重要工具。教材是学校教学的基础，是教师教学和学生学习的主要依据，教材的质量直接影响到学生的学习效果和中华文化的传承效果，所以，精心编写教材、优化教材的内容和质量，是实现中华优秀传统文化思想政治教育价值的有效路径。在教材编写过程中，应选择中华优秀传统文化中的核心内容，并采用图文并茂的方式将其呈现出来，增加视觉冲击力，提高可读性。同时，教材中应设置活动性栏目，如思考题、讨论题、案例分析等，以激发学生的学习兴趣和主动性，结合社会道德热点问题引发学生思考与论证，增强学生的文化知识感受和体验。教材编写还应体现时代性和创新性，注重教科书的更新和完善，以适应不断变化的教育需求和学生特点，满足不同学生的学习需求和兴趣爱好。

（二）提高教师队伍传统文化教育教学能力

思想政治教师队伍是思想政治教育活动开展的主体，在中华优秀传统文化思想政治教育功能的发挥中具有主导作用。思想政治教育教师队伍的文化教育教学能力直接影响中华优秀传统文化的教育质量，影响中华优秀传统文化思想政治教育的有效性。所以，要想发挥中华优秀传统文化的思想政治教育功能，就要把提高教师队伍的传统文化教育教学能力放在重要位置。教师的传统文化教育教学能力，需要教师通过自我学习与参与培训等多种有效途径不断提高。教师努力提升个人的文化素养和能力，肩负起“传道、授业、解惑”的教育职责，以身作则，以自身的魅力去陶冶学生情操，引导学生形成健全的人格。

首先，教师要通过自我学习和自我教育来提高自身的传统文化教育教学能力。教师不仅要做好“教”，也要做好“学”，教育的过程是教学相长的过程，教师要在教学过程中不断自我学习和自我教育，要具有提升自我教育教学能力的学习意识，与时代同进步，与学生共发展。自我学习和自我教育的内容是什么呢？一是学习马克思主义理论，把握正确的政治方向。从事中华优秀传统文化思想政治教育的教师大多数是思政课教师，肩负着引导和树立学生的政治方向、政治意识的作用，所以教师要学习马克思主义理论，保证教学的正确政治方向。二是学习中华优秀传统文化知识。教授传统文化知识的前提是自身具有丰富的传统文化知识储备，在日常的教学生活中，教师要有意识地去学习传统文化知识，拓宽自己的知识面。三是教师要通过参与教学培训来提升自身的传统文化教育教学能力。经济、科技快速发展的今天，对教师的传统文化知识、教学能力的要求不断提高，需要通过对在职教师开展常态化的教学培训来提高教师的传统文化理论知识和教育教学能力，顺应时代的发展，这也是教师学习传统文化知识、提升教育教学能力的最直接、最快捷的方式。通过对教师的培训要得到一个什么样的结果呢？即教师队伍信仰坚定、知识广博、言行一致、教学能力强。所谓信仰坚定，就是通过培训端正教师的教学态度，使其具有共产主义信仰，能够对传统文化采取批判继承的态度，保证教育内容的方向正确性。知识广博就是系统全面掌握、领会中华优秀传统文化的深刻内涵、核心要义，同时对历史学、古代文学等也熟悉了解，具有广博的知识储备。言行一致是指通过培训引导思想政治教育教师用内在的中华传统美德来规范外在的道德行为，真正做到修身律己，以身作则，以实际的行动提升中华优秀传统文化思想政治教育的感召力和感染力。教学能力强是指通过培训促使教师与时代发展步伐相匹配，与时俱进地使用现代化教学方式和方法，合理利用新兴媒体在课堂教学中的优势，以学生乐于接受的现代化教学方式达到预期的教育效果。

（三）改进传统文化思想政治教育教学方法

中华优秀传统文化与学校思想政治教育有着高度的契合性，但二者在长期的历史发展中形成了自身的独特知识框架体系，要实现二者的有机结合就需要改进教育教学方法，以此来实现中华优秀传统文化思想政治教育功能发挥的实效性。

首先，改进传统的课堂教学方式。课堂教学是学生接受中华优秀传统文化知识的主渠道，要充分发挥课堂教学的主渠道作用，改进传统的课堂教育教学方式，赋予传统教育教学方式以时代气息，使中华优秀传统文化思想政治教育取得最佳的德育效果。具体来说，就是改变以往的说教和灌输方式，采用案例教学、翻转课堂、参与式课堂等课堂教学方式，以互动式、情景式教学提高学生对中华优秀传统文化的感知度与积极性，增强传统文化教育教学的趣味性。如结合当前社会上的一些热点、难点问题，鼓励学生通过讨论、辩论的方式从中华优秀传统文化中找到解决办法和分析思路，让学生在参与的过程中感受中华优秀传统文化的现实价值，调动学生学习中华优秀传统文化知识的主观能动性。

其次，注重教育实践活动。实践既是中华优秀传统文化思想政治教育的目的，也是中华优秀传统文化思想政治教育功能实现的途径。读万卷书，行万里路，开展传统文化教育实践活动是学生将中华优秀传统文化知识内化和外化的重要渠道。学校开展丰富的传统文化教育实践活动既可以是校内的实践活动，包括诗歌诵读比赛、话剧和小品展演等活动，也可以是校外的实践活动，包括参观历史文化遗迹、参与校外文化实践基地、寻访革命先烈足迹等。不管是校内的实践教育活动还是校外的实践教育活动，都能让学生亲身感受中华优秀传统文化魅力，领略中华优秀传统文化的博大精深，增强学生的民族凝聚力和民族自信心，培养良好的思想道德品质，真正做到知行合一。

再次，开展传统文化网络思想政治教育。网络思想政治教育是新兴教育阵地，学校传统文化思想政治教育要充分运用网络思想政治教育的优势，推进中华优秀传统文化思想政治教育的网络化。学校要掌握网络信息规律，借助网络信息碎片化、娱乐化的传播特点，充分运用现有网络平台宣传推送中华优秀传统文化知识，整合文化资源共享信息平台，打破时间与空间的限制，让学生随时随地感受到中华优秀传统文化魅力，形成传统文化线上线下的思想政治教育合力。

最后，有效运用大众媒体教育手段。大众媒体为学校中华优秀传统文化思想政治教育提供了新的表达方式和教育载体，有利于激活学校传统文化课堂教学活力。学校要重视大众媒体对传统文化教育的积极作用，倡导思想政治教育工作者不断提升将大众媒体运用于教学的能力。其中就包括思想政治教育工作者将新兴媒体中的中华优秀传统文化内容运用于课堂教学，作为学生理解中华优秀传统文化知识的辅助工具，增强中华优秀传统文化知识的生动性，牢牢把握传统文化思想政治教育的主动权。

（四）重视和营造校园优秀传统文化育人氛围

“人创造环境，同样，环境也创造人。”① 校园传统文化氛围是实现中华优秀传统文化思想政治教育的重要依托，对学生的传统文化学习和良好思想道德素质的培养具有潜移默化的积极作用。具体来说，校园优秀传统文化育人氛围包括物质文化氛围和精神文化氛围两种。

第一，营造校园物质文化氛围。《教育部 共青团中央关于加强和改进高等学校校园文化建设的意见》指出，加强校园人文环境和自然环境建设，建造精神内涵丰富的物质文化环境，努力营造良好的育人氛围。营造良好的校园物质文化氛围，就是将中华优秀传统文化元素融入校园自然人文景观、文化场馆、文化产品，发挥校园建筑、场馆等载体传承和宣传文化的功能，利用校园物质设施充当传统文化符号，拉近学生与中华优秀传统文化的距离。一是融入校园自然景观。在校园内设立具有中华优秀传统文化特色的雕塑碑刻，结合学校专业特色设置古代名人雕像，如水利水电学院设置李冰的雕像，法学专业设置商鞅的雕像等。在校园草坪上设置蕴含传统文化的环境保护标语，开辟校园文化空间，设置传统文化宣传画廊、文化名人名言墙等。二是融入各类文化场馆。这包括校内博物馆、校史馆、档案馆、展览馆等，结合学校文化资源和地域特色设置相应的优秀传统文化场馆，如四川大学设置了江姐纪念馆，陈列了江姐在四川大学求学期间的档案材料和文物，并且还配备了专业的学生讲解员为到访的学生和教师进行讲解，传播红色革命文化。三是融入校园文化产品。校园文化产品代表着学校的文化底蕴，是学校的文化名片，这些校园文化产品往往包括明信片、学习用品、音像制品等，可以在这些校园文化产品中融入中华优秀传统文化的元素，如将传统文化名言警句等印于文化袋、水杯等产品上。

第二，营造校园精神文化氛围。校园精神文化氛围具有极强的渗透性，能够让师生在不知不觉中受到中华优秀传统文化的感染、熏陶和教化，在无形中影响学生的世界观、人生观和价值观。首先是将中华优秀传统文化融入校风校训。校风校训是学校办学宗旨和培养目标的根本体现，是一个学校的师生思想道德素质、精神风貌的综合表现。将中华优秀传统文化融入学校的校风校训中，引导学生在蕴含传统文化的校风校训下虚心

① 中共中央马克思恩格斯列宁斯大林著作编译局. 马克思恩格斯选集：第1卷［M］. 北京：人民出版社，2012：172-173.

好学、遵纪守法、知行合一。其次是将中华优秀传统文化融入各类校园文化活动。学校设立相关的传统文化社团，以中华优秀传统文化为主题开展相应的文化活动，如举办中国传统文化读书日、传统文化经典诵读比赛，排演传统文化音乐剧、舞台剧等，通过形式多样的校园文化活动，使学生在参与的过程中真切感受中华优秀传统文化的魅力，接受传统文化中蕴含的思想道德引导。最后是将中华优秀传统文化融入相关校园宣传讲座。有的是传统文化知识普及类的宣传讲座，如诚实守信、奋发图强等典型榜样宣传讲座，有的是与传统文化相关的学术讲座，如邀请国内研究传统文化的知名专家学者做客学校传统文化讲坛，研究中华优秀传统文化的时代性转化，对中华优秀传统文化做学理性阐释，推动中华优秀传统文化的完善与深化。

三、家庭层面

家庭是个人成长的第一环境，家长是孩子的第一任老师。家庭是社会的基本细胞，并不能脱离社会而孤立存在，家庭文化教育对个人的成长、发展以及思想状况具有最直接、最深刻的影响。因此，发挥中华优秀传统文化的思想政治教育功能不能仅仅依靠社会和学校的文化教育，家庭也应该承担责任。要围绕树立正确的家庭教育理念和观念、营造家庭优秀传统文化育人氛围、家长以身作则言传身教、注重优良家风建设四个方面，对家庭成员进行中华优秀传统文化的熏陶，实现中华优秀传统文化的思想政治教育价值。

（一）树立正确的家庭教育理念和观念

家庭教育理念和观念对个人成长具有举足轻重的作用，要发挥中华优秀传统文化的思想政治教育功能，就需要父母树立正确的家庭教育理念和观念，秉持“成才先成人”的家庭教育理念。正确的家庭教育理念和观念一是尊重孩子，即尊重孩子的个性、兴趣和需求，理解孩子的成长规律，不强迫孩子走父母规划好的道路，让孩子自由发展。二是引导孩子。父母应该引导孩子树立正确的世界观、人生观、价值观，培养孩子的独立思考、自主决策和解决问题的能力，让孩子成为有思想、有主见的人。三是培养孩子的责任感。让孩子了解自己的责任和义务，培养孩子的社会责任感和公民意识，让孩子成为有担当、有责任感的人。随着社会经济、科技的快速发展，很多父母为了孩子能够在激烈的就业环境中成为佼佼者，从小就开始培养孩子的各种技能和特长以便于其在日后的学习和就业中取得优势。成功的家庭教育必然是秉持“成才先成人”的教育理念。俗话说：“有德无才，难当大任；有才无德，才足以助其歼。”选人用人的标准是德才兼备，德是选人用人的第一标准，所以，优良的品德才是人的立身之本。中华优秀传统文化中蕴含着丰富的道德教育资源，如儒家思想中的仁、义、礼、智、信等价值观念，这些观念对于培养孩子诚实守信、尊重他人、关心社会的良好品质具有重要意义。而培养孩子的优良道德品质则需要家长具有对中华优秀传统文化的尊重和认同态度，深刻认识到中华优秀传统文化在孩子的思想道德素养培养过程中具有的积极作用，倡导和鼓励孩子亲近和热爱中华优秀传统文化，使孩子在优秀传统文化的熏陶中成为一个为社会主义事业奋斗的德才兼备的人。

（二）营造家庭优秀传统文化育人氛围

家庭育人氛围对个人的成长具有潜移默化的作用，优良的家庭文化氛围可以培养一个文化素养高、思想道德素养高的人，而恶劣的家庭氛围则会对个人的心理和行为产生不良影响，以至于毁坏一个人的一生。要在家庭中营造良好的优秀传统文化育人氛围，家长要注重对中华优秀传统文化的学习，建立一个学习型的家庭。家长要培养自身的传统文化学习意识，利用各种机会加强对中华优秀传统文化的学习，适当地增加家庭的文化消费，通过购买和阅读经典文学著作，了解中华优秀传统文化的基本精神、重要价值。定期召开家庭读书分享讨论会，加强家庭成员对于中华优秀传统文化的学习和认识，培养良好的文化阅读习惯，在相互学习中提高认识，增进感情，增加家庭的传统文化气息，使家庭成员在优秀传统文化的熏陶中养成良好的思想道德素质。家长要充分利用传统文化节日营造浓厚的传统文化家庭氛围。以传统文化节日为契机，以传统文化节日习俗为载体，运用中华优秀传统文化元素装点家庭环境，不仅营造浓厚的传统节日氛围，也营造浓厚的家庭文化氛围，从而引导家庭成员了解传统文化节日的缘起、习俗和意蕴，增强家庭成员的文化认同感和文化自豪感，在传统文化的引导下知礼节、不忘本、善感恩，在家庭文化氛围潜移默化的影响下帮助家庭成员树立正确的价值观念。

（三）家长以身作则言传身教

在家庭的文化教育中，家长的言传身教起到了重要的引导作用。家长要清楚认知自身的言行在家庭成员中的影响和作用，自觉利用传统文化来约束和规范自己的行为，起到良好的榜样示范作用。《诗经》有云：“刑于寡妻，至于兄弟，以御家邦。”意思是个人以身作则能够为妻子树立起榜样，从而推广至家庭中的其他兄弟，进而治理好一家一国。俗话说：“家是最小国，国是千万家。”家庭是一个国家的缩影，强大的国家正是一个个家风优良的家庭共同筑建的。要引导家庭成员养成良好的思想道德品行，需要家庭中的家长以身作则，言传身教，在身教与言教中为家庭成员树立起榜样。现实生活中，一些家长只会以命令的口吻要求孩子的言行，而对自身的言行则没有做过多的要求，这样的家庭教育方式不仅不能达到引导孩子形成良好道德品质的目的，反而走向了教育的另一个极端。所以，家长要善于学习中华优秀传统文化中蕴含的良好教育理念和方式，率先垂范。比如在迎宾送客上做到热情大方，通情达理，建立良好的邻里和亲友关系；在对待父母长辈上，要尽职尽责，孝敬爱老，履行赡养老人的义务；在对待家庭矛盾上，要多番交流，耐心沟通，换位思考，反省自我，采取正确的态度和方式解决问题，而不是诉诸暴力。以实际的行动引导家庭成员尊老爱老、团结他人，发挥家庭文化德育之力，强化传统文化渗透之力，实现中华优秀传统文化的家庭教育价值。

（四）注重优良家风文化建设

家庭是道德养成的起点，家风是社会风气的重要组成部分，优良的家风是家庭文化教育的重要助力。习近平总书记指出：“不论时代发生多大变化，不论生活格局发生多大变化，我们都要重视家庭建设，注重家庭、注重家教、注重家风。”[①] 优良的家风是中华优秀传统文化的凝结，是支撑中华民族生生不息、薪火相传的重要精神力量，家风连接着党风、政风、民风和社风，家风的好坏影响着社会主义建设事业的发展。建设中华民族优良家风，一是立身为旗，传承中华民族优良家风。家风体现着一个家庭的精神信仰、道德风貌和整体气质。家庭教育要汲取中华优秀传统文化中的优良道德成分，切实在“如何做人”上对孩子做好正确的家庭引导。如让家庭成员明白忠孝仁义、礼义廉耻，才是人本；懂得“苟利国家生死以，岂因祸福避趋之”，才是情怀；懂得“成由勤俭败由奢”，才是生活；懂得“积德之家，必无灾殃”，才是幸福。要以中华优秀传统文化中积淀的精神追求涵养家庭家风建设。家长对家风的传承与发展是孩子学习和模

① 中共中央党史和文献研究院．习近平关于注重家庭家教家风建设论述摘编［M］．北京：中央文献出版社，2021：3.

仿的对象，要在严格的家教家规中，在敬老爱幼、谦让宽厚的处事中营造良好的家风，引导孩子的成长。二是欲小为之，从日常生活中的小事做起。良好家风的形成不是一蹴而就的，而是需要在日积月累中不断积淀和锤炼的，所以，需要从身边的小事做起，用时间来积淀和锤炼。俗话说："其始不立，其卒不成。"优良家风的形成是从第一次处理家庭琐事开始的。孩子的第一次哭闹、第一次犯错，如果家长是以纵容、放任的态度来处理，孩子就会生出第二次和第三次。所以，在家庭生活中，要善于汲取中华优秀传统文化中的优良品质，真正做到"勿以恶小而为之，勿以善小而不为"。以道德的高标准严格要求自身的言行，时时处处做到自省自律，从小事做起，在良好的自律自控能力中引导家庭成员，推动家庭成员共同努力建设和营造良好的家教家风。

四、个人层面

中华优秀传统文化的思想政治教育功能的发挥，是一个多元化、全方位的过程，不仅需要社会、学校、家庭的力量，还需要个人的努力。个人既是中华优秀传统文化和思想政治教育的目标对象，又是实现中华优秀传统文化思想政治教育价值的主要力量。个人作为独立的个体，拥有独立思考问题的能力，具有主观能动性，是中华优秀传统文化思想政治教育功能发挥中不可或缺的重要一环。个人的自我教育能够帮助自身树立崇高的理想信念、培养高尚的道德情操等，是中华优秀传统文化思想政治教育功能实现的助推器。个人要进行传统文化的自我教育，就要从正确看待文化价值、端正文化学习态度、抵御不良文化侵蚀、参加文化实践活动四个方面进行努力。

（一）正确看待文化价值，提升文化学习意识

中华优秀传统文化历史悠久，内容丰富，其中所包含的思想精华对于当前思想政治教育的完善与发展仍然具有不可估量的价值与意义。近年来，党和国家积极号召学习和弘扬中华优秀传统文化，社会各界都加大了对中华优秀传统文化的弘扬力度，但部分人对中华优秀传统文化的认知仍然停留于表面，更有甚者将中华优秀传统文化等同于腐朽之物，没有真正认识到中华优秀传统文化的价值与意义。事实上，中华优秀传统文化的价值不仅代表着一种身份认同，还承载着智慧、美德和精神力量，对个人的成长和发展都具有深远影响。对于中华优秀传统文化，个人要增强自身的

文化学习意识，在系统学习和掌握中华优秀传统文化的基础上真正走进和认知中华优秀传统文化，认识和看到中华优秀传统文化中思想精华的积极作用。个人在日常生活中，要通过广泛阅读中华优秀传统文化经典，在史书典籍中感悟中华优秀传统文化的魅力和智慧，增强自身对中华优秀传统文化的认同感，在此基础上，理解中华优秀传统文化对于个人思想道德素养和价值观培养的重要意义，从而增强学习中华优秀传统文化的积极性和主动性。文化学习是一个持续不断的过程，我们应该增加自身的文化学习意识，树立终身学习的意识，不断关注文化发展的新动态，更新自己的知识体系，以适应不断变化的社会需求，从个人成长和发展的需求出发，主动涉猎与传统文化相关的知识，涵养自身的文化素质。

（二）端正文化学习态度，提升文化理性认知

态度是行为的先导，要引导个人自觉学习中华优秀传统文化，提升对传统文化的理性认知，需要端正个人的传统文化学习态度。每个人由于其成长和发展的环境不同，在学习和实践中获得的知识与经验不同，思想往往比较独立，对待事物都有自己的判断标准。但不可否认，当前社会中有一部分人还没有深刻领悟中华优秀传统文化的思想精髓，在对待中华优秀传统文化的态度上还有失偏颇。任何民族的文化都是植根于本民族的土壤之中的，代表着本民族的整体意识和价值倾向，具有稳定性和持久性，文化中的优秀成分和消极成分都会在历史中沿袭下来。其中，适合时代发展的部分往往被人们所接受，往往被认为是文化中的积极成分，而不适合时代发展的部分则被认为是落后的，是糟粕，应该予以否定和剔除。从这个意义上来说，积极的文化和消极的文化是相对于是否适合于时代发展而言的。中华传统文化是有两重性的，正确地对待中华传统文化的态度是取其精华，去其糟粕，批判继承，古为今用。任何全盘肯定和全盘否定中华传统文化的态度都是错误的。所以，个人在正确的文化学习态度下，需要养成自觉学习中华优秀传统文化的习惯，把学习中华优秀传统文化作为在浮躁的社会中治愈心灵的一剂良药，深化对中华优秀传统文化的理性认知，提升对中华优秀传统文化的敬畏感和自豪感。

（三）抵御不良文化侵蚀，肩负文化传承责任

当今世界各国交流日益频繁，意识形态的竞争尤为激烈，频繁的文化交流中既有文化的发展也有文化的冲击，因此，我们要增强抵御不良文化的能力，认识到自身的主体地位，肩负起传承和弘扬中华优秀传统文化的

责任。各个国家除了在经济、科技领域的竞争，在文化领域的竞争也较为强烈，一些西方国家借助各种方式传输自己的不良文化，肆意贬低他国的文化，企图通过文化渗透来实现称霸的计谋。信息化时代加速了文化传播的速度，大多数人都不可避免地接受了来自网络的各种碎片化信息，很多人缺乏判断力和辨别力，很容易在各种信息中迷失自我，轻而易举地否定自身的传统文化。所以，社会、家庭、学校和个人需要共同努力，强化对中华优秀传统文化的学习，培育和践行社会主义核心价值观，树立牢固的文化防御意识，深刻认识到外来文化背后隐藏的意识形态渗透的本质，自觉抵御歪曲和诋毁中华优秀传统文化的言行，牢固树立对中华优秀传统文化的信任感和自豪感。每一代人有每一代人的历史使命和责任，生活于这个时代的人就要清醒认识到自己在社会主义建设中的地位和作用，树立主人翁意识。生活于时代中的每一个人都是中华优秀传统文化的传承者、倡导者和发展者，有义务和责任继承和传承好中华优秀传统文化，成为中华优秀传统文化的宣讲者和保护者，捍卫中华优秀传统文化在中华民族文化中的中心地位，热爱祖国的大好河山、文化遗产，以优秀文化规范自身的言行举止，推进中华优秀传统文化思想政治教育的良好发挥。

（四）参加文化实践活动，提升文化践行能力

实践是认识的基础，是我们认识世界和改造世界的前提。只有将理论运用于实践并经受实践的检验，促进人们知行合一，才能将中华优秀传统文化的思想政治教育功能落到实处。习近平总书记指出："一种价值观要真正发挥作用，必须融入社会生活，让人们在实践中感知它、领悟它。"①促进中华优秀传统文化思想政治教育功能的实现，必须将中华优秀传统文化与人们的日常生活紧密联系起来，把弘扬和继承中华优秀传统文化落细、落小、落实，促使人们在日常的生活实践中切实践行中华优秀传统文化，实现中华优秀传统文化的思想政治教育价值。在日常的生活学习中，个人既要自主学习中华优秀传统文化的理论知识，丰富自身的文化知识储备，还要将理论外化于实践，积极参加文化实践活动，在活动中深化对中华优秀传统文化的认识，将传统文化中的仁、义、礼、智、信等贯穿于为人处事中，正确处理与老师、同学、父母、同事之间的关系，切实做到爱岗敬业、扶正扬善、敬老爱老。将中华优秀传统文化运用于实践，以此强

① 中共中央文献研究室．习近平关于社会主义文化建设论述摘编［M］．北京：中央文献出版社，2017：109.

化个人修养，锤炼个人品德，树立积极进取的人生态度，践行好中华传统美德，做到表里如一、言行相符，提升传统文化的践行能力，将外在的道德要求内化于道德品质，真正将中华优秀传统文化蕴含的思想政治教育价值最大化。

第二节 中华优秀传统文化思想政治教育功能发挥的机制保障

在制定中华优秀传统文化思想政治教育功能发挥的路径后，确保其顺利实施成为至关重要的一环。为此，需要构建一套综合性的保障机制，该机制应包括组织实施机制、政策引导机制、人才保障机制、约束教育机制、评估反馈机制等。只有这样，才能充分发挥中华优秀传统文化的思想政治教育功能，提升思想政治教育的效果和质量，培养出具有文化自信和道德品质的优秀人才，为推动中华优秀传统文化的传承与发展做出积极贡献。

一、组织实施机制

组织实施机制在中华优秀传统文化的思想政治教育功能实现过程中发挥着至关重要的作用①。一方面，组织实施机制能够确保中华优秀传统文化思想政治教育功能发挥的系统性、规范性和科学性。由于中华优秀传统文化思想政治教育功能发挥是一个长期、复杂的过程，需要有一个系统性的规划和组织，以确保其与思想政治教育的有效结合。组织机构可以制订具体的教育计划、策划相关活动并监督实施情况，使教育内容更加贴近实际，符合时代要求。另一方面，组织实施机构能够促进中华优秀传统文化的传承与创新发展。通过设立专门的组织机构或委员会，深入挖掘中华优秀传统文化的思想政治教育价值，从而促进成果的共享和传播，共同推动传统文化的创新发展，使其更加适应时代发展的需求。具体而言，组织实施机制可以由以下几个部分组成。

领导机构：由教育部门、宣传部门、民族事务部门等政府部门组成。

---

① 李林，赵建华. 民族传统文化在思想政治教育中的有效介入［J］. 贵州民族研究，2020，41（11）：128-132.

负责制定中华优秀传统文化思想政治教育功能发挥的总体战略和政策，指导并监督实施过程。领导机构在中华优秀传统文化思想政治教育功能发挥过程中发挥着至关重要的作用。它不仅是决策的中心，更是整个融合工作的推动者和组织者。领导机构需要具备高度的战略眼光、卓越的领导才能和扎实的工作作风。高度的战略眼光表现为对中华优秀传统文化长远发展的规划、对青少年所处文化环境变化的敏锐洞察、对创新中华优秀传统文化融入思想政治教育的追求、对资源的有效整合以及对风险的预见和应对等。卓越的领导才能表现为能够根据中华优秀传统文化的传承和发展需求，以及思想政治教育的实际情况，做出科学、合理、及时的决策，同时善于组织和协调各方面的资源和力量，促进各部门之间的合作与配合，形成合力共同推动中华优秀传统文化的传承和思想政治教育的发展等。扎实的工作作风表现为对中华优秀传统文化有深刻的理解和认同，时刻关注中华优秀传统文化的传承和发展需求，了解社会对传统文化的期望和要求，不断更新自己的知识和技能，提升领导能力和管理水平。此外，领导机构还需具备严谨的管理制度，通过建立健全监督与评估机制，对整体工作进行定期评估和检查，确保各项政策的有效实施。只有这样，才能真正实现中华优秀传统文化在思想政治教育中的有效传承和发展，培养出具有高度文化自信和道德品质的人才。

专家委员会：由文化研究、思想政治教育等领域的专家学者组成。负责研究、制订中华优秀传统文化思想政治教育功能发挥的具体方案、课程设置和评估标准，提供专业建议和指导。专家委员会将深入挖掘中华优秀传统文化的核心价值、道德观念和人文精神，并将其与现代思想政治教育相结合，形成具有时代特色的教育内容。具体方案涉及课程设置、教学方法、教材编写等多个方面，以确保中华优秀传统文化在思想政治教育中的有机融入。除了制订具体方案，专家委员会还将参与课程设置和评估标准的制定，专家委员会与教育部门、学校等教育机构密切合作，共同开发适合各级学校的中华优秀传统文化课程，并制订相应的评估标准，针对存在的问题和挑战提出改进意见和建议，推动整体工作的不断完善和发展。此外，专家委员会还将承担起学术研究与创新的任务，深入研究中华优秀传统文化与思想政治教育的内在联系和规律，探索新的教育理念和方法，推动相关领域的学术研究与创新，研究中华优秀传统文化与科技发展的关系，探讨如何将中华优秀传统文化的精髓与现代科技相结合，为思想政治教育注入新的元素和动力[①]。例如，利用现代信息技术手段呈现中华优秀传统文化的丰富内涵，通过科技手段创新思想政治教育的方式方法等。同时，通过科研项目资助、学术交流等方式，鼓励学术界与实务界之间的合作与交流，探讨如何通过文化合作交流推动中华优秀传统文化的传承和发展，同时吸收借鉴其他国家的优秀文化成果，为中华优秀传统文化的现代化提供新的思路和途径，推动中华优秀传统文化的传承和思想政治教育的共同发展。

教学与研究机构：由大中小学校、研究机构、党校等组成，它们不仅是中华优秀传统文化的传承者，更是思想政治教育的主力军。这些机构应开设相关课程，开展专题研究，培养专业师资，编写教材和参考资料等。大中小学校是中华优秀传统文化融入思想政治教育的主要阵地。学校教育是培养下一代的重要途径，通过系统的课程设置和教育教学活动，学生能够从小就接受中华优秀传统文化的熏陶。中小学应开设相关课程，如中华文化、历史、文学等，引导学生了解中华优秀传统文化的起源、发展与内涵。同时，学校应积极开展各类文化活动，如传统文化节、文艺演出等，营造浓厚的文化氛围，增强学生的文化自信。在高等教育阶段，高校应开设跨学科的综合性课程，将中华优秀传统文化与专业课程相结合，培养学生的综合素质。高校还应积极开展对外交流与合作，引进国外优质教育资源，为中华优秀传统文化的现代化提供新的思路和途径。研究机构在中华优秀传统文化的传承和发展中发挥着不可或缺的作用，其应积极开展相关研究项目，支持学术交流和成果分享，推动相关领域的创新和发展。通过合作项目、学术研讨、咨询服务等方式，为社会各界提供专业的指导和支持。党校在培养党员干部的思想政治素质中具有特殊地位。党校不仅是党员干部的培训基地，更是传播党的路线、方针和政策的重要平台。党校在培训课程中，应将中华优秀传统文化作为重要内容，帮助党员干部深入了解中华优秀传统文化的内涵和价值，增强文化自信和道德品质。高校、研究机构、党校等可以加强合作，进一步丰富教育资源和拓宽实践平台，为中华优秀传统文化与思想政治教育的现代化结合提供新的思路和途径。

社会协同机构：由博物馆、图书馆、文化团体等组成，负责提供丰富的中华优秀传统文化资源和活动，与教学与科研机构合作开展社会实践、

① 吴瑾菁，孔柠檬，刘亮亮．民族优秀传统文化融入思想政治教育的理论逻辑及实践向度[J]．民族学论丛，2022（Z1）：127-131.

文化体验等活动，促进文化资源的共享和利用。社会协同机构可以整合各种社会资源，为中华优秀传统文化的思想政治教育功能发挥提供丰富的素材和载体，增强其针对性和实效性[①]。社会机构之间可以建立合作关系，共同开展传统文化教育项目。例如，博物馆、图书馆、文化团体等机构可以与学校、社区等合作，共同开展传统文化主题的活动，让更多人了解和接触中华优秀传统文化。同时，社会机构可以与政府部门建立联动教育机制，社会机构可以与政府相关部门合作，争取政策和资金支持，推动传统文化教育项目的发展。此外，社会机构还可以借助现代化信息技术手段，建立数字化联动平台，分享和交流传统文化资源、教育经验和教学方法等，促进信息共享和经验交流。社会协同机构可以推动中华优秀传统文化思想政治教育活动的全覆盖，教育对象不仅仅局限于学生，而是覆盖全社会，使全社会都能接受到中华优秀传统文化以及思想政治教育的影响。思想政治教育的最终目的是提高全社会的思想道德素质和政治觉悟，推动社会的和谐稳定发展。通过社会协同机构大力传承与发扬中华优秀传统文化，并将此融入思想政治教育活动，可以促进社会成员之间的相互理解和认同，增强社会的凝聚力和向心力，为社会的发展提供强大的思想保障和精神支持。

宣传与推广机构：由媒体、网络平台等组成，负责中华优秀传统文化融入思想政治教育的宣传推广，提高社会认知度和影响力。宣传与推广机构利用各种媒体和网络平台，如电视、广播、报纸、社交媒体等，通过精心策划和制作内容，以富有创意和吸引力的方式呈现传统文化的核心理念和价值观，激发人们对传统文化的兴趣和热情。这种传播不仅有助于扩大传统文化的影响力，还为思想政治教育提供了有力的支持和辅助。同时，宣传与推广机构还通过组织各类文化活动、展览、讲座等形式，将中华优秀传统文化引入公众视野。这些活动不仅提供了学习和了解传统文化的机会，还促进了文化交流和互动。通过参与活动，公众可以更深入地理解传统文化的内涵和价值，增强文化自信心和认同感。这种社会参与和体验对于提高社会对传统文化的认知度和影响力具有积极作用。此外，宣传与推广机构还承担着收集和反馈社会意见的职责。它们通过调查、座谈、网络互动等方式，了解公众对中华优秀传统文化的需求和期望，从而听取公众

① 邓纯余. 新时代思想政治教育社会化的理论与实践审视［J］. 思想理论教育，2022（8）：56-60.

的意见和建议。这些反馈信息对于相关机构和部门的改进工作具有重要参考价值。通过持续的意见收集和反馈，宣传与推广机构为中华优秀传统文化的传承和发展提供了有力的支持。宣传与推广机构不仅是传播传统文化的重要渠道，更是连接社会各界与传统文化之间的桥梁。通过有效的宣传推广和文化交流，这些机构为推动中华优秀传统文化的传承和发展做出了积极贡献。在未来，随着媒体和网络技术的不断发展，宣传与推广机构将继续发挥其独特优势，推动中华优秀传统文化的传承与创新，使得中华优秀传统文化的思想政治教育功能进一步显现。

中华优秀传统文化思想政治教育功能的发挥，需要组织实施机构相互协作、共同作用。领导机构是这个组织实施机制的核心，负责制定整体战略和决策，确保各部门的协同工作；专家委员会在中华优秀传统文化的传承和发扬中起着关键的作用，提供专业支持；社会机构、学校与科研机构是实施中华优秀传统文化融入思想政治教育的主要力量，开展具体工作；宣传与推广机构在扩大中华优秀传统文化的影响力和提高公众认知方面起到至关重要的作用。如此，形成一个完整的工作链。同时，各组织实施机构应定期反馈工作进展和遇到的问题，以便及时调整策略和方法，保证整个机制的高效运行。总而言之，各级党委、教育工作部门和教育行政部门要把加强对青少年学生中华优秀传统文化教育作为一项战略任务，与相关部门以及群团组织密切配合，建立健全党委统一领导、党政群齐抓共管、有关部门各负其责、全社会共同参与的工作机制，形成中华优秀传统文化教育合力。

二、政策引导机制

政策引导机制在中华优秀传统文化的思想政治教育功能发挥中不可或缺。通过政策的力量，可以为中华优秀传统文化融入思想政治教育提供明确的方向、优化资源配置、激励和约束相关行为、培育人才、促进交流与合作、创造良好环境以及凝聚社会共识，从而全面推动传统文化的繁荣发展。

第一，政策引导机制需要适当立法立规。通过制定和修订相关法律法规，可以对中华优秀传统文化发挥思想政治教育功能做出制度性安排，为其提供法律保障。法律法规的制定能够规范和调整行为主体的秩序，明确各方的权利和义务，为优秀传统文化在思想政治教育中的传承和发展创造一个良好的法治环境。例如，中共中央办公厅、国务院办公厅印发的《关于实施中华优秀传统文化传承发展工程的意见》，明确了传承中华优秀传统文化的重要意义，指出中华优秀传统文化积淀着中华民族最深沉的精神追求，代表着中华民族独特的精神标识，是中华民族生生不息、发展壮大的丰厚滋养。《关于实施中华优秀传统文化传承发展工程的意见》将国民教育视作传承与发展中华优秀传统文化的重点任务，围绕立德树人的任务取向，把中华优秀传统文化全方位融入思想道德教育、文化知识教育、艺术体育教育、社会实践教育各环节，贯彻于启蒙教育、基础教育、职业教育、高等教育、继续教育各领域。该意见的实施将有助于推动中华优秀传统文化的传承与发展，培养具有民族自豪感和文化自信心的公民，促进社会和谐稳定发展。同时，这也体现了政府对于中华优秀传统文化的重视和支持，为未来的文化发展奠定了坚实的基础。

第二，政策引导机制需要制定明确的政策。政策是政府意志的体现，它能够为中华优秀传统文化发挥思想政治教育功能提供具体的指导和支持。通过制定政策，政府可以明确鼓励什么、限制什么，并根据形势的变化对其加以修订和调整①。例如，教育部印发了《中华优秀传统文化进中小学课程教材指南》和《革命传统进中小学课程教材指南》，对中华优秀传统文化和革命传统进中小学课程教材的基本原则、总体目标、主要内容、载体形式、学段和学科要求等，做了统筹设计和科学安排，强调素养导向、系统规划和全科覆盖。上述文件的印发为国家课程教材、地方课程教材和校本课程教材建设提供了政策依据，也为学校教育教学活动提供了具体指导，它标志着中国特色社会主义事业兴旺发达、后继有人，党和国家长治久安的重大主题教育进入系统化、制度化、长效化的新阶段。此外，政策还具有灵活性和适应性。随着时代的发展和社会的变迁，中华优秀传统文化的内容和形式也在不断演变。在面对新的教育形势和挑战时，政府可以制定相应的政策来推动中华优秀传统文化在教育领域的传承和发展，以适应时代的需求和社会的发展。

第三，政策引导机制需要培育社会市场主体。政府可以通过政策引导、资源共享、创新商业模式等多种方式激发市场主体的参与热情，推动中华优秀传统文化思想政治教育功能的发挥。首先，政府可以通过制定相

① 张滢．21世纪中华优秀传统文化教育政策发展研究：从“三进”的角度考察［J］．湖南师范大学教育科学学报，2020，19（5）：8-15，25．

关政策来引导和激励市场主体参与传统文化的思想政治教育活动。例如，政府可以出台税收优惠政策，为参与传统文化教育的企业减免一定的税负，降低其成本。同时，政府还可以提供资金支持，如设立传统文化教育专项基金，对符合条件的市场主体给予一定的资金补助或奖励。其次，政府可以搭建合作平台，促进市场主体之间的资源共享和合作。通过组织传统文化主题的活动、展览、演出等，吸引企业、社会组织和个人参与其中，共同推动传统文化的传承和发展。这样的平台不仅可以提供丰富的教育资源，还能促进市场主体之间的交流与合作，形成互利共赢的局面。最后，政府还可以通过创新商业模式来激发市场主体的参与热情。鼓励企业将传统文化元素与现代商业模式相结合，开发出具有市场竞争力的文化产品和服务。例如，可以推出传统文化主题的文创产品、体验项目等，强化思想政治教育的效果，满足消费者的需求，同时实现商业价值。这样的商业模式不仅能推动传统文化的传承和发展，还能为企业带来经济效益。如此一来，在市场主体的积极参与下，能够推动传统文化的传承和思想政治教育的发展。

第四，政策引导机制需要建立完善的支撑体系。支撑体系包括信息系统、硬件设施和公共服务等方面。首先，信息系统是支撑体系的重要组成部分。为了更好地研究和传承中华优秀传统文化，政府需要建立一个完善的信息系统，系统地收集、整理和储存中华优秀传统文化中的各类可以用于思想政治教育的信息。这个系统不仅包括文献资料、历史档案，还要涵盖口述历史、民间传说等多种形式的信息。这样的信息系统，可以为专家学者提供丰富的数据支持，推动中华优秀传统文化融入思想政治教育的深入研究。其次，硬件设施也是支撑体系中不可或缺的部分。图书馆、博物馆等文化设施是公众学习和了解传统文化的重要场所，更是公众接受思想政治教育的重要平台。政府需要加大投入，建设和完善文化设施，提供充足的阅读资源和学习材料。此外，还可以通过举办展览、演出等，让公众更直观地感受传统文化的魅力，提高其对传统文化的兴趣和认知。最后，公共服务在支撑体系中扮演着重要的角色。政府需要提供一系列公共服务，如文化交流平台、知识产权保护等，为传统文化融入思想政治教育的发展创造良好的外部环境。文化交流平台可以促进不同地区、不同民族之间的文化交流与合作，推动传统文化的传播和创新。知识产权保护则可以保障创作者的权益，激发其创作热情，促进传统文化在思想政治教育活动中的繁荣发展。只有这样，我们才能真正发挥中华优秀传统文化的思想政治教育功能，培养具有民族自豪感和文化自信心的公民，为社会主义文化繁荣发展做出更大的贡献。

总之，政策引导机制是发挥中华优秀传统文化思想政治教育功能的重要保障。通过充分发挥政策引导机制的作用，我们能够更好地推动中华优秀传统文化的繁荣发展，使其在思想政治教育中发挥更大的作用。优化这一机制，不仅有助于提升国家的文化软实力，更能培育出具备民族自豪感和文化自信的新时代公民，因此，我们必须高度重视政策引导机制的建设与完善，使得中华优秀传统文化的思想政治教育功能充分发挥，确保中华优秀传统文化得以持续、健康地传承与发展。

三、人才保障机制

中华优秀传统文化是中华民族的精神根基和文化底蕴，是凝聚民族力量、推动国家发展的不竭动力。通过建立人才保障机制，可以吸引和培育更多的人才来从事中华优秀传统文化的传承和弘扬工作，推动中华优秀传统文化的创新性发展和创造性转化，使其在新的时代背景下焕发出新的生机和活力。建立中华优秀传统文化思想政治教育功能发挥的人才保障机制，主要是从人才引入机制、人才培育机制和人才监管机制三个方面着手。

人才引入机制。中华优秀传统文化在思想政治教育中的功能发挥，离不开专业、有才华的人才的支持。这些人才不仅需要有深厚的中华优秀传统文化底蕴，还需要具备现代思想政治教育的理念和方法，创新性地开展教育工作。为此，需要建立和完善促进中华优秀传统文化思想政治教育功能发挥的人才引入机制，引进更多的优秀人才，为培养德智体美劳全面发展的社会主义建设者和接班人做出积极贡献。一是明确引进标准，保障教育人才的整体质量。明确人才引进标准，包括教育背景、专业技能、实践经验、师德师风等。通过设定明确的人才引进标准，可以确保引进的人才具备必要的教育背景、专业技能和实践经验，从而能够胜任中华优秀传统文化思想政治教育的教学和研究工作，保障教育的质量和效果，培养出更多具备深厚文化素养和正确价值观念的学生。二是拓宽引进渠道。通过多种渠道引进优秀的思想政治教育教师。同时，可以积极招聘具有海外留学背景的人才，引进国际先进的思想政治教育理念和方法。多样化的引进渠道意味着更多的选择机会，这有助于快速找到符合需求的人才。同时，多种渠道并行可以缩短引进流程，提高引进效率，及时满足教育和研究工作的需要，优化人才队伍结构、促进学术交流与合作，以及提升学校或机构的声誉和影响力，推动相关工作的不断创新和发展。三是优化招聘流程。建立公开、公正、透明的招聘流程，确保引进的教师符合标准和要求。可以通过发布公告、组织面试、考察背景等方式，全面了解应聘者的素质和能力。制定明确的招聘标准、严格的筛选程序和公正的面试流程，可以筛选出具备专业素养和潜力的人才，为中华优秀传统文化思想政治教育提供坚实的人才保障。

人才培育机制。中华优秀传统文化是中华民族的瑰宝，蕴含着丰富的教育思想和智慧。为了将这些宝贵的文化传承下去，并发挥其思想政治教育功能，需要有专门的人才来进行研究和传播。这些人才需要具备深厚的文化素养和专业知识，才能够准确地理解和诠释传统文化的精髓，并将其融入思想政治教育。构建人才培育机制有助于提高教育工作者的专业能力和素养。传统文化教育不是简单的知识传授，而是需要教育工作者具备深厚的文化底蕴和敏锐的洞察力，能够引导受教育者深入理解传统文化的内涵和价值。通过人才培育，教育工作者可以不断提升自己的专业素养和教育能力，更好地承担起传统文化教育的责任。构建人才培育机制，一是要明确培育目标。明确人才培育的目标，即培养具备深厚中华优秀传统文化底蕴和思想政治教育能力的人才。这些人才应具备对传统文化的深入理解、传播能力，以及将其融入思想政治教育实践的能力。二是要制订培育计划。根据培育目标，制订详细的培育计划。培育计划应包括课程设置、教学方法、实践环节等方面。课程设置应涵盖中华优秀传统文化的各个方面，如经典文献、哲学思想、道德规范等。教学方法可以采用讲座、研讨、案例分析等多种形式，以增强培训效果。同时，还应设置实践环节，让学员有机会将所学知识运用到实际工作中。三是要建立师资团队。构建一支具备专业知识和丰富实践经验的师资团队是人才培育机制的关键。可以从高校、研究机构等单位聘请相关领域的专家学者，担任培训课程的讲师。同时，还可以邀请具有丰富实践经验的思想政治教育工作者分享他们的经验和做法。四是要加强实践教学。实践教学是人才培育机制中不可或缺的一环。可以通过组织实地考察、文化体验等活动，让学员亲身感受中华优秀传统文化的魅力，增强他们的文化认同感和自豪感。同时，还可以与相关企业、社区等合作，开展实践教学活动，提高学员的实践能力和综合素质。总的来说，构建中华优秀传统文化思想政治教育功能的人才培育机制需要从明确培育目标、制订培育计划、建立师资团队、加强实践教学等方面入手。通过构建和完善人才培育机制，培养一批高素质的教育工作者，为推动中华优秀传统文化的传承和发展做出贡献。

人才监管机制。构建人才监管机制对于发挥中华优秀传统文化的思想政治教育功能具有重要意义，它可以规范教育者在传统文化教育和思想政治教育方面的行为，减少教育风险，避免教育过程中出现偏差或误导，这有助于营造一个良好的教育环境，为学生的成长和发展提供有力保障。构建人才监管机制，一是要明确监管目标和原则，确保监管工作有明确的指导思想和方向。监管目标包括保障中华优秀传统文化在思想政治教育中的有效传承和应用，提高教育质量，促进教育公平等。同时，监管原则应强调科学性、公正性、规范性和创新性，确保监管工作的客观性和有效性。明确监管目标和原则是构建中华优秀传统文化思想政治教育功能发挥的人才监管机制的重要前提，通过明确监管目标与原则，确保监管的针对性和有效性，培养教育者和监管人员的责任意识和担当精神，确保他们认真履行职责，推动中华优秀传统文化在思想政治教育中的有效传承和应用。二是要建立监管机构和队伍。监管机构和队伍具备丰富的专业知识和实践经验，能够提供专业化、系统化的监管服务，确保教育活动的科学性和规范性。同时，监管机构可以定期对涉及中华优秀传统文化和思想政治教育的课程、教材、师资等进行监督和检查，及时发现问题，提出改进建议，确保教育活动的持续性。三是要制定具体的监管标准和规范，明确中华优秀传统文化在思想政治教育中的教学内容、教学方法、师资素质等方面的要求。监管标准和规范应具有可操作性和可评估性，能够指导教育机构和教育者开展具体工作。同时，要根据实际情况不断调整和完善监管标准和规范，确保其适应性和有效性。通过制定监管标准和规范，可以确保教育机构和教育者在中华优秀传统文化和思想政治教育方面达到一定的质量标准，这有助于减少教育质量的差异和不一致性，促进教育公平和公正，提高整体教育水平，确保学生接受高质量的教育。

四、约束教育机制

约束教育机制注重培养人们的自律精神，能够规范人们的行为，提高自我约束能力。中华优秀传统文化强调个人的修养和自律，蕴含着丰富的道德教育资源，通过约束教育机制，可以将道德教育资源转化为具体的行为规范，引导人们自觉遵守，提高自我约束能力，从而更好地发挥思想政治教育的功能。促进中华优秀传统文化思想政治教育功能发挥的约束教育机制的核心内容包括礼仪约束教育机制、道德约束教育机制和诚信约束教育机制，这些约束教育机制相互关联、相互补充，共同构成了约束教育机制的完整框架。通过实施这些机制，可以有效地引导社会成员形成良好的行为习惯和价值观，促进社会的和谐稳定和个人的全面发展，为加强中华优秀传统文化思想政治教育功能发挥提供有力保障。

一是礼仪约束教育机制。中华民族素有“礼仪之邦”之称。这个美誉源于中国深厚的历史文化底蕴和古人对于礼仪的高度重视。礼仪在中国文化中占据了重要的地位，它不仅是一种外在的表现形式，更是一种内在的精神追求。自古以来，中国就有许多关于礼仪的论述和教导。例如，《论语》中孔子说：“礼之用，和为贵。”这句话强调了礼仪在社会生活中的重要性，认为通过遵循礼仪，可以使社会和谐与稳定。同时，中国也有许多关于礼仪的制度和规范，如周礼、仪礼等，这些都为后人提供了宝贵的参考。第一，礼是为人处世的准则。它是一种内在的道德修养和行为准则。在日常生活中，无论是对待家人、朋友还是同事，都需要以礼相待，尊重他人、理解他人、关心他人。只有这样，才能建立起良好的人际关系，赢得他人的信任和尊重。第二，礼也是事业成功的法宝。在职业生涯中，无论是求职、晋升还是合作，都需要展现出良好的职业素养和礼仪修养。一个懂得尊重他人、注重细节、善于沟通的人，往往更容易获得他人的认可和支持，从而在事业上取得更大的成功。所以，礼不仅是对传统文化的传承，更是现代社会的必需品。它能够帮助我们更好地处理人际关系，提升个人魅力，也能够在个人事业发展中发挥重要的作用。因此，我们应该注重礼仪修养，让礼成为我们生活中不可或缺的一部分。现如今，虽然礼仪的具体形式和内容有所变化，但其核心精神仍然被广泛传承和弘扬。在具体措施上，可以制定明确、具体的礼仪规范，将其作为社会成员行为的指导。这些规范可以涵盖各个领域的礼仪要求，如公共场合的行为准则、职场礼仪、家庭礼仪等。同时，在学校、单位、社区等各个层面，要加强对礼仪教育的重视。可以通过开设礼仪课程、举办礼仪讲座、开展礼仪实践活动等方式，提高社会成员的礼仪素养，从而有效地提高社会成员的行为规范水平。

二是道德约束教育机制。道德是社会生活的基础，它规范着人们的行为，维护着社会的正常秩序。而道德约束教育机制是指通过一系列的教育手段和方法，引导和规范人们的道德行为，强化道德意识，从而达到维护社会秩序和个人品德的目的。道德约束教育机制不仅能传承和弘扬中华优秀传统文化，还能强化思想政治教育的有效性。通过加强道德约束教育机制，可以引导人们深入学习和理解中华优秀传统文化中的道德精髓，如仁爱、忠诚、诚信、礼仪等。这些道德观念不仅组成了中华民族的精神风貌，也为现代社会提供了重要的道德支撑。通过道德教育，人们可以更加深入地认识到这些道德观念的价值和意义，从而在日常生活中自觉践行，传承和弘扬中华优秀传统文化。同时，道德约束教育机制也是思想政治教育的重要手段之一。通过加强道德约束教育机制，提高其针对性和实效性，可以使思想政治教育更加贴近实际、贴近生活、贴近群众，引导人们树立正确的世界观、人生观和价值观，提高人们的思想道德素质。在现代社会，人们面临着各种各样的挑战，这些挑战对个人和社会都造成了不良影响。加强道德约束教育机制建设，可以帮助人们更好地应对这些挑战，坚守道德底线，维护社会和谐稳定。加强道德约束教育机制，需要将道德教育与思想政治教育紧密结合起来，形成相互促进、相互补充的良好局面。在思想政治教育中融入道德教育的内容，使人们在接受思想政治教育的同时，也接受道德约束的引导。同时，在道德教育中注重思想政治教育的引领作用，帮助人们树立正确的思想观念。除此之外，道德约束教育机制建设还要注重环境在其中的重要作用。通过全社会共同努力，营造崇德向善的社会氛围。以宣传教育、开设道德讲堂、推广先进典型等方式，普及道德知识，提高人们的道德素质，辅之以法律法规建设，完善道德约束机制，为道德建设提供有力保障。

三是诚信约束教育机制。在古代文献中，诚信被视为“五常”之一，即仁、义、礼、智、信中的“信”。儒家经典《论语》中多次提到诚信的重要性，如“言必信，行必果”“君子信而后劳其民”等。这些思想都强调了诚信作为个人品德的核心要素，以及在社会生活中的重要作用。诚信不仅是个人品德的体现，也是一种社会规范。人们通过诚信来维护社会秩序和人际关系，形成一种自我约束机制。因此，通过传授传统文化思想，借鉴古代诚信文化的精髓，可以引导受教育者树立正确的诚信观念，明确诚信在个人成长和社会发展中的重要性，推动社会诚信体系的建设。建立诚信约束教育机制需要通过宣传教育、文化活动、媒体报道等多种方式，广泛传播诚信文化，让诚信成为社会主义核心价值观的重要组成部分。将诚信教育与中华优秀传统文化相结合，挖掘诚信的历史渊源和文化内涵，提高公众对诚信文化的认同感和归属感。例如开展“诚信商家”评选活动，由地方政府或消费者协会组织评选活动，评选出在商业经营中坚持诚信原则、受到消费者广泛好评的商家。通过颁发证书、悬挂标识等方式表彰诚信商家，鼓励其树立诚信经营的榜样。通过媒体宣传和推广，让更多人了解诚信商家的故事和经验，促进行业自律和互相监督，推动行业内的企业和个人自觉遵守诚信原则，共同维护行业形象和声誉，提高社会整体的诚信意识。与此同时，完善诚信法律法规与建立失信惩戒机制是构建诚信约束教育机制的重要保障。将诚信原则融入法律法规的制定和执行，制定完整的信用惩罚法律法规，明确对失信行为的处罚措施和程序，确保法律制度的公正性和有效性。对于失信行为，要依法予以惩处，并建立黑名单制度，限制其在各个领域的活动，还要加大对失信行为的曝光力度，让失信者受到社会舆论的谴责和监督，形成对失信行为的强大震慑力，推动道德约束教育机制的有效落实。

五、评估反馈机制

评估反馈机制在中华优秀传统文化思想政治教育中起着至关重要的作用。它不仅可以对教育活动的实际效果进行客观评估，还可以根据评估结果及时调整和优化教育策略，从而提高教育的针对性和实效性，激发受教育者的积极性和主动性，促进他们的自我教育和自我发展，确保传统文化教育的质量和效果。构建一个全面而有效的评估反馈机制，需要从评估机制和反馈机制两方面入手。

第一，中华优秀传统文化思想政治教育功能发挥的评估机制。评估机制能够及时发现教育过程中存在的问题和不足，促使教育者调整教学策略，优化教学实践，推动中华优秀传统文化的传承与创新。一般来说，中华优秀传统文化思想政治教育功能发挥的评估机制首先要明确评估目的。明确的评估目的可以为评估工作提供清晰的方向，确保评估结果的客观性和公正性。评估目的越清晰明确，评估结果就更容易被接受和认可，因为它能够清楚地说明评估的依据和标准，增强评估的可信度和说服力。评估目的主要是评估中华优秀传统文化在思想政治教育中的实际效果，包括受教育者的理解程度、应用能力、行为表现等。其次是制定中华优秀传统文化思想政治教育功能发挥的评估指标。评估指标通常是根据中华优秀传统文化思想政治教育的目标和要求进行制定，能够清晰地反映出教育活动的质量和效果，从而使评估工作有章可循、有据可依。这些指标应包括受教育者对中华优秀传统文化的认知、态度、应用能力等，以确保评估的全面性，提高评估工作的可信度。再次，选择正确的评估方法。评估方法对于确保教育质量、促进学生全面发展以及提高思想政治教育的针对性和实效性具有重要意义。因此，在教育实践中，应该注重评估方法的选择和应用，以强化教育的整体效果。在具体的评估工作中，可以采用多种评估方法，如问卷调查、课堂观察、学生作品分析等，以全面收集关于受教育者在中华优秀传统文化思想政治教育中的表现数据，确保评估方法的科学性和可靠性。最后，开展定期评估。定期评估是适应时代发展需要、促进学生全面发展、提高教育质量和效果、增强文化自信和传承意识的重要举措，是确保中华优秀传统文化思想政治教育功能持续有效发挥的重要环节。开展定期评估需要根据教育目标和实际情况，设定合适的评估时间节点，这些时间节点可以是学期初、学期中、学期末，也可以是特定的教育活动结束后。在每次评估前，还需要制订详细的评估计划，包括评估的目标、内容、方法、人员分工等。评估时间节点的设置与评估计划的拟定是开展定期评估必要的步骤，目的在于保证评估工作的全面性和科学性，确保评估过程的有序、高效。总的来说，评估机制不仅可以为教育者提供反馈和指导，帮助教育者提升专业素养和教学能力，还能向社会展示中华优秀传统文化思想政治教育的成果和价值，增强社会对这一教育领域的关注和支持，为中华优秀传统文化教育的持续发展创造更好的社会环境和条件，使他们能够更好地发挥中华优秀传统文化思想政治教育的功能。

第二，中华优秀传统文化思想政治教育功能发挥的反馈机制。中华优秀传统文化思想政治教育功能发挥的反馈机制是一个复杂而重要的系统，旨在通过评估反馈改善教育效果，确保中华优秀传统文化和思想政治教育能够深入有效地进行。如上所述，前期对中华优秀传统文化思想政治教育功能发挥效果进行评估，包括明确评估目的、制定评估指标、选择正确的评估方法并开展定期评估，收集到关于受教育者对中华优秀传统文化的认知、态度和行为等方面的信息，对收集到的这些信息进行整理、分析和解释，在这一过程中可能会涉及对所收集到的信息进行数据的统计、对比、分类和解读等，将处理后的信息以报告、图表等形式呈现，以便真实地反映中华优秀传统文化思想政治教育功能发挥的实际状况。通过这一系列的评估工作之后，还需要开展反馈工作。首先是生成相应的反馈报告。反馈报告应该明确、具体，并且具有可操作性，应指明中华优秀传统文化在思想政治教育中功能发挥存在的问题以及具体的改进意见等。如存在受教育者对中华优秀传统文化的理解不够深入的问题，那么反馈可能就是需要增加相关的教育内容或者改进教学方法。其次是将反馈报告传递到决策者、教育者等手中，帮助决策者更好地把握中华优秀传统文化在思想政治教育中的功能发挥情况，为后续的功能发挥计划提供方向与依据。同时，反馈报告还能帮助教育者及时认识到教育过程中存在的问题与不足，将生成的反馈应用到实际教学中，对教学策略进行调整与优化。教学策略的调整与优化可能涉及课程内容的调整、教学方法的改进、教育资源的优化等。在调整教学内容上，如果受教育者在理解传统文化概念或理论时存在困难，教育者可以增加相关背景知识或实例解释，以帮助受教育者更好地理解和掌握；也可以根据受教育者的兴趣和需求，调整教学内容的深度和广度。在改进教学方法上，教育者根据反馈报告了解教学方法的有效性，从而进行必要的改进。例如，如果受教育者在课堂上缺乏互动和参与，教育者可以尝试引入更多的讨论、案例分析或角色扮演等互动环节，激发受教育者的学习兴趣和积极性；也可以考虑采用多媒体、网络等现代教学手段，强化教学效果。最后是反馈的持续改进。中华优秀传统文化在思想政治教育中的功能发挥情况的反馈是一个持续进行的过程，需要建立一个定期反馈与调整的循环机制，不断优化优秀传统文化在思想政治教育中的应用。也就是说，在反馈应用一段时间后，需要对教育效果进行再次评估。这可以通过对比反馈应用前后的变化、收集受教育者和教育者的反馈等方式进行。然后，基于评估的结果，再次生成和应用反馈，形成一个持续优化的循环，以实现教学效果的提升。

第九章　结束语

文化是民族的精神血脉，是民族存在的精神标识和集体价值，也是民族生存和发展的无形力量。经过数千年积淀的中华优秀传统文化，不仅是提振当代中国人精神力量的不竭动力，更是滋养新时代思想政治教育的源头活水，不仅能助力思想政治教育完成立德树人根本任务，更能保证主流文化供给、活跃主流文化内容，巩固壮大主流思想，实现价值引领力、文化凝聚力和精神推动力的同频共振。近年来，随着多元文化加速碰撞，中华优秀传统文化丰厚的内涵与思想影响力显得格外突出。发挥中华优秀传统文化的思想政治教育功能逐步成为传承中华优秀传统文化、创新思想政治教育工作、提升青少年文化自信、构筑中华民族共有精神家园的灵魂支点的必然走向。中华优秀传统文化的思想政治教育功能直接指向其在思想政治教育立德树人、培养社会主义建设者和接班人中所具备的积极效能。从表面上看，其挖掘的是优秀传统文化中所具备的思想政治教育属性；从实质上看，其反映的是中华优秀传统文化在思想政治教育理论与实践中所能发挥的积极效能。具言之，发挥中华优秀传统文化的思想政治教育功能对时代新人的思想政治素质形成、提升与巩固有积极意义，能为青少年增强文化自信提供动力，为社会主义核心价值观的培育提供理论来源，为中华优秀传统文化的发展增光添彩，为实现学校立德树人目标踵事增华。

事非经过不知难，成如容易却艰辛。当今世界正经历百年未有之大变局，我国正处于实现中华民族伟大复兴关键时期。面对复杂的国内外形势，我们更要团结一致、凝聚力量，确保中国发展的巨轮胜利前进。只有构建中华民族共有精神家园，才能构筑起维护国家统一和民族团结的坚固思想长城。只有各民族共同维护好国家安全和社会稳定，才能有效抵御各种极端、分裂思想的渗透颠覆，才能不断实现各族人民对美好生活的向往，才能实现好、维护好、发展好各民族根本利益。中华优秀传统文化是我国各族人民在长期的生产生活过程中逐渐形成的共同认同的思想品格、价值取向、行为规范的精髓，是维系中华民族薪火相传、繁荣进步的不竭动力。几千年来，中国各族人民形成了团结互助、扶危济困、匡扶正义的良好社会风尚，是铸牢中华民族共同体意识在社会实践中的有力佐证。思想政治教育在构建中华民族共有精神家园中发挥着凝聚人心、举旗定向的重要作用，只有充分发挥中华优秀传统文化的思想政治教育功能，才能有力构建中华民族共有精神家园，才能增进各民族对中华民族的自觉认同，夯实我国民族关系发展的思想基础，推动中华民族成为认同度更高、凝聚力更强的命运共同体。

随着时代的变革，对中华优秀传统文化的研究必须符合新时代语境。对其认知水平、资源挖掘意识、时代内涵理解都要做出变革。近年来，中华优秀传统文化的当代价值不断被挖掘、内容形式不断创新，其以特有的文化风范和丰富的文化内涵再度回归大众视野，逐渐得到国内外大众的关注和喜爱，民族文化自信整体上显著增强。然而，中华优秀传统文化要实现更深入的复兴和发展，最根本的途径还在于发挥其教育功能。但就现实情况来讲，思想政治教育中对中华优秀传统文化的渗透力度还不够，以文化人的实效性还有待加强。具体表现为：社会对中华优秀传统文化的育人功能资源挖掘不足、学校思想政治教育中对中华优秀传统文化教育淡化、家庭的中华优秀传统文化教育相对薄弱、学生对中华优秀传统文化认知存在偏差等。如果这些问题难以解决，就不能有效实现中华优秀传统文化的创造性转化、创新性发展，如果仅仅是在思想政治教育过程中简单地嫁接、生硬地植入中华文化，就很容易食古不化，适得其反，造成“画虎不成反类犬”的窘境。

面对思想政治教育的新情况、新问题、新环境，思想政治教育工作者必须以中华优秀传统文化为空间背景，努力地改变单一的、直线的、平面的、即成的思维方式，拓宽、拓展思想政治教育的新思维空间，充分发挥中华优秀传统文化的思想政治教育功能。在具体原则上，必须遵循方向性与导向性相统一的原则、主导性与主体性相统一的原则、批评继承与发展创新相统一的原则、立德树人与知识教育相统一的原则、显性教育与隐性教育相统一的原则，切实加强社会教育、学校教育、家庭教育、自我教育，形成中华优秀传统文化在思想政治教育中的全覆盖局面。在有效发挥中华优秀传统文化的思想政治教育功能的路径探索上，要符合新时代中国特色，因事而化、因时而进、因势而新，不断进行内容创新、手段创新、方法创新。以中华优秀传统文化为引领，培养青年积极探索、勇于创新、应变求变的精神品质和实践能力，引导青年扎根中国大地了解国情民情，以永不停滞、永不僵化的精神状态干事创业、砥砺奋进，用青春书写无愧于时代、无愧于历史的华彩篇章。

志之所趋，无远弗届。穷山距海，不能限也。发挥中华优秀传统文化的思想政治教育功能不仅是深化价值观教育的有力依据，更是传承优秀传统文化的有效途径。中华优秀传统文化蕴含着丰富的哲学思想、人文精神、教化思想、道德理念等，具有纷繁复杂的功能，不断挖掘出符合思想政治教育内涵、具备思想政治教育特色的功能将是一项长期任务。随着时代的变革，我们需要在实践中准确评估中华优秀传统文化思想政治教育功能的发挥情况，切实提高挖掘内容的精准性、传播渠道的高效性、传播方式的灵活性，推动中华优秀传统文化与思想政治教育的同频共振。只要我们做好思想政治教育工作的守正创新，用马克思主义真理的力量不断激活中华优秀传统文化的生命力，唤醒深藏在每个人内心深处的中华优秀传统文化精神基因，就一定能够推动思想政治教育高质量发展，也一定能实现中华优秀传统文化的当代价值。

参考文献

阿诺德，2002. 文化与无政府状态［M］. 韩敏中，译. 北京：生活·读书·新知三联书店.

埃利亚斯，2018. 文明的进程：文明的社会发生和心理发生的研究［M］. 王佩莉，袁志英，译. 上海：上海译文出版社.

白琰，2019. 传统晋商文化资源在大学生德育中的应用思考［J］. 宁波工程学院学报（3）：82-86.

柏拉图，2001. 法律篇［M］. 张智仁，何勤华，译. 上海：上海人民出版社.

包红梅，2016. 解读思想政治教育功能的四个维度［J］. 教学与管理（27）：8-10.

波谱诺，2007. 社会学［M］. 11 版. 李强，等译. 北京：中国人民大学出版社.

布朗，1999. 原始社会的结构和功能［M］. 潘蛟，等译. 北京：中央民族大学出版社.

布朗，2001. 社会人类学方法［M］. 夏建中，译. 北京：华夏出版社.

陈华洲，贠婷婷，2022. 思想政治教育增值评价的理论内涵与实现路径［J］. 思想理论教育（6）：52-58.

陈念，毕四通，2021. 论思想政治教育内容结构的体系建构［J］. 思想教育研究（12）：35-40.

陈庆庆，李祖超，2020. 中华优秀传统文化融入大学生思想政治教育的路径创新［J］. 思想政治教育研究（4）：123-128.

陈少平，陈桂香，2016. 高校中华传统文化教育与思想政治教育研究综述［J］. 思想教育研究（6）：116-120.

陈万柏，张耀灿，2001. 思想政治教育学原理［M］. 北京：高等教育出版社.

陈序经，2020. 陈序经讲中国文化的出路［M］. 南京：河海大学出版社.

崔景明，2011. 道家伦理智慧价值及在思想政治教育中的运用［J］. 思想教育研究（4）：57-59.

邓球柏，1999. 中国传统文化与思想政治教育［M］. 北京：首都师范大学出版社.

邓小平，1994. 邓小平文选：1-3 卷［M］. 北京：人民出版社.

段联合，陈敏直，丁珊. 2005. 中国传统文化［M］. 西安：西北大学出版社.

费孝通，2009. 费孝通全集：第 18 卷［M］. 呼和浩特：内蒙古人民出版社.

格尔茨，1999. 文化的解释［M］. 韩莉，译. 南京：译林出版社.

顾海良，2009. 马克思主义发展史［M］. 北京：中国人民大学出版社.

何平，1999. 中国和西方思想中的"文化"概念［J］. 史学理论研究（2）：68-79，159.

何星亮，2013. 文化功能及其变迁［J］. 中南民族大学学报（人文社会科学版）（5）：33-41.

赫尔德，2010. 反纯粹理性：论宗教、语言和历史文选［M］. 张晓梅，译. 北京：商务印书馆.

黑格尔，1959. 哲学史讲演录：第一卷［M］. 贺麟，王太庆，译. 北京：商务印书馆.

黑格尔，2001. 历史哲学［M］. 王造时，译. 上海：上海书店出版社.

洪春生，2020. 中华优秀传统文化融入高校思想政治教育探究［J］. 学校党建与思想教育（22）：85-87.

胡锦涛，2011. 在庆祝清华大学建校 100 周年大会上的讲话［M］. 北京：人民出版社.

胡锦涛，2016. 胡锦涛文选：第 2 卷［M］. 北京：人民出版社.

胡鹏，2022. 论新时代思想政治教育内容的"变"与"不变"［J］. 思想政治教育研究（2）：87-92.

黄汀，2022. 以中华优秀传统文化涵养青年奋斗精神［J］. 人民论坛（23）：90-92.

江泽民，2006. 江泽民文选：第 1 卷［M］. 北京：人民出版社.

江泽民，2006. 江泽民文选：第 2 卷［M］. 北京：人民出版社.

康德，1996. 历史理性批判文集［M］. 何兆武，译. 天津：天津人民出版社.

库诺，2006. 马克思的历史、社会和国家学说：马克思的社会学的基本要点［M］. 袁志英，译. 上海：上海译文出版社.

李国良，周向军，2018. 中华优秀传统文化的价值及其实现：基于大学生思想政治教育视域［J］. 思想教育研究（9）：91–95.

李辽宁，2005. 思想政治教育功能研究综述［J］. 求实（1）：73–77.

李影，韩喜平，2016. 在高校思想政治教育中实现优秀传统文化的现代传承［J］. 思想政治教育研究（3）：66–69.

李宗桂，2017. 试论中国优秀传统文化的评价标准［J］. 社会科学战线（8）：1–9，293.

梁启超，2005. 梁启超讲文化［M］. 天津：天津古籍出版社.

梁漱溟，2006. 东西方文化及其哲学［M］. 上海：上海人民出版社.

刘建军，2015. 马克思主义基本原理与当代中国思想政治教育专题研究［M］. 北京：中国人民大学出版社出版.

刘奇葆，2017. 坚定文化自信 传承中华文脉［J］. 党建（5）：6–10.

刘书林，2012. 论思想政治教育的本质：坚守“灌输论”的缘由［J］. 思想理论教育导刊（10）：38–44.

卢梭，1962. 论人类不平等的起源和基础［M］. 李常山，译. 北京：商务印书馆.

马抗美，吴优，2023. 中华优秀传统文化融入大学生思想政治教育的价值思考与路径探析［J］. 贵州民族研究（1）：209–214.

马林诺斯基，1999. 科学的文化理论［M］. 黄剑波，等译. 北京：中央民族大学出版社.

毛泽东，1991. 毛泽东选集：1~4 卷［M］. 北京：人民出版社.

明成满，圣雪琪，2018. 推动优秀传统文化与思想政治教育的融合［J］. 中国教育学刊（5）：108.

庞朴，1988. 文化的民族性和时代性［M］. 北京：中国和平出版社.

曲洪志，2001. 中国传统文化与新时期思想政治教育［J］. 马克思主义与现实（6）：114-116.

任世强，2017. 传统文化精髓与高校思想政治教育融通探析［J］. 黑龙江高教研究（7）：140-142.

任燕，2014. 论中华民族传统文化学习与思想政治教育之融合［J］. 中国党政干部论坛（7）：103-104.

芮逸夫，1971. 人类学［M］. 台北：台湾商务印书馆.

孙其昂，2015. 思想政治教育现代转型研究［M］. 北京：学习出版社.

孙熙国，2011. 中国优秀传统文化与当代青年发展［J］. 学校党建与思想教育（31）：13-15.

泰勒，2005. 原始文化［M］. 连树声，译. 桂林：广西师范大学出版社.

田顺，2022. 中华优秀传统文化融入大学生思想政治教育的路径研究［J］. 国家通用语言文字教学与研究（8）：13-15.

王仕民，2005. 德育功能论［M］. 广州：中山大学出版社.

王晓燕，2019-01-08. 家庭教育是家事，也是国事［N］. 人民日报（04）.

维柯，2006. 论意大利最古老的智慧：从拉丁语源发掘而来［M］. 张小勇，译. 上海：上海三联书店.

西塞罗，2003. 论演说家［M］. 王焕生，译. 北京：中国政法大学出版社.

习近平，2014. 在纪念孔子诞辰 2565 周年国际学术研讨会暨国际儒学联合会第五届会员大会开幕会上的讲话［M］. 北京：人民出版社.

习近平，2015. 在文艺工作座谈会上的讲话［M］. 北京：人民出版社.

习近平，2016. 习近平总书记系列重要讲话读本（2016 年版）［M］. 北京：学习出版社，人民出版社.

习近平，2016. 在哲学社会科学工作座谈会上的讲话［M］. 北京：人民出版社.

习近平，2017-01-26. 关于实施中华优秀传统文化传承发展工程的意见［N］. 人民日报（06）.

习近平，2017. 全面建成小康社会 夺取新时代中国特色社会主义伟大胜利：在中国共产党第十九次全国代表大会上的报告［M］. 北京：人民出版社.

习近平，2017. 习近平谈治国理政：第2卷［M］. 北京：外文出版社.

习近平，2018. 习近平谈治国理政：第1卷［M］. 北京：外文出版社.

习近平，2020. 习近平谈治国理政：第3卷［M］. 北京：外文出版社.

习近平，2022. 高举中国特色社会主义伟大旗帜 为全面建设社会主义现代化国家而团结奋斗：在中国共产党第二十次全国代表大会上的报告［M］. 北京：人民出版社.

习近平，2022. 习近平谈治国理政：第4卷［M］. 北京：外文出版社.

席勒，2021. 审美教育书简［M］. 冯至，范大灿，译. 上海：上海人民出版社.

许静波，王晶，2018. 中华优秀传统文化与高校思想政治教育的语境融合［J］. 思想教育研究（3）：106-109.

杨翰卿，2000. 中国优秀传统文化和哲学资源的当代开发利用［J］. 学习论坛（2）：27-29.

杨惠，2020. 中华优秀传统文化融入思想政治教育的方法探究［J］. 学校党建与思想教育（2）：77-78.

杨柳青，王建新，2020. 新时代中国特色社会主义文化自信的历史逻辑［J］. 河南师范大学学报（哲学社会科学版）（3）：21-25.

杨青舟，刘畅，2015. 弘扬中华优秀传统文化是夯实高校德育工作的有效途径：以《弟子规》普及推广为例［J］. 理论视野（6）：84-86.

杨威，田祥茂，2023. 思想政治教育的“术”“道”“学”［J］. 教学与研究（3）：103-111.

伊格尔顿，2003. 文化的观念［M］. 方杰，译. 南京：南京大学出版社.

张岱年，方克立，2004. 中国文化概论［M］. 北京：北京师范大学出版社.

张宏编. 2019，中国传统文化概论［M］. 北京：北京理工大学出版社.

张庆，2014. “孝”文化与大学生思想道德教育：解读与传承［J］. 中国成人教育（6）：60-62.

张澍军，2015. 思想政治教育理论前沿论略［M］. 北京：中国人民大学出版社.

张卫良，龚珊，2016. 思想政治教育的中华优秀传统文化认同机制探究［J］. 思想理论教育导刊（5）：128-130.

张祥浩，石开斌，2008. 中国传统文化与思想政治教育的创新［J］. 东南大学学报（哲学社会科学版）（5）：56-59，127.

赵康太，李英华，2006. 中国传统思想政治教育理论史［M］. 武汉：华中师范大学出版社.

赵旻，2018. 中华优秀传统文化育人功能与价值的创造性转化［J］. 思想教育研究（8）：124-127.

赵瑞华，孔君英，2011. 论传统文化的思想政治教育功能［J］. 理论月刊（7）：186-188.

郑永廷，2016. 思想政治教育学原理［M］. 北京：高等教育出版社.

中共中央党史和文献研究院，2021. 习近平关于注重家庭家教家风建设论述摘编［M］. 北京：中央文献出版社.

中共中央马克思恩格斯列宁斯大林著作编译局，1960. 马克思恩格斯全集：第 3 卷［M］. 北京：人民出版社.

中共中央马克思恩格斯列宁斯大林著作编译局，1979. 马克思恩格斯全集：第 42 卷［M］. 北京：人民出版社.

中共中央马克思恩格斯列宁斯大林著作编译局，1979. 马克思恩格斯全集：第 46 卷（上）［M］. 北京：人民出版社.

中共中央马克思恩格斯列宁斯大林著作编译局，1980. 马克思恩格斯全集：第 46 卷（下）［M］. 北京：人民出版社.

中共中央马克思恩格斯列宁斯大林著作编译局，2009. 列宁专题文集：论社会主义［M］. 北京：人民出版社.

中共中央马克思恩格斯列宁斯大林著作编译局，2009. 马克思恩格斯文集：第 10 卷［M］. 北京：人民出版社.

中共中央马克思恩格斯列宁斯大林著作编译局，2009. 马克思恩格斯文集：第 1 卷［M］. 北京：人民出版社.

中共中央马克思恩格斯列宁斯大林著作编译局，2009. 马克思恩格斯文集：第 2 卷［M］. 北京：人民出版社.

中共中央马克思恩格斯列宁斯大林著作编译局，2009. 马克思恩格斯文集：第 3 卷［M］. 北京：人民出版社.

中共中央马克思恩格斯列宁斯大林著作编译局，2009. 马克思恩格斯文集：第 4 卷［M］. 北京：人民出版社.

中共中央马克思恩格斯列宁斯大林著作编译局，2012. 列宁选集：1~4卷［M］. 北京：人民出版社.

中共中央马克思恩格斯列宁斯大林著作编译局，2012. 马克思恩格斯选集：1~4卷［M］. 北京：人民出版社.

中共中央马克思恩格斯列宁斯大林著作编译局，2017. 列宁全集：第24卷［M］. 北京：人民出版社.

中共中央马克思恩格斯列宁斯大林著作编译局，2017. 列宁全集：第32卷［M］. 北京：人民出版社.

中共中央马克思恩格斯列宁斯大林著作编译局，2017. 列宁全集：第38卷［M］. 北京：人民出版社.

中共中央马克思恩格斯列宁斯大林著作编译局，2017. 列宁全集：第39卷［M］. 北京：人民出版社.

中共中央马克思恩格斯列宁斯大林著作编译局，2017. 列宁全集：第40卷［M］. 北京：人民出版社.

中共中央马克思恩格斯列宁斯大林著作编译局，2017. 列宁全集：第43卷［M］. 北京：人民出版社.

中共中央文献编辑委员会，2023. 习近平著作选读：1~2卷［M］. 北京：人民出版社.

中共中央文献研究室，2002. 毛泽东文艺论集［M］. 北京：中央文献出版社.

中共中央文献研究室，2014. 十八大以来重要文献选编：上［M］. 北京：中央文献出版社.

中共中央文献研究室，2016. 十八大以来重要文献选编：中［M］. 北京：中央文献出版社.

中共中央文献研究室，2017. 习近平关于社会主义文化建设论述摘编［M］. 北京：中央文献出版社.

中共中央宣传部编，2023. 习近平新时代中国特色社会主义思想学习纲要（2023年版）［M］. 北京：学习出版社，人民出版社.

周发高，1975. 金文诂林：第13卷［M］. 香港：香港中文大学出版社.

周可，2020. 论马克思主义的传统文化观：从马克思到毛泽东［J］. 湖北社会科学（7）：13-19.

朱谦之，2002. 朱谦之文集：第6卷［M］. 福州：福建教育出版社.

庄福龄，2004. 简明马克思主义史［M］. 北京：人民出版社.

祖国华，2009. “礼乐教化”对高校思想政治教育的当代价值阐析［J］. 社会科学战线（10）：37-40.